MANUAL DE HEMODIÁLISE

PARA ENFERMEIROS

MANUAL DE HEMODIÁLISE

PARA ENFERMEIROS

ALMEDINA

FRESENIUS MEDICAL CARE

FICHA TÉCNICA

TÍTULO:

Manual de Hemodiálise para Enfermeiros

DESIGN E PAGINAÇÃO:

Addmore Comunicação, Lda.

EDIÇÃO:

Fresenius Medical Care

DISTRIBUIÇÃO:

Edições Almedina

COORDENAÇÃO:

Direcção de Enfermagem

Direcção de Comunicação

REVISÃO TÉCNICA:

Abel Gomes (Enf.)

Fátima Ambrósio (Enf.ª) – Comissão de Enfermagem

Fernanda Gomes (Enf.ª) – Comissão de Enfermagem

Filomena Vieira (Enf.ª) – Comissão de Enfermagem

João Fazendeiro (Enf.) – Direcção de Enfermagem

Ricardo Oliveira (Enf.) – Country Responsable Trainer (1970–2011)

Teresa de Sousa (Enf.ª) – Comissão de Enfermagem

IMPRESSÃO, MONTAGEM E ACABAMENTOS:

Norprint

DEPÓSITO LEGAL:

324446/11

TIRAGEM:

2000 Exemplares

ÍNDICE

PREFÁCIO

PREFÁCIO

O exercício profissional em qualquer área do conhecimento exige, hoje, cada vez mais, elevados padrões de formação. No caso particular da enfermagem, dado o seu objecto de intervenção - o ser humano - essa necessidade de conhecimento, formação e actualização, manifesta-se de forma mais relevante.

As reconhecidas competências dos enfermeiros portugueses na área das terapêuticas de substituição da função renal e, particularmente, na hemodiálise, são um facto observável, quer nos resultados terapêuticos, quer na produção científica. Contudo, a existência de literatura especializada, em Língua Portuguesa, tem-se revelado uma lacuna.

Este manual, com uma abrangência elevada nos diferentes aspectos relacionados com a doença renal, desde a anatomia e fisiologia, fisiopatologia e tratamento, nutrição e transplante, entre outros, vem colmatar uma importante necessidade e, consequentemente, contribuir para a elevação científica (teórico-prática) dos enfermeiros que prestam cuidados à pessoa com doença renal.

Para o desenvolvimento deste projecto, a NephroCare Portugal recorreu ao saber-fazer e à experiência dos seus profissionais, baseado nas boas práticas recomendadas e na bibliografia internacional mais actual.

Este Manual é, assim, o resultado dos contributos das equipas de todas as nossas clínicas e dos diversos departamentos técnicos da Fresenius Medical Care Portugal, a quem agradecemos.

Aos leitores, boa leitura e bom estudo!

Às pessoas com doença renal a quem prestamos cuidados, a nossa certeza que com o enriquecimento dos profissionais de enfermagem, contribuímos para a excelência no "Cuidar".

Ricardo da Silva
Presidente do Conselho de Administração
Fresenius Medical Care Portugal

João Fazendeiro
Director de Enfermagem
Fresenius Medical Care Portugal

HISTÓRIA DA HEMODIÁLISE

CO-AUTORES:

ENFª. CECÍLIA FERNANDES - Enfermeira-Chefe na Clínica NephroCare Funchal com especialidade em médico-cirúrgica.

ENF. JOSÉ ÓSCAR FERREIRINHA RAMOS - Enfermeiro na Clínica NephroCare Funchal. Enfermeiro graduado no serviço de Diálise do SESARAM.

ENF. LUIS FILIPE LADEIRA - Enfermeiro na Clínica NephroCare Funchal. Licenciatura em Enfermagem, Serviço de Cirurgia Geral do SESARAM.

ENF. RUI MANUEL GOMES - Enfermeiro na Clínica NephroCare Funchal. Enfermeiro graduado/formador - Unidade de Cuidados Especiais do SESARAM.

CAPÍTULO I - HISTÓRIA DA HEMODIÁLISE

1 - HEMODIÁLISE - O ANTES E O AGORA

Os primeiros sinais de uremia no organismo humano constituem um indicador de que os rins já não cumprem ou são incapazes de cumprir adequadamente a sua função vital. A origem grega da palavra prova que o conhecimento desta patologia é muito mais antigo que a própria capacidade de tratamento deste problema, que pode colocar a vida em risco.

Só na década de 40 foi possível estabelecer uma base científica suficientemente avançada para fundamentar os primeiros estudos terapêuticos. A investigação de médicos e cientistas nesta área tem sido responsável pelos avanços do desenvolvimento tecnológico contínuo, ao longo do tempo.

Nas páginas seguintes, está documentada a história da hemodiálise e do rim artificial (dialisador) – inovações que ajudam a assegurar a vida e a qualidade de vida de mais de 1,9 milhões de doentes hemodialisados em todo o mundo.

Este capítulo aborda os seguintes temas:

- Bases históricas da hemodiálise;
- Os primeiros tempos da diálise: John J. Abel e Georg Haas;
- O primeiro tratamento de diálise de sucesso: Willem Kolff;
- O teste prático: o rim de cilindros rotativos de Kolff-Brigham;
- Diálise e ultrafiltração: Nils Alwall;
- Desenvolvimentos adicionais;
- Acesso vascular e diálise crónica;
- Hemodiálise moderna: os primeiros dialisadores de fibra oca.

2 - BASES HISTÓRICAS DA HEMODIÁLISE

A insuficiência renal, que pode conduzir à morte na ausência de tratamento durante vários dias ou semanas, é uma patologia tão antiga como a própria humanidade. Na era Romana

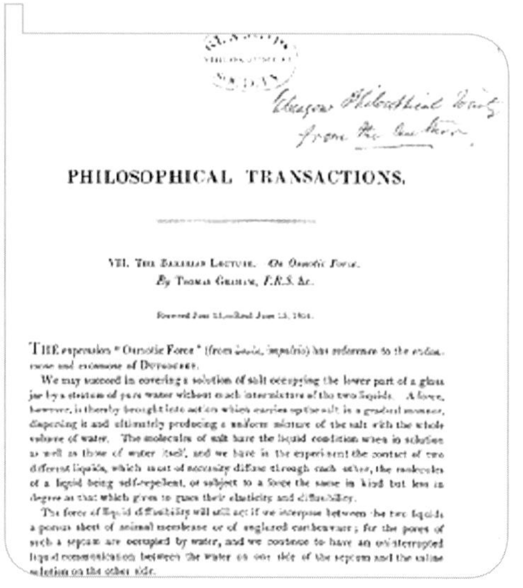

PHILOSOPHICAL TRANSACTIONS.

Fig. 1 - Manuscrito da "Bakerian Lecture" de Thomas Graham, sobre a força osmótica, apresentado na Royal Society, em Londres, em 1854.
Nota manuscrita: Sociedade Filosófica de Glasgow, do autor.

e, mais tarde, na Idade Média, o tratamento da uremia (termo grego que significa envenenamento por urina ou, literalmente, "urina no sangue") envolvia o recurso a banhos quentes, terapias de sudação, sangrias e enemas.

As medidas actuais para o tratamento da insuficiência renal incluem processos físicos como a osmose e a difusão, muito disseminados na natureza e envolvidos no transporte de água e substâncias dissolvidas.

As primeiras descrições científicas destes procedimentos surgiram com o químico escocês Thomas Graham, que se tornou conhecido como o "Pai da Diálise". No início, a osmose e a diálise tornaram-se métodos populares utilizados em laboratórios químicos, permitindo a separação de substâncias dissolvidas ou a remoção da água de uma solução através de membranas semipermeáveis. Muito à frente do seu tempo, Graham descreveu no seu trabalho as utilizações potenciais destes procedimentos em medicina.

Em 1855, o fisiologista alemão Adolf Fick publicou uma descrição quantitativa do processo de difusão. No entanto, só foi estabelecida nos anos 50 uma base científica sólida para o processo, por Albert Einstein, que transformou as leis da difusão definidas empiricamente, conferindo-lhes precisão termodinâmica, a partir da teoria da movimentação molecular browniana. Contudo, Graham e Fick tinham descrito os princípios subjacentes às actuais modalidades terapêuticas de tratamento da insuficiência renal.

Actualmente, a designação "hemodiálise" descreve um procedimento extracorporal de filtração de substâncias urémicas do sangue de doentes em insuficiência renal. O verdadeiro processo de purificação, que exige a utilização de uma membrana semipermeável, baseia-se nos trabalhos acima descritos de Graham, Fick e outros.

3 - OS PRIMEIROS TEMPOS DA DIÁLISE: JOHN J. ABEL E GEORG HAAS

A primeira descrição histórica deste tipo de procedimento foi publicada em 1913. Abel, Rowntree e Turner "dialisaram" animais anestesiados, direccionando o seu sangue para fora do corpo e através de tubos com membranas semipermeáveis. As membranas eram fabricadas com *Collodion*, um material à base de celulose. Continua por esclarecer se Abel e os seus colegas pretendiam originalmente utilizar este procedimento, conhecido como *vividifusão*, para tratar a insuficiência renal ou, pelo contrário, como por vezes é defendido, se o adaptaram posteriormente para esta utilização. Apesar disso, o tratamento de diálise continua actualmente a utilizar elementos essenciais do equipamento de *vividifusão* de Abel.

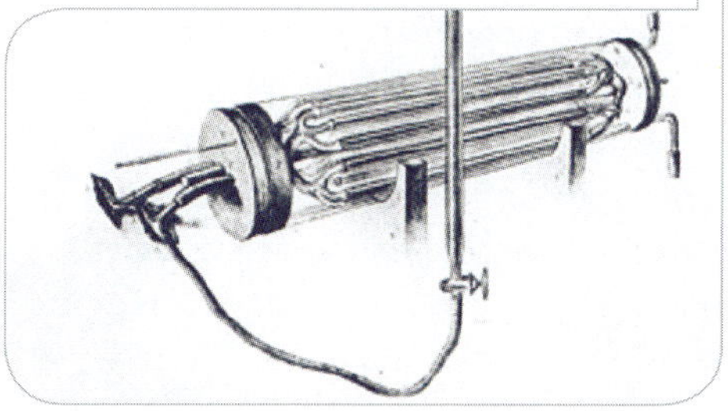

Fig. 2 - Equipamento de vividifusão de Abel et al., 1913

Fig. 3 - Dr. Georg Haas a realizar um processo de diálise num doente, na Universidade de Giessen

Antes de Abel fazer circular o sangue dos animais para o "dialisador", a capacidade do sangue para coagular tinha que ser restringida, pelo menos temporariamente. Abel e os seus colegas utilizaram uma substância conhecida por hirudina.

A hirudina foi inicialmente identificada em 1880 pelo fisiologista britânico Haycraft e é o elemento anticoagulante presente na saliva das sanguessugas.

Um médico alemão, chamado Georg Haas, realizou os primeiros tratamentos de diálise em humanos. Acredita-se que Haas dialisou os primeiros doentes com insuficiência renal no Verão de 1924, após a realização de experiências preparatórias. Em 1928, Haas tinha dialisado mais seis doentes, nenhum dos quais sobreviveu, provavelmente devido ao seu estado crítico e à insuficiente eficácia do tratamento de diálise. O dialisador Haas, que também utilizava uma membrana de *Collodion*, foi construído em vários modelos e dimensões.

Tem sido amplamente discutido quando e em que medida Haas aprendeu com os trabalhos do grupo de investigação de Abel, mas não se conhece uma resposta precisa a esta questão. Provavelmente, concluiu grande parte das suas experiências preparatórias iniciadas em 1914 sem conhecer as experiências de Abel, devido às perturbações sociais associadas à I Grande Guerra. No entanto, depois desta interrupção, foi provavelmente informado dos trabalhos da equipa de Abel.

Haas, tal como Abel, também utilizou a hirudina como anticoagulante na sua primeira diálise. No entanto, a hirudina conduzia frequentemente a complicações sistémicas, associadas a reacções alérgicas, dado que a substância era insuficientemente purificada e tinha origem numa espécie muito distante dos humanos. No fim da sua investigação, Haas utilizou uma substância conhecida como heparina na sua sétima e última experiência. A heparina é o anticoagulante universal nos mamíferos e foi inicialmente isolada a partir de fígados de cães, por um americano chamado MacLean, em 1916. Esta substância provocava muito menos complicações que a hirudina – mesmo quando insuficientemente purificada – e podia ser produzida em muito maiores quantidades. A heparina tornou-se e continua a ser o anticoagulante de escolha, com o desenvolvimento de melhores métodos de purificação a partir de 1937.

4 - O PRIMEIRO TRATAMENTO DE DIÁLISE DE SUCESSO: WILLEM KOLFF

Fig. 4 - Dr. Willem Kolff - (1911 - 2009)

O holandês Willem Kolff conseguiu alcançar sucesso em Kampen, em 1945, mantendo a referência ao trabalho de Haas. Kolff utilizou um rim de cilindros rotativos para tratar uma doente de 67 anos de idade, que tinha sido internada no hospital por insuficiência renal aguda. O tratamento semanal com este dispositivo, que Kolff tinha desenvolvido nos anos antecedentes, permitiu à doente ter alta do hospital, com função renal normal. A doente morreu com 73 anos de idade, por patologia não relacionada com a insuficiência renal. Kolff tinha previamente tratado sem êxito 16 doentes, mas este sucesso tornou-se o primeiro grande avanço no tratamento de doentes com insuficiência renal e demonstrou a utilidade dos conceitos desenvolvidos por Abel e Haas.

O sucesso deveu-se parcialmente aos aperfeiçoamentos técnicos desenvolvidos no equipamento utilizado no tratamento. O rim de cilindros rotativos de Kolff utilizava tubos membranosos fabricados num novo material, conhecido por celofane, que era na verdade utilizado para embalar alimentos. Durante o tratamento, os tubos cheios de sangue eram colocados à volta de um cilindro de madeira, que rodava através de uma solução electrolítica, designada "dialisado". À medida que os tubos membranosos passavam pelo banho, as toxinas urémicas passavam para o líquido de lavagem, através dos princípios físicos mencionados.

Fig. 5 - Rim de cilindros rotativos de Kolff (1943)

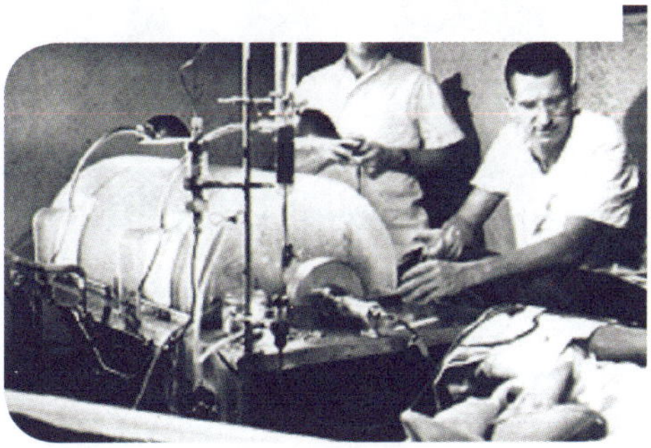

Fig. 6 - Paul Teschan a realizar um tratamento de diálise aguda durante a Guerra da Coreia (1952)

4.1 - O teste prático: o rim de cilindros rotativos de Kolff-Brigham

Alguns exemplares do rim de cilindros rotativos de Kolff atravessaram o Atlântico depois da Segunda Guerra Mundial e chegaram ao Hospital Peter Bent Brigham, em Boston, onde sofreram aperfeiçoamentos técnicos significativos. Os equipamentos modificados ficaram conhecidos como rim de Kolff-Brigham e, entre 1954 e 1962, foram enviados de Boston para outros 22 hospitais, em todo o mundo.

O rim de Kolff-Brigham tinha passado o seu teste prático em condições extremas, durante a Guerra da Coreia. Nessa altura, oito em cada dez soldados feridos e com insuficiência renal pós-traumática morriam. O Major Paul Teschan, um médico militar do Exército dos Estados Unidos, estava familiarizado com o trabalho no Hospital Peter Bent Brigham e levou um dos equipamentos do Hospital do Exército Walter Reed para uma unidade MASH (Hospital Cirúrgico Móvel do Exército) na Coreia, onde realizou 72 tratamentos para dialisar 31 doentes. Nas condições mais extremas, a utilização da diálise conseguiu aumentar a taxa de sobrevivência média dos doentes em estado grave, ganhando tempo para a implementação de medidas médicas adicionais.

5 - DIÁLISE E ULTRAFILTRAÇÃO: NILS ALWALL

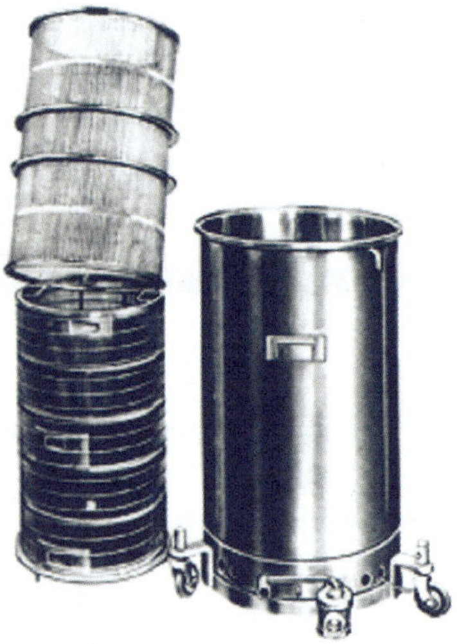

Fig. 7 - Dialisador Alwall

Uma das funções mais importantes do rim, conjugada com a filtração das toxinas urémicas, é a remoção do excesso de água do organismo. Quando os rins entram em falência, esta função deve ser assegurada pelo rim artificial, também conhecido por dialisador. Este procedimento é designado por "ultrafiltração" e elimina água plasmática do doente, através da membrana do dialisador, recorrendo à pressão.

Em 1947, o sueco Nils Alwall publicou um trabalho de investigação em que descrevia um dialisador modificado, desenvolvido entre 1942 e 1947, que conseguia combinar os processos de diálise e ultrafiltração de um modo mais eficaz do que o tradicional rim de Kolff. As membranas de celofane utilizadas neste dialisador podiam resistir a uma pressão superior, dado o seu posicionamento entre duas grelhas metálicas protectoras. Todas as membranas estavam localizadas num cilindro estreitamente fechado, pelo que a pressão necessária não derivava da pressão sanguínea mas podia ser obtida, em alternativa, recorrendo a uma pressão inferior do dialisado.

6 - DESENVOLVIMENTOS ADICIONAIS

Ao demonstrar que os doentes urémicos podiam ser tratados com sucesso com recurso a um rim artificial, Kolff suscitou um enorme interesse em todo o mundo, com o objectivo de desenvolver melhores dialisadores e mais eficazes. O "Dialisador de Placas Paralelas" surgiu como o desenvolvimento mais significativo neste período. Em vez de fazer circular o sangue através de tubos membranosos, dirigia o fluxo da solução de diálise e do sangue através de camadas alternadas de material membranoso. Este aperfeiçoamento iniciou-se com o primeiro dialisador Skegg-Leonards, em 1948, e alcançou o seu pico tecnológico em 1960, com a apresentação do dialisador Kiil, do médico norueguês Fredrik Kiil. Estes dialisadores foram os precursores dos actuais dialisadores de placas. Os dialisadores foram utilizados, em algumas clínicas, até final dos anos 90.

Descobertas científicas sobre o transporte de substâncias através de membranas acompanharam o aperfeiçoamento tecnológico dos dialisadores, incluindo a investigação específica sobre diálise. Estes esforços possibilitaram uma descrição quantitativa da diálise e permitiram o desenvolvimento de dialisadores com características claramente definidas.

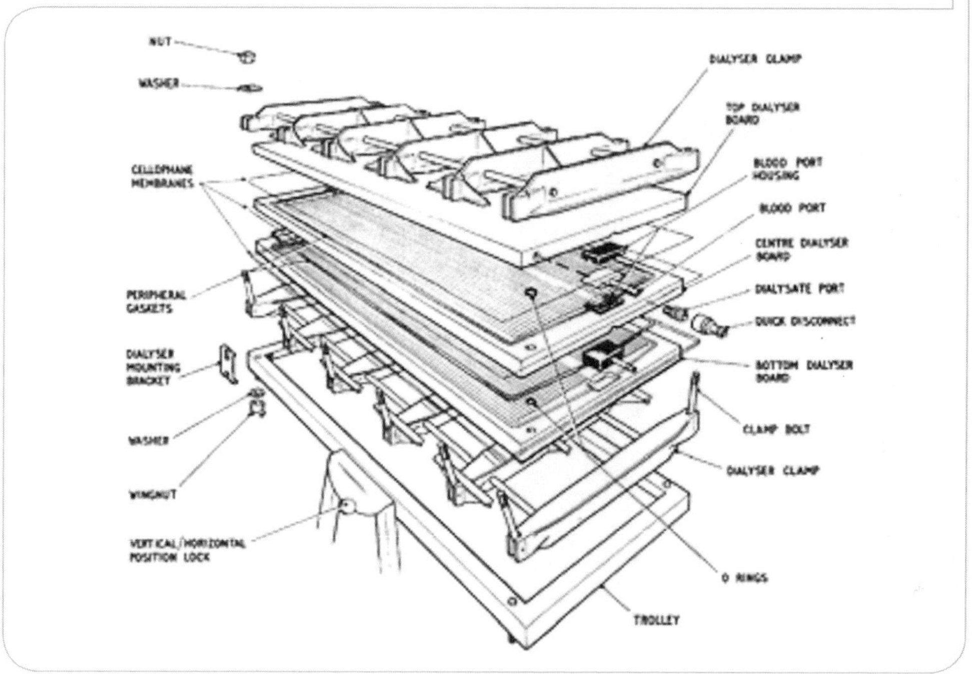

Fig. 8 - Representação esquemática de um dialisador Kiil, de acordo com os desenhos ingleses originais

7 - ACESSO VASCULAR E DIÁLISE CRÓNICA

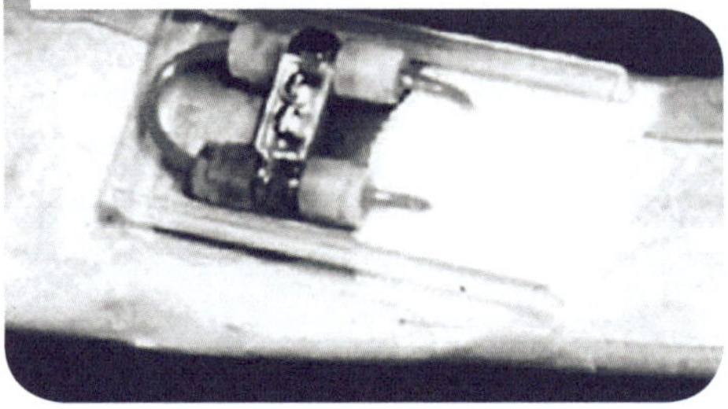

Fig. 9 - Acesso vascular de Quinton, Dillard e Scribner

Fig. 10 - Dr. Belding H. Scribner - (1921 – 2003)

Apesar da generalização dos avanços tecnológicos, o acesso a uma quantidade adequada de sangue do doente para realização do tratamento representava um problema significativo nos primeiros anos da diálise. Habitualmente, uma cânula de vidro ou um tubo eram colocados cirurgicamente num vaso sanguíneo para permitir o acesso. Infelizmente, a natureza complexa do acto cirúrgico associou-se ao facto da cânula não poder permanecer no local durante um período de tempo significativo, tornando impossível realizar o tratamento de diálise necessário para salvar as vidas dos doentes com insuficiência renal crónica.

Nos Estados Unidos, Quinton, Dillard e Scribner realizaram progressos neste campo, em 1960, com o desenvolvimento de um acesso, que ficaria conhecido como o *shunt* de Scribner. O acesso podia permanecer no local durante cerca de dois meses, permitia um acesso relativamente fácil ao sistema circulatório do doente e, pela primeira vez, tornava possível o tratamento de diálise em doentes urémicos. Uma cânula de *Teflon*, material recém-desenvolvido, era colocada numa veia e outra cânula numa artéria. Fora do organismo, as duas juntavam-se num curto-circuito circulatório – daí o nome *shunt* (desvio, canal que desvia a circulação do sangue). Desenvolvimentos adicionais levaram, em 1962, à introdução de *shunts* totalmente fabricados em material flexível que prolongavam o tempo de vida, de vários meses a vários anos.

No entanto, o avanço mais decisivo no âmbito do acesso vascular ocorreu em 1966, com Brescia, Cimino *et al.*. O seu trabalho continua a ter uma importância fundamental no contexto actual da diálise. Recorrendo a cirurgia, Brescia e os seus colegas ligaram uma artéria do braço a uma veia próxima. A veia não está normalmente exposta a pressão sanguínea elevada, pelo que a intervenção "arterializa" a veia e provoca aumento do seu volume. Desta forma, torna-se mais fácil introduzir agulhas nesta veia, que se encontra sob a pele, permitindo o acesso repetidamente. Esta técnica diminuía o risco de infecção no acesso vascular e permitia o tratamento de diálise ao longo de vários anos. A chamada fístula arteriovenosa (AV) continua a ser o acesso de escolha em doentes dialisados, e algumas fístulas AV implantadas há mais de 30 anos ainda são actualmente utilizadas.

Fig. 11 - Clyde Shields - (1921 – 1971)

Os desenvolvimentos que se iniciaram com o *shunt* de Scribner permitiram o tratamento a longo prazo de doentes com insuficiência renal crónica. Na Primavera de 1960, Belding Scribner implantou um *shunt* no doente norte-americano Clyde Shields, em Seattle. Shields tornou-se o primeiro doente hemodialisado crónico, e os tratamentos de diálise permitiram-lhe viver mais onze anos, vindo a morrer por doença cardíaca em 1971.

Estes sucessos iniciais constituíram uma base fértil para o primeiro programa de hemodiálise crónico de sempre, que foi instituído em Seattle nos anos seguintes. Ao longo dos anos, Belding Scribner e a sua equipa inibiram-se conscientemente de procurar protecção de patente para muitas das suas descobertas e inovações, de forma a assegurar uma distribuição rápida das suas técnicas que permitisse salvar a vida de doentes dialisados. Os esforços de Belding Scribner ao longo da sua vida foram reconhecidos em 2002, quando ele e Willem Kolff foram galardoados com o distinto "Prémio Albert Lasker de Investigação Médica". Scribner morreu em 2003, com 82 anos de idade.

8 - HEMODIÁLISE MODERNA: OS PRIMEIROS DIALISADORES DE FIBRA OCA

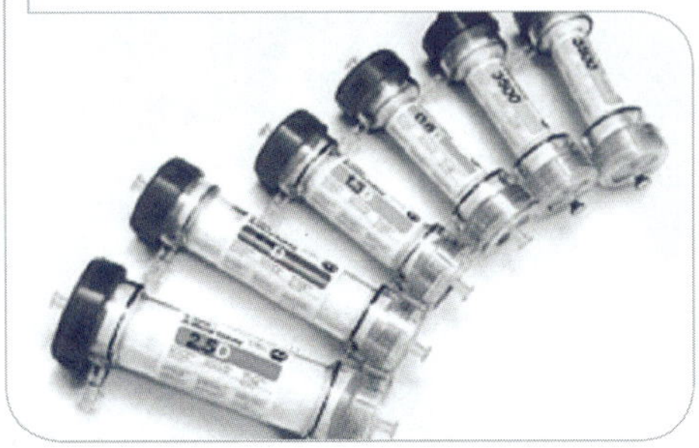

Fig. 12 - A primeira família de dialisadores de fibra oca (C-DAK, "Rim Artificial Cordis Dow")

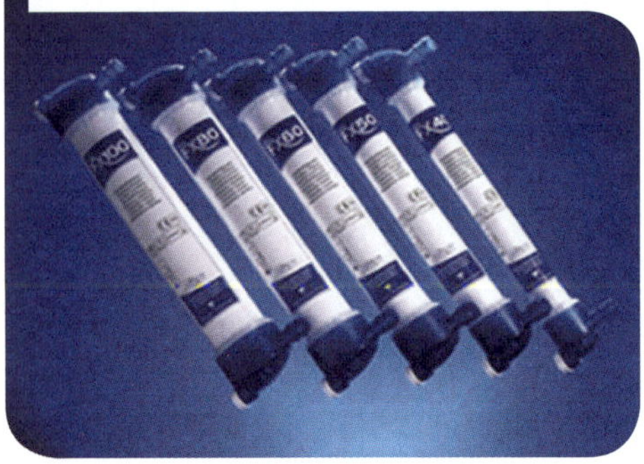

Fig. 13 - A actual geração de dialisadores produzidos pela Fresenius Medical Care

A hemodiálise estabeleceu-se como tratamento de escolha em todo o mundo na insuficiência renal crónica e aguda, após os sucessos iniciais em Seattle. Membranas, dialisadores e equipamentos de diálise foram continuamente melhorados e produzidos industrialmente, em quantidades crescentes. Uma das principais evoluções foi o desenvolvimento do dialisador de fibra oca pelo americano Richard Stewart em 1964. Esta tecnologia substituiu os tubos membranosos e membranas lisas, até então tradicionais, por um conjunto de membranas ocas de tamanho capilar. Este procedimento permite a produção de dialisadores com uma área de superfície suficientemente ampla para corresponder às necessidades de eficiência dos tratamentos de diálise.

O desenvolvimento da correspondente tecnologia de produção industrial foi completado pela Dow Chemical, entre 1964 e 1967, com o Dr. Ben Lipps, actual CEO da Fresenius Medical Care, que desempenhou um contributo significativo. Esta nova tecnologia permitiu, nos anos seguintes, a produção de um grande número de dialisadores, a um preço razoável. Os dialisadores de fibra oca amplamente utilizados na actualidade – que são equipados com uma membrana mais eficaz e melhor tolerada, constituída primariamente por polímeros sintéticos – ainda assentam nestes conceitos.

À medida que se foi difundindo a utilização clínica da hemodiálise, os cientistas conseguiram investigar melhor as características únicas dos doentes com insuficiência renal crónica. Ao contrário dos primórdios da diálise acima descritos, a ausência de métodos de tratamento ou tecnologias adequados já não representa um desafio no tratamento dos doentes com insuficiência renal. Os desafios actuais são de natureza diversa e devem-se ao número elevado de doentes que necessitam um tratamento de diálise, às complicações resultantes de vários anos de tratamento de diálise, e a uma população crescente de doentes que representa um desafio demográfico, assim como médico, uma população que ainda estaria sem cuidados médicos, se não fosse esta investigação inovadora.

REFERÊNCIAS BIBLIOGRÁFICAS:

- Thomas, Nicola - *Renal Nursing*: Paperback.

PRINCÍPIOS BÁSICOS DA DINÂMICA DE FLUIDOS CORPORAIS

CO-AUTORES:

ENFª. IDALINA NUNES - Enfermeira-Chefe na Clínica NephroCare Faro. Licenciatura em Enfermagem. Experiência profissional na área de Nefrologia e Cuidados Intensivos.

ENF. JORGE JARDIM - Enfermeiro-Adjunto na Clínica NephroCare Faro e Enfermeiro na Unidade de Cuidados Intensivos do Hospital de Faro. Licenciatura em Enfermagem.

ENF. FERNANDO LEITÃO - Enfermeiro-Chefe na Clínica NephroCare Portimão. Mestrado em Gestão de Recursos Humanos.

ENFª. CONCEIÇÃO MARTINS - Enfermeira-Chefe na Clínica NephroCare Tavira. Licenciatura em Enfermagem.

CAPÍTULO II - PRINCÍPIOS BÁSICOS DA DINÂMICA DE FLUIDOS CORPORAIS

O principal papel do rim consiste na manutenção do equilíbrio hidro-electrolítico do organismo.

Neste capítulo, descrevemos de forma sucinta o controlo hidro-electrolítico no organismo saudável para compreender as suas alterações patológicas e a sua capacidade de adaptação.

1 - METABOLISMO DA ÁGUA NO ORGANISMO NORMAL

O organismo normal mantém a homeostase das seguintes variáveis: volume de água e electrólitos.

Num homem adulto, a água representa cerca de 55% do peso total do corpo, o que significa aproximadamente 40 litros, para um peso de 70 kg. Esta proporção é maior nas crianças e menor nas mulheres e, tendo por base os valores deste exemplo, está distribuída no compartimento intracelular (25 litros) e extracelular (intersticial, 12 litros e intravascular, 3 litros).

A concentração de solutos osmoticamente activos na água corporal oscila entre 285 e 295 mOsm/kg de água. A manutenção constante destes valores, com amplas variações diárias em função da ingestão de líquidos e de electrólitos, confirma a grande flexibilidade do sistema urinário, uma vez que, para o conseguir, a eliminação de água pode variar entre um valor mínimo de cerca de 0,5 litros até um máximo de 20/25 litros, o que corresponde a uma osmolaridade urinária de 40 mOsm/kg, até aproximadamente 1.200 mOsm/kg.

1.1 Regulação da sede

Vários mecanismos actuam em conjunto para manter o equilíbrio hídrico do organismo. Um dos mais importantes é o mecanismo da sede. Os centros nervosos localizados no hipotálamo são estimulados quando o organismo necessita de mais água, criando a sensação de sede. A sensação torna-se mais forte à medida que a necessidade de água aumenta, levando o indivíduo a ingerir líquidos e a repor a água necessária.

Um outro mecanismo de controlo da quantidade de água no organismo envolve a hipófise, localizada na base do cérebro. Quando o corpo possui pouca água, a hipófise segrega uma substância para a corrente sanguínea, a hormona antidiurética (HAD), que estimula os rins a reterem o máximo possível de água, enquanto a nível orgânico global se transfere automaticamente do reservatório intracelular para a corrente sanguínea, mantendo o volume sanguíneo e a pressão arterial em equilíbrio até que a água seja reposta através do aumento da ingestão. Quando o organismo apresenta excesso de água, a sede é inibida e a hipófise produz muito pouca HAD, permitindo que os rins excretem o excesso de água.

2 - COMPOSIÇÃO DOS PRINCIPAIS COMPARTIMENTOS HÍDRICOS DO CORPO

Existem grandes diferenças de composição entre os vários compartimentos líquidos do organismo. No entanto, qualquer que seja o compartimento, a electroneutralidade é mantida, ou seja, a soma das concentrações de catiões é igual à soma das concentrações de aniões, sendo ambas expressas em equivalentes / volume. Isto é, o número de cargas positivas é igual ao número de cargas negativas.

2.1 - Líquido Intracelular

Não se conhece até hoje a composição electrolítica exacta da água contida no interior das células. Não existem técnicas que permitam a sua determinação de modo directo.

2.2 - Líquido Extracelular

O líquido extracelular tem duas grandes subdivisões: líquido intersticial e líquido intravascular (plasma).

O líquido intersticial é complexo, especialmente por ter um componente funcional de rápido equilíbrio, bem como vários componentes não funcionais de equilíbrio mais lento. O componente transcelular inclui o líquido cefalorraquidiano e os líquidos articulares. Em condições normais, este componente não funcional representa apenas 10% do volume de líquido intersticial (1 a 2% do peso corporal) e não deve ser confundido com o líquido extracelular relativamente não funcional, frequentemente denominado "terceiro espaço" e que surge em queimaduras e em lesões de tecidos moles.

3 - COMPOSIÇÃO ELECTROLÍTICA DOS LÍQUIDOS CORPORAIS (MEQ/L)

Catiões e Aniões

Na^+, K^+, Ca^{++}, Mg^{++}, Cl^-, $HCO3^-$, $SO4^-$

A concentração total de proteínas no plasma é bastante superior à do líquido intersticial, uma vez que a parede capilar impede a saída da maioria das proteínas do espaço intravascular para o líquido intersticial.

Devido a esse impedimento, a concentração de sódio torna-se maior no plasma, enquanto que, de forma inversa, a concentração de cloretos é maior no líquido intersticial.

Essa distribuição torna-se muito importante para que haja equilíbrio na concentração iónica dos compartimentos e para que se mantenha, com isso, a electroneutralidade.

No contexto de traumatismos, queimaduras ou actos cirúrgicos, é criado um novo "compartimento" corporal pela saída de líquido (plasma ou sangue total) associada ao traumatismo de partes moles.

Este compartimento, também conhecido como "terceiro espaço", tem um volume variável, em proporção directa com a dimensão do traumatismo e a sua composição depende da natureza e extensão deste. Este volume de líquido será gradualmente reabsorvido no período pós-traumático ou pós-operatório.

3.1 - Equilíbrio entre os vários compartimentos

As trocas que ocorrem entre o plasma e o líquido intersticial obedecem à lei de Starling e ao equilíbrio de Donnan.

Nas trocas entre o plasma e o líquido intersticial, a membrana não é atravessada pelas proteínas plasmáticas, o que provoca uma diferença de composição entre os compartimentos. Sendo as proteínas portadoras de carga negativa, para que a electroneutralidade seja mantida, é necessário que a concentração de aniões seja maior no líquido intersticial do que no plasma.

O compartimento intracelular e o extracelular mantêm um equilíbrio osmótico e são separados por uma membrana que é permeável aos catiões e aniões. Uma alteração em qualquer dos compartimentos reflecte-se imediatamente no outro, tentando manter o equilíbrio osmótico.

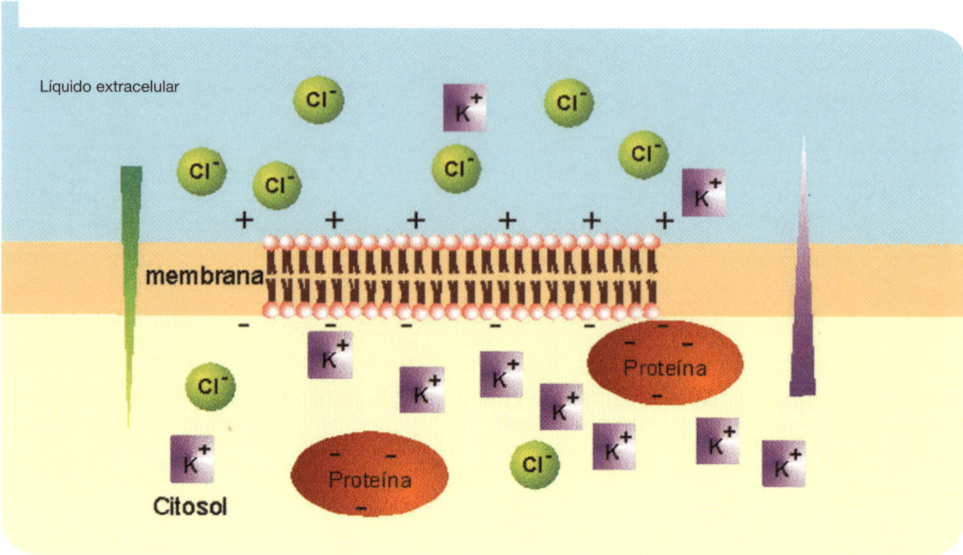

Fig. 1 - Equilíbrio de Gibbs-Donnan

3.2 - Plasma e Líquido Intersticial - Lei de Starling

Formulada em 1896, pelo fisiologista britânico Ernest Starling, a equação de Starling traduz as forças hidrostáticas e oncóticas (também denominadas forças de Starling) no movimento do fluxo através das membranas capilares.

De acordo com a equação de Starling, o movimento do fluido depende de seis variáveis: a pressão hidrostática capilar (Pc), a pressão hidrostática intersticial (Pi), o coeficiente de reflexão (R), (valor que é indicador da eficácia da parede capilar para impedir a passagem de proteínas e que, em condições normais, se admite que é igual a 1, totalmente impermeável às mesmas e em situações patológicas inferior a 1, até alcançar o valor 0 quando pode ser atravessado por elas sem dificuldade), a pressão oncótica capilar (πc), a pressão oncótica intersticial (πi) e o coeficiente de filtração (Kf), que expressa a permeabilidade da parede capilar para os líquidos.

Todas as pressões são medidas em milímetros de mercúrio (mm Hg) e o coeficiente de filtração em milímetros por minuto por milímetros de mercúrio (ml•min-1•mm Hg-1). A equação de Starling é escrita da seguinte forma:

$Q = Kf ([Pc - Pi] - R [\pi c - \pi i])$

A solução da equação representa o fluxo de líquido dos capilares para o interstício (Q). Se Q for positivo, o fluxo tende a deixar o capilar (filtração). Se for negativo, o fluxo tende a entrar no capilar (absorção). Esta equação tem um importante número de implicações fisiológicas, especialmente quando os processos patológicos alteram de forma considerável uma ou mais destas variáveis.

Deste modo, uma vez que o sangue chega aos capilares com uma pressão entre 40 a 45 mmHg, esta pressão tende a produzir saída de líquidos para o compartimento intersticial, sendo parcialmente compensada pela pressão coloidosmótica do plasma (20-30 mmHg) e pela pressão intersticial do próprio tecido (2-5 mmHg), resultando numa força de filtração do plasma para o interstício equivalente a 10-15 mmHg. Do lado venoso, quando já existe diminuição da pressão hidrostática intracapilar para 10-15 mmHg, ainda existe uma compensação originada pelas mesmas pressões coloidosmótica e intersticial, resultando numa força adicional de 10-15 mmHg, que força os líquidos em sentido contrário ao referido anteriormente, isto é do interstício para os capilares.

3.3 - Plasma e Líquido Intersticial. Equilíbrio de Gibbs- Donnan

O equilíbrio de Gibbs–Donnan, também conhecido por efeito de Gibbs–Donnan, traduz o comportamento de partículas possuidoras de carga eléctrica relativamente a uma membrana semipermeável. Este princípio tem por base a tendência das partículas a difundirem-se através da membrana de modo a criar um estado de equilíbrio no que diz respeito a concentração e neutralidade eléctrica. Como a membrana capilar não é permeável às proteínas plasmáticas; sendo estas de carga negativa, ao permanecerem apenas de um dos lados da membrana, provocam uma variação na concentração dos demais iões de um lado e do outro da membrana.

3.4 - Extracelular e Intracelular. Hipótese de Danow- Yannet

Baseia-se em dois princípios: o primeiro, que estabelece que o sódio é o principal determinante da concentração osmolar extracelular e o segundo, que estabelece que não pode existir gradiente osmótico entre os compartimentos intracelular e extracelular. Deste modo, quando ocorre uma perda de determinada quantidade de água, observa-se que a quantidade de água total dos solutos, em mOsm, permanece constante no interior dos compartimentos. Por exemplo, se existe perda de água no compartimento extracelular, existe diminuição de volume desse compartimento e consequente variação, numa fase inicial, do gradiente de concentração entre o espaço intracelular e extracelular. Como consequência, a água do compartimento intracelular passa para o espaço extracelular, de modo a restabelecer o equilíbrio osmótico.

3.5 - Intracelular e Extracelular. Bomba de Catiões

A bomba de catiões (bomba sódio-potássio) regula as diferenças de concentração iónica entre os compartimentos intra e extracelular, através de um mecanismo de transporte activo, com consumo de energia e que depende do funcionamento normal da célula. Quando por qualquer motivo existe sofrimento celular, pode surgir uma alteração substancial do funcionamento da "bomba de catiões", levando ao aumento da concentração de potássio no compartimento extracelular e do sódio no espaço intracelular. A descida de temperatura e a falta de substrato energético inibem a bomba de catiões, sendo este, por exemplo, um dos factores que explica a perda de potássio nos eritrócitos nas amostras de sangue, com o consequente aumento da concentração desse catião no plasma.

4 - METABOLISMO DA ÁGUA

A quantidade de água e electrólitos no organismo é mantida graças ao equilíbrio existente entre a ingestão e a excreção. Em condições fisiológicas normais, o organismo controla cuidadosamente a excreção de modo a adaptá-la à ingestão.

O balanço hídrico é um importante indicador para a reposição, não somente hídrica como também de electrólitos num doente, principalmente quando este se encontra impossibilitado de se alimentar por via oral, com restrição da ingestão ou mesmo quando apresenta uma grande perda de líquidos, com ou sem electrólitos. A regulação da excreção renal de água é exercida pela acção da hormona antidiurética (HAD) produzida pelo hipotálamo e excretada pela neurohipófise; a HAD, actuando ao nível dos tubos colectores, provoca o aumento da reabsorção de água e a formação de urina hipertónica. A cessação da actividade da hormona leva à não reabsorção de água nos tubos colectores e à formação de urina hipotónica em relação ao plasma, ou seja, à excreção de "água livre de solutos". A secreção de HAD depende fundamentalmente do aumento da osmolaridade plasmática, que estimula o hipotálamo.

Um aumento da osmolaridade de apenas 1,8% numa das artérias carótidas já é suficiente para que exista um máximo de economia renal de água.

5 - METABOLISMO DO SÓDIO

O organismo contém cerca de 60-65 mEq de sódio por quilograma de peso corporal. Cerca de 43% do sódio localiza-se nos ossos, 2,5% estão no espaço intersticial e apenas 2,5% estão no compartimento intracelular, localizando-se o restante no compartimento extracelular.

A ingestão de sódio é equilibrada pela excreção renal, que é controlada pela acção da aldosterona, hormona secretada pelo córtex suprarrenal. A aldosterona é regulada principalmente pelo volume do compartimento extracelular funcionalmente activo. A secreção de aldosterona responde à libertação de renina pelo rim, mais especificamente pelo aparelho justaglomerular.

A acção da renina sobre uma alfaglobulina plasmática produz angiotensina I, que é transformada pela acção enzimática, em angiotensina II, com capacidade de estimular a zona glomerular do córtex suprarrenal para produzir aldosterona. Desta forma, no aparelho justaglomerular está situado o principal dos "receptores de volume", responsável pelo desencadeamento do mecanismo de secreção de aldosterona.

6 - METABOLISMO DO POTÁSSIO

A ingestão normal de potássio é de 50 a 100 mEq/dia e, na ausência de hipocaliemia, a maior parte desse valor é excretado na urina. Noventa e oito por cento do potássio existente no organismo está localizado no compartimento intracelular, numa concentração de aproximadamente 150 mEq/l, constituindo o principal catião da água intracelular.

A distribuição intracelular/extracelular do potássio é influenciada por numerosos factores. São libertadas para o espaço extracelular quantidades significativas de potássio intracelular em resposta a lesões graves, traumatismos cirúrgicos, acidose e ao estado catabólico. Pode ocorrer elevação significativa do potássio, na presença de insuficiência renal oligúrica; pelo contrário, é raro existir hipercaliemia acentuada se a função renal estiver normal.

A secreção renal de potássio faz-se por secreção tubular e é influenciada pela acção da aldosterona. Como a regulação da aldosterona depende fundamentalmente do volume do compartimento extracelular funcional e não dos níveis de potássio, não existe uma verdadeira regulação hormonal do metabolismo deste catião.

A entrada de glucose para o interior das células desloca o potássio para o espaço intracelular. Este facto é utilizado no tratamento de hipercaliemias, utilizando soluções de glucose-insulina. Outro tipo de troca extracelular-intracelular depende de movimentos associados de iões H+. Quando existe excesso de iões H+ no compartimento extracelular (acidose), este ião desloca-se para o espaço intracelular, removendo iões potássio, resultando em aumento dos níveis extracelulares e, portanto, plasmáticos de potássio. Sucede o inverso nas situações de alcalose, em que o compartimento extracelular recebe iões de H+ do compartimento intracelular, sendo esta deslocação acompanhada por um movimento de iões potássio para o espaço intracelular, resultando em diminuição dos seus níveis extracelulares e plasmáticos.

7 - ALTERAÇÕES ELECTROLÍTICAS

7.1 Hipocaliemia

Os sinais de hipocaliemia relacionam-se com a actividade muscular, seja esta esquelética, cardíaca ou da musculatura lisa. Assim, podemos observar paralisias, diminuição dos reflexos tendinosos e íleo paralítico. Podem surgir alterações do ECG, incluindo o aparecimento de ondas T aplanadas, infradesnivelamento do segmento S-T, prolongamento do intervalo Q-T e aparecimento de onda U. As hipocaliemias estão com frequência associadas a perdas extrarrenais de potássio, nomeadamente através do aparelho digestivo. O suco gástrico contém quantidades elevadas de potássio, assim como os demais sucos digestivos, de tal modo que as perdas digestivas devem ser sempre repostas com soluções que contenham este ião.

7.1.1 Aumento da excreção renal e movimento para o espaço intra-celular

O metabolismo do potássio está intimamente relacionado com o equilíbrio ácido-base, surgindo aumento da sua excreção nas situações de alcalose, tanto respiratória como metabólica. Nas alterações hormonais pós-traumáticas, este fenómeno agrava-se porque a reabsorção de sódio ao nível dos túbulos renais induz excreção do potássio.

7.2 Hipercaliemia

A hipercaliemia está geralmente associada a uma excreção renal insuficiente de potássio. É provável que a causa mais frequente de hipercaliemia ligeira seja o uso de medicamentos que evitam a sua excreção através dos rins. A hipercaliemia pode estar associada à doença de Addison, em que as glândulas suprarrenais não produzem quantidades suficientes das hormonas que estimulam os rins para excretar potássio, pode estar associada à saída repentina de uma grande quantidade de potássio do interior das células, perante um quadro de destruição de grande quantidade de tecido muscular (tal como num esmagamento ou traumatismo) e em casos de queimaduras graves. A chegada rápida de potássio ao sangue pode exceder a capacidade dos rins para o excretar e pode provocar um quadro de hipercaliemia potencialmente mortal. No entanto, raramente encontramos hipercaliemia grave (concentração de potássio no plasma acima de 5 mEq/l) quando a função renal é normal.

As manifestações de hipercaliemia ocorrem sempre tardiamente. Os sinais e sintomas clínicos incluem: perturbações mentais, parestesias, fadiga e fraqueza muscular, sendo a eventualidade de morte súbita o seu maior perigo. No ECG, manifesta-se por uma onda T espiculada, alongamento do intervalo PR e do complexo QRS, onda S profunda, taquicardia paroxística ventricular e fibrilhação ventricular. O tratamento mais eficaz para esta alteração é a diálise. Enquanto esta não é realizada podem tomar-se algumas medidas: administração de resina permutadora de iões que, ao nível do tubo digestivo, capta e fixa o potássio; solução de glucose hipertónica à qual se adiciona insulina por via endovenosa; correcção das alterações ácido-base; administração de gluconato de cálcio por via endovenosa (o cálcio possui acção antagónica do potássio no miocárdio).

7.3 Hipomagnesemia

O magnésio é um ião predominantemente intracelular, cuja distribuição no corpo é semelhante à do potássio. A maior parte da sua excreção é realizada pelas fezes, sendo uma porção menor excretada pela urina. A conservação renal de magnésio faz-se com notável eficiência, uma vez que uma diminuição da sua ingestão conduz automaticamente a uma diminuição da sua excreção.

A deficiência de magnésio pode estar associada a um período prolongado de ausência de ingestão, perdas crónicas de fluidos gastrintestinais, nutrição parentérica com deficiência deste ião, alcoolismo crónico, pancreatite aguda e hiperaldosteronismo primário. Os sintomas incluem hiperreflexia, tremores musculares, tetania, delírio e convulsões. O tratamento envolve a administração endovenosa de cloreto ou sulfato de magnésio, com o doente em monitorização cardíaca durante a administração desta substância.

7.4 Hipermagnesemia

Pode surgir na insuficiência renal, quando é administrado magnésio, como no caso dos compostos antiácidos que contêm o seu hidróxido.

O quadro clínico de hipermagnesemia grave é caracterizado por depressão do sistema nervoso central e alterações electrocardiográficas (alterações de condução). No caso de insuficiência renal, o quadro de hipermagnesemia deve ser tratado através da diálise.

REFERÊNCIAS BIBLIOGRÁFICAS:

- Daugirdas, John T. - *Handbook of Dialysis:* Review of Hemodialysis for Nurses and Dialysis Personel, Cap. 3.

ANATOMIA E FISIOLOGIA RENAL e INSUFICIÊNCIA RENAL CRÓNICA

CO-AUTORES:

ENFª. GUIDA PINTO - Enfermeira-Chefe
na Clínica NephroCare Torres Vedras.
Licenciatura em Enfermagem.

ENF. AMÂNDIO BRÁS FERREIRA - Enfermeiro na Clínica
NephroCare Torres Vedras e no Centro Hospitalar
de Torres Vedras. Licenciatura em Enfermagem.

ENFª. ODÍLIA MARIA RIBEIRO - Enfermeira na Clínica
NephroCare Torres Vedras e no Centro Hospitalar de
Torres Vedras. Licenciatura em Enfermagem.

ENF. VITOR MANUEL ANTUNES - Enfermeiro na Clínica
NephroCare Torres Vedras e Centro Hospitalar
de Torres Vedras. Licenciatura em Enfermagem.

DR. JOSÉ GALVÃO - Director Clínico
na Clínica NephroCare Torres Vedras.
Especialista em Nefrologia.

CAPÍTULO III - ANATOMIA E FISIOLOGIA RENAL E INSUFICIÊNCIA RENAL CRÓNICA

O metabolismo, processo através do qual é possível converter matérias-primas em energia, é fundamental para os tecidos vivos. Desse processo resultam desperdícios tóxicos do metabolismo celular que é necessário remover. A homeostase, isto é, o estado de equilíbrio do ambiente celular interno, é essencial para a continuidade da vida. Os rins desempenham um papel fundamental na sua manutenção. Desde que um terço de um dos rins se mantenha funcional, a sobrevivência é possível. Pelo contrário, se a capacidade funcional do rim se perder totalmente, sem tratamento médico específico, a morte é inevitável.

O aparelho urinário, em conjunto com outros órgãos, regula o volume e mantém a composição do líquido intersticial dentro de uma estreita margem de valores; o aparelho respiratório e digestivo regulam o nível de gases e nutrientes no sangue; os rins são os principais órgãos excretores do organismo, removendo do sangue a maioria dos produtos de degradação (muitos dos quais são tóxicos), desempenhando um papel primordial no controlo da volemia, da concentração dos iões no sangue, do pH do sangue, da produção de eritrócitos e do metabolismo da vitamina D. A pele, o fígado, os pulmões e os intestinos eliminam alguns produtos de degradação mas, se os rins deixarem de funcionar, os outros órgãos excretores não conseguem compensá-los adequadamente.

1 - ANATOMIA RENAL

O rim é um órgão par, em forma de feijão, com a dimensão de um punho fechado, medindo cerca de 11 cm de comprimento, 5 cm de largura e 3 cm de espessura, e pesa aproximadamente 130 gramas. Localiza-se junto à parede posterior do abdómen, atrás do peritoneu, de cada lado da coluna vertebral, adjacente ao bordo lateral do músculo psoas (ver figura 1). O pólo superior de cada rim está aproximadamente ao nível de D12 e o pólo inferior ao nível de L3, protegidos pela grelha costal, embora o rim direito se encontre ligeiramente abaixo do esquerdo devido à presença do fígado. Uma cápsula renal de tecido conjuntivo fibroso reveste cada rim, a qual por sua vez é envolvida por uma densa camada de tecido adiposo, a gordura peri-renal, que o protege dos impactos. Os rins e o tecido adiposo que os rodeia estão fixados à parede abdominal por uma fina bainha de tecido conjuntivo, a fáscia renal. A face côncava do rim está normalmente orientada para a coluna vertebral.

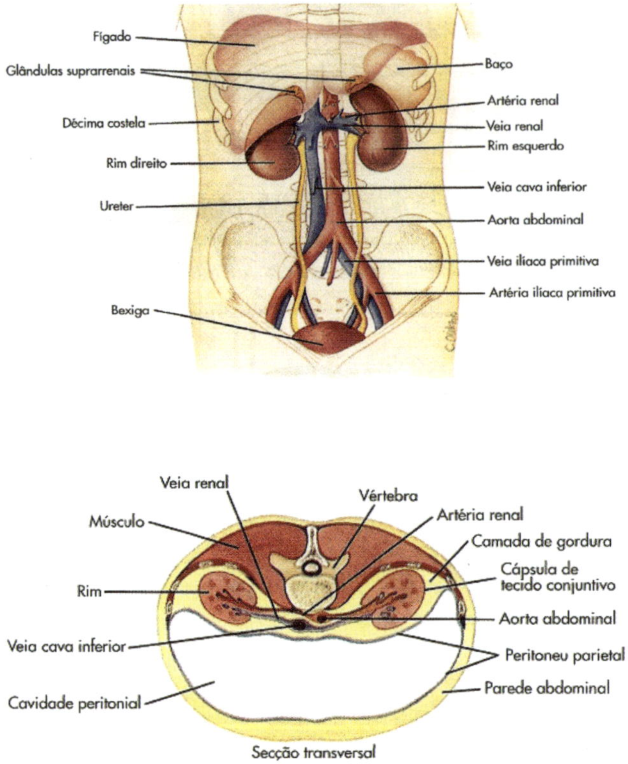

Fig 1 - Anatomia do aparelho urinário

No bordo interno de cada rim existe uma pequena área denominada hilo renal, por onde penetram a artéria e os nervos renais e saem a veia renal e os ureteres. O hilo abre-se numa cavidade denominada seio renal, que contém gordura e tecido conjuntivo (figura 2). O rim divide-se em duas porções, uma externa, o córtex, e outra interna, a medula, que rodeiam o seio renal. A região medular inclui numerosas pirâmides renais, em forma de cone, que parecem triangulares quando observadas num corte longitudinal do rim. Os prolongamentos das pirâmides, denominados raios medulares, projectam-se para o córtex, enquanto os prolongamentos do córtex, as colunas renais, se projectam entre as pirâmides. A base de cada pirâmide localiza-se na divisão entre o córtex e a medula e os respectivos vértices (ou papilas renais) estão dirigidos para o centro do rim. Umas estruturas em forma de funil, denominadas pequenos cálices, rodeiam as papilas renais. A junção de vários pequenos cálices forma estruturas idênticas, mas de maiores dimensões, denominadas grandes cálices. Existem 8 a 20 pequenos cálices e 2 a 3 grandes cálices em cada rim.

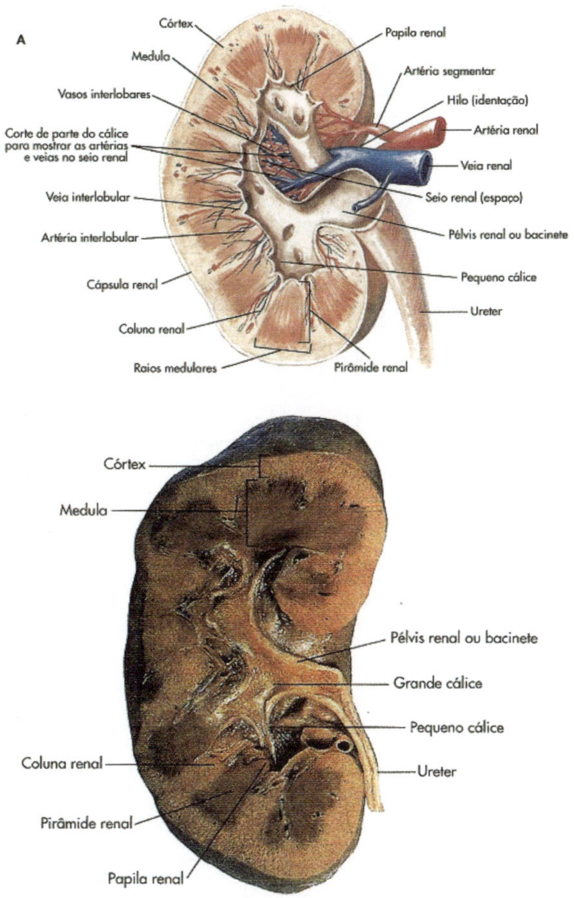

Fig. 2 - Secção longitudinal do rim e ureter

Os grandes cálices convergem para formar um grande canal, a pélvis renal ou bacinete, que em seguida se vai transformar num tubo estreito que vai ligar o rim à bexiga, denominado ureter.

A unidade histológica e funcional básica do rim é o nefrónio (figura 3), que é constituído por uma porção proximal dilatada, denominada cápsula de Bowman, que envolve o glomérulo, o túbulo contornado proximal, a ansa de Henle e o túbulo contornado distal. Este desemboca num tubo colector, o qual transporta a urina do córtex renal para os cálices. A cápsula de Bowman e os dois túbulos contornados estão situados na região cortical; os tubos colectores e parte das ansas de Henle encontram-se na medula renal.

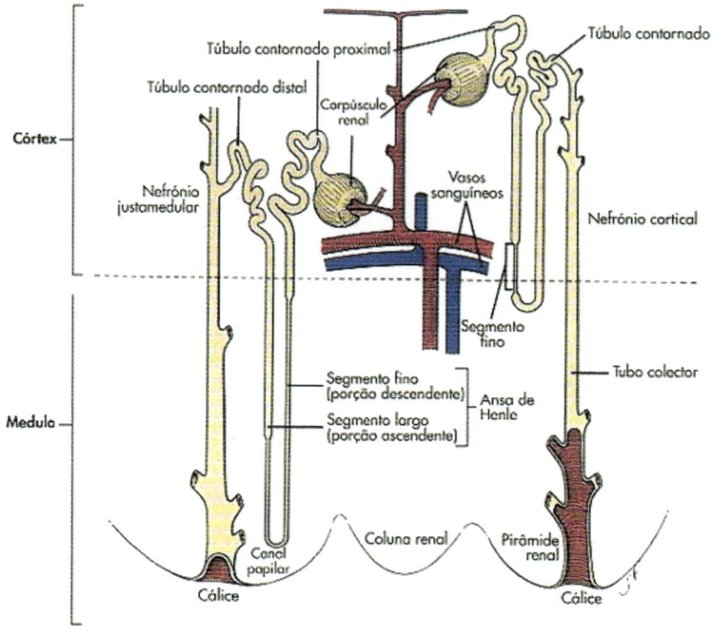

Fig. 3 - Unidade funcional do rim – nefrónio

Cada rim possui aproximadamente 1.000.000 nefrónios, um terço dos quais tem de permanecer funcionante para assegurar a vida. A maioria deles mede 50 a 55 mm de comprimento, embora aqueles cuja cápsula de Bowman está localizada no córtex, junto à medula, sejam mais compridos do que os nefrónios em que a cápsula de Browman se situa mais próxima do exterior do rim. Os nefrónios justamedulares, localizados junto da medula, correspondem a 15% do total de nefrónios e apresentam ansas de Henle mais compridas, que penetram mais profundamente na medula (figura 3). As ansas de Henle são as responsáveis pela regulação da concentração da urina; animais adaptados a viver em locais áridos têm predominantemente ansas de Henle longas, comparando com animais que têm menos necessidade de conservar água.

2 - FISIOLOGIA RENAL

É essencial uma clara percepção da fisiologia dos rins, para melhor compreender a variedade das alterações físico-químicas que ocorrem na insuficiência renal.

PRINCIPAIS FUNÇÕES DO RIM:

2.1 - Ultrafiltração

À medida que o sangue passa através do corpúsculo renal, ocorre a filtração do plasma. Neste processo de ultrafiltração, forma-se a urina primitiva (filtrado glomerular). O volume de filtrado glomerular é de aproximadamente 180 l/dia. Desse volume, 99% é reabsorvido pelos rins. É devido a esse importante poder de reabsorção dos rins que a produção média urinária de um adulto é de 1 a 2 litros/dia. A ultrafiltração é medida pela taxa de filtração glomerular (TFG ou GFR - *glomerular filtration rate*), sendo esta a quantidade de filtrado glomerular num determinado período de tempo. O valor médio de GFR só é tido em consideração para jovens adultos, uma vez que as crianças, por ainda terem os seus nefrónios em crescimento, apresentam valores mais baixos de GFR e, a partir dos 30 anos de idade, o número de nefrónios começa a diminuir, diminuindo proporcionalmente o valor da GFR. O valor da GFR é calculado a partir do valor da creatinina sérica, da idade, raça e género.

Os rins recebem aproximadamente 25% do débito cardíaco, daí resultando taxas de fluxo sanguíneo renal de cerca de 600 ml/min. O aporte de sangue aos rins é essencial à formação do filtrado glomerular, uma vez que fornece nutrientes e oxigénio indispensáveis ao bom funcionamento das células renais. As interrupções graves ou prolongadas do débito cardíaco ou da perfusão renal, em consequência da obstrução vascular, têm efeitos profundos na formação da urina, bem como na viabilidade das células responsáveis pela manutenção do equilíbrio do ambiente interno do organismo.

Depois de passar através de uma série de artérias progressivamente menores, o sangue entra na arteríola aferente que se ramifica em capilares glomerulares. O glomérulo renal, situado na cápsula de Bowman, é a primeira porção funcional do nefrónio. Quando o sangue entra nos capilares glomerulares, a uma pressão superior a 60 ou 70 mmHg, forma-se um ultrafiltrado que contém aproximadamente a mesma concentração de elementos que o plasma. À medida que o ultrafiltrado passa através do resto do nefrónio, ocorrem a reabsorção e a eliminação para produzir a verdadeira urina que é então excretada.

QUADRO 1 – VALORES MÉDIOS DE FILTRAÇÃO E REABSORÇÃO DE DIFERENTES SUBSTÂNCIAS

SUBSTÂNCIA	QUANTIDADE FILTRADA (POR DIA)	QUANTIDADE EXCRETADA (POR DIA)	PERCENTAGEM REABSORVIDA
Água (l)	180	1.8	99.0
Sódio (g)	630	3.2	99.5
Glucose (g)	180	0.0	100.0
Ureia (g)	54	30.0	44.0
Potássio (g)	35	2.0	94.0
Cálcio (g)	5	0.2	96.0
Aminoácidos (g)	10	0.3	97.0

O quadro 1 resume as taxas médias de filtração e as taxas de reabsorção de diversas substâncias.

Se não fossem os mecanismos de conservação dos rins, haveria uma depleção de líquidos e electrólitos num período de apenas 3 a 4 minutos. O túbulo contornado proximal chega a reabsorver 85% a 90% da água do ultrafiltrado, 80% do sódio filtrado e a maior parte do potássio, bicarbonato, cloreto, fosfato, glucose e aminoácidos filtrados. É no túbulo contornado distal e tubo colector que tem lugar a formação final da urina.

Se o organismo não tivesse como mecanismo adicional, ao nível dos rins, a capacidade de conservar a água do ultrafiltrado, a desidratação seria inevitável. Este mecanismo é controlado pela hormona antidiurética (HAD), que concentra a urina a 1% do volume filtrado diariamente. O rim, através da regulação da reabsorção, pode variar a quantidade de líquido eliminado, de acordo com a ingestão, de modo a manter o equilíbrio. Desta forma, com o aumento da ingestão de líquidos, o rim elimina mais e com menor ingestão surge concentração da urina. Os mecanismos responsáveis por esta capacidade de maior concentração da urina e por esta precisão na eliminação do seu volume adequado, estão localizados na ansa de Henle e no túbulo contornado distal e colector. A ansa de Henle atinge a porção medular do rim, que é altamente hipertónica em comparação com o filtrado. Na porção descendente da ansa, o sódio difunde-se no filtrado, quando o tubo penetra mais profundamente na área medular, e a água abandona a urina primitiva, devido às elevadas concentrações de sódio. O resultado é uma redução do volume do filtrado glomerular e um acentuado aumento da sua osmolaridade. No ramo ascendente da ansa de Henle, o sódio é reabsorvido pelos tecidos intersticiais, mas a ansa é impermeável ao movimento da água para o interior ou exterior do tubo. A urina primitiva, agora no túbulo contornado distal e colector, diminuiu de volume, mas é hipotónica, devido à reabsorção de sódio. A influência da HAD nestes dois últimos segmentos permite que a água seja reabsorvida para o tecido intersticial, assegurando o equilíbrio hídrico. A reabsorção de água do ultrafiltrado aumenta a osmolaridade e provoca a eliminação de urina hipertónica.

2.2 - Equilíbrio electrolítico

O equilíbrio electrolítico é conseguido principalmente no túbulo distal e colector do nefrónio. Tal como sucede com os líquidos, o local mais importante de conservação dos electrólitos é o túbulo contornado proximal, onde é reabsorvida a grande maioria de todos os electrólitos filtrados, impedindo assim a depleção dessas substâncias.

A regulação exacta da composição de electrólitos do organismo ocorre nos segmentos tubulares distais. Na urina primitiva, dependendo das concentrações de electrólitos presentes nas células dos túbulos, bem como das concentrações dessas substâncias no interstício, as células tubulares eliminam ou reabsorvem electrólitos da urina. Esta regulação é feita por mecanismos passivos e activos. O movimento passivo dos electrólitos ocorre através de um gradiente de concentração, ou seja, os electrólitos deslocam-se de uma área de maior concentração para uma área de menor concentração. O movimento activo dos electrólitos faz-se através de mecanismos de transporte de iões e, por isso, pode deslocar electrólitos sem ter em consideração os gradientes de concentração.

2.3 - Equilíbrio ácido-base

Os processos metabólicos do organismo produzem geralmente excesso de ácido. O organismo recorre a dois importantes mecanismos para a manutenção do equilíbrio ácido-base, dentro de uma escala restrita: o respiratório e o renal. O equilíbrio ácido-base é parcialmente conservado através da reabsorção do bicarbonato no túbulo proximal, conseguindo um controlo mais exacto através da regeneração do bicarbonato e da eliminação de iões de hidrogénio na urina. Os hidrogeniões são eliminados passivamente no tubo proximal e eliminados activamente no túbulo distal, por troca com iões de sódio.

2.4 - Excreção de resíduos, toxinas e medicamentos

Os resíduos metabólicos são eliminados no filtrado glomerular. A creatinina contida no filtrado glomerular é eliminada pela urina sem modificações. Outros resíduos, como a ureia, são eliminados sem modificações do filtrado glomerular, mas sofrem reabsorção durante a passagem pelo nefrónio. A quantidade de material residual eliminado na urina é apenas uma parte do que estava originalmente contido no filtrado glomerular. Tal como os electrólitos são reabsorvidos pelo nefrónio, o mesmo sucede com a maior parte dos resíduos.

É importante lembrar que a maioria dos fármacos é metabolizada directamente pelo fígado em formas inactivas e depois eliminada pelos rins. Devido a este papel dos rins, quando a função renal está afectada, alguns fármacos estão contraindicados e a dose de outros deve ser ajustada. Os exemplos de fármacos que são afectados pela insuficiência renal incluem, entre outros, muitas classes de antibióticos, digitálicos, salicilatos e barbitúricos de acção prolongada.

2.5 - Regulação da pressão sanguínea

Os rins desempenham um papel activo na regulação da pressão sanguínea. Foram identificados quatro mecanismos através dos quais os rins regulam a pressão sanguínea: a regulação do volume plasmático, a aldosterona, o sistema renina-angiotensina-aldosterona e as prostaglandinas.

Exercem uma função importante na regulação do volume plasmático, de duas formas, através da reabsorção directa da água, para manter o volume plasmático e controlando a composição do líquido extracelular.

A aldosterona conserva o sódio do organismo, estimulando a reabsorção tubular renal, daí resultando conservação da água.

A regulação renal da pressão sanguínea é também controlada pelo sistema renina-angiotensina-aldosterona. A renina é uma hormona libertada pelo aparelho justaglomerular do nefrónio, em resposta a diversas situações incluindo depleção de sódio, hipoperfusão da artéria renal, ou estímulo dos nervos renais, por vias simpáticas. O angiotensinogénio, que é produzido pelo fígado, é activado pela angiotensina I, na presença da renina. A nível pulmonar, dá-se a conversão da angiotensina I na sua forma activa, a angiotensina II, que é um potente vasopressor e agente de estimulação da aldosterona. O efeito combinado destes dois mecanismos é a elevação da pressão sanguínea. A hipertensão sistémica associada à doença renal (ou seja, oclusão da artéria renal, insuficiência renal crónica e rejeição renal aguda) resulta da activação inadequada do sistema renina-angiotensina-aldosterona. Nestas condições, o volume de sangue em circulação é adequado, mas a perfusão renal diminui, provocando activação do sistema renina-angiotensina-aldosterona.

Para além disso, as prostaglandinas renais parecem exercer uma acção local, vasodilatadora e vasoconstritora, mantendo o fluxo de sangue renal e a GFR, em resposta a variações da perfusão e modificações endócrinas.

2.6 - Eritropoiese

A produção de eritrócitos é controlada pelos rins através da produção de eritropoietina, que estimula a eritropoiese ao nível medular e prolonga o tempo de vida eritrocitário. A eritropoietina é produzida em resposta a um menor aporte de oxigénio às células do rim. Os indivíduos que apresentam insuficiência renal crónica têm frequentemente valores de hematócrito sérico de 18 a 30% (os valores normais situam-se em 42-47%). Esta diminuição resulta da menor produção de eritropoietina pelos rins doentes, associada aos efeitos tóxicos sobre a medula óssea, ao menor tempo de vida dos eritrócitos e à maior probabilidade de hemorragia.

2.7 - Regulação do metabolismo cálcio-fósforo

Os rins controlam o metabolismo do cálcio e do fósforo, estando os dois fortemente correlacionados. Os dois mecanismos reguladores mais importantes são a paratormona (PTH) e a vitamina D. A pró-hormona vitamina D é convertida na sua forma activa pelos rins. A vitamina D activa regula não só a absorção gastrintestinal do cálcio, mas também a sua deposição ao nível da matriz óssea, para além do metabolismo do cálcio e do fósforo. A PTH estimula a reabsorção tubular do cálcio e a eliminação do fósforo.

3 - MODIFICAÇÕES FISIOLÓGICAS COM O ENVELHECIMENTO

Há uma relação directa entre o aporte de sangue aos rins e a função renal. A taxa de fluxo de sangue para os rins é cerca de cinco vezes superior à do coração, fígado e cérebro. A pressão capilar glomerular, que é a força que promove a ultrafiltração, é controlada pelo fluxo de sangue para os rins. Por isso, as alterações fisiológicas do leito vascular podem produzir alterações da função renal.

A aterosclerose das artérias renais constitui a forma mais comum de patologia vascular renal e ocorre na maioria dos indivíduos com o envelhecimento.

Sabe-se também que o envelhecimento leva a um aumento progressivo da pressão sanguínea. A hipertensão não tratada acelera o processo de aterosclerose que pode levar à insuficiência renal.

No homem, a hipertrofia da próstata, uma modificação fisiológica associada ao envelhecimento, quando não tratada, provoca obstrução urinária que pode conduzir à insuficiência renal.

REFERÊNCIAS BIBLIOGRÁFICAS:

1. Seeley, Rod e outros – Anatomia & Fisiologia. 1.ª edição, Lisboa: Lusodidactica, 1997.
2. Phipps e outros – *Enfermagem Médico Cirúrgica. Conceitos e Prática Clínica*. 1.ª edição, Lisboa: Lusodidacta, 1995.
3. Llanch e Valderrábano – *Insuficiência Renal Crónica*. 2.ª edição, Madrid: Edições Norma, 1997.

INSUFICIÊNCIA RENAL CRÓNICA TERMINAL - MANIFESTAÇÕES CLÍNICAS E OPÇÕES TERAPÊUTICAS

CO-AUTORES:

ENF. CARLOS MARCHÃO - Enfermeiro-Chefe na Clínica NephroCare Entroncamento. Licenciatura em Ciências de Enfermagem.

ENFª. ANTÓNIA DE SOUSA CACHADO - Enfermeira-Chefe Adjunta na Clínica NephroCare Entroncamento. Licenciatura em Ciências de Enfermagem.

ENFª. TELMA MATIAS - Enfermeira na Clínica NephroCare Entroncamento. Licenciatura em Ciências de Enfermagem e Pós-graduação de especialização em Enfermagem Médico-Cirúrgica.

ENFª. TERESA DE SOUSA - Enfermeira-Chefe na Clínica NephroCare Portalegre. A frequentar o Mestrado Gestão de Unidades de Saúde na Escola Superior de Saúde de Portalegre.

ENFª. SORAIA PIMENTA - Enfermeira na Clínica NephroCare Portalegre. Enfermeira Graduada no Hospital José Maria Grande em Portalegre (serviço de pediatria).

CAPÍTULO IV - INSUFICIÊNCIA RENAL CRÓNICA TERMINAL - MANIFESTAÇÕES CLÍNICAS E OPÇÕES TERAPÊUTICAS

A Insuficiência Renal Crónica (IRC) apresenta um conjunto de manifestações clínicas associadas à perda progressiva da taxa de filtração glomerular (GFR). A *National Kidney Foundation* (NKF) e a *Kidney Disease Outcome Quality Initiative* (KDOQI) definem 5 estadios de IRC, de acordo com o grau de afecção renal.

À medida que a doença evolui, surgem manifestações clínicas mais ou menos exuberantes de acordo com a lesão renal existente. Deste modo:

- No Primeiro Estadio, definido para uma insuficiência renal com GFR ≥ 90 ml/min, não existem alterações clínicas nem laboratoriais, dado que a perda de nefrónios não implica um comprometimento dos parâmetros laboratoriais. Os nefrónios sãos fazem um esforço para compensarem a perda de capacidade dos que estão afectados. Esta fase pode ser detectada através da determinação da filtração glomerular pela *clearance* da creatinina, utilizando fórmulas aplicadas aos exames laboratoriais de sangue e urina ou através de estudos radioisotópicos.
- No Segundo Estadio, a GFR situa-se em 60-89 ml/min. É ainda clinicamente assintomática, embora já exista lesão renal.
- No Terceiro Estadio, os valores da GFR situam-se em 30-59 ml/min, associada ao aumento dos valores da ureia e da creatinina e ao aparecimento de poliúria, devido à incapacidade de concentrar a urina. São também retidos outros componentes que normalmente são eliminados pelo rim, incluindo fósforo, ácido úrico e as valências ácidas. Nesta fase, pode surgir a anemia, ainda que de uma forma incipiente.
- No Quarto Estadio da IRC, os valores de GFR situam-se em 15-29 ml/min. Os sintomas têm uma intensidade variável e estão directamente relacionados com os valores de retenção azotada (astenia, náuseas, vómitos, etc.). A anemia é frequente, os valores de cálcio sérico podem estar reduzidos por alteração do metabolismo da Vitamina D, os valores do fósforo sérico podem subir e a acidose pode ser relativamente acentuada.
- No Quinto Estadio (estadio terminal), com uma GFR <15 ml/min, indicativa de falência renal, a sintomatologia pode ser intensa, associada a oligúria e a alterações bioquímicas acentuadas, existindo indicação premente para a terapêutica substitutiva da função renal (diálise ou transplante).

Deste modo, a progressão da insuficiência renal associa-se a um conjunto de manifestações clínico-laboratoriais que se designam por "Síndrome Urémica". As características desta síndrome incluem sintomas e sinais de atingimento de vários órgãos e sistemas, originando sintomatologia variável mas geralmente progressiva, estando as mais importantes resumidas no quadro I.

QUADRO I – MANIFESTAÇÕES DE INSUFICIÊNCIA RENAL POR SISTEMA

SISTEMA	MANIFESTAÇÕES CLÍNICAS
Urinário	Noctúria, poliúria, oligúria, edema, hipercaliemia, acidose metabólica, hiperfosfatemia, hipermagnesemia
Cardiovascular	Hipertensão arterial sistémica, pericardite, insuficiência cardíaca congestiva
Hematológico	Anemia, coagulopatias
Gastrintestinal	Anorexia, náuseas, vómitos, hemorragia digestiva
Neurológico	Fadiga, insónia, neuropatia periférica
Musculo-esquelético	Osteodistrofia renal, miopatia proximal
Endócrino	Diminuição da tolerância à glucose, infertilidade, amenorreia, impotência, hiperuricemia, dislipidemia

Para que se possam compreender as diferentes manifestações ao nível dos diferentes sistemas, é necessário perceber em que consiste a "Síndrome Urémica".

A síndrome urémica designa o conjunto de sinais e sintomas que resultam dos efeitos tóxicos de níveis elevados de produtos catabólicos nitrogenados e de outras toxinas no sangue. Os doentes urémicos apresentam frequentemente o chamado "hálito urémico" (hálito a urina), náuseas, vómitos e anorexia, que surgem na maioria das vezes associados à astenia e adinamia. Surgem alterações do estado mental, com perturbação da personalidade, que evolui gradualmente da confusão mental ao coma.

Os exames complementares de diagnóstico apresentam as seguintes alterações:

- **Séricas:** elevação da ureia, creatinina, fósforo, ácido úrico, potássio, magnésio, fosfatase alcalina, paratormona, glucose, colesterol e triglicerídeos, e diminuição do bicarbonato, cálcio, ferro, albumina, calcitriol e eritropoietina
- **Urinárias:** isostenúria, proteinúria
- **Imagiológicas:** rins em geral atróficos na TAC e/ou ecografia. Contudo, existem algumas patologias em que as dimensões renais podem estar normais ou aumentadas, nomeadamente: diabetes mellitus, disproteinemias, rins poliquísticos e hidronefrose bilateral

Conclui-se assim que a insuficiência renal crónica provoca manifestações multi-orgânicas, afectando diferentes sistemas, e em diferentes proporções, consoante o estadio da afecção renal.

Em seguida, descrevemos com maior detalhe o envolvimento dos sistemas mais importantes na síndrome urémica.

1.1 - Sistema urinário

O rim é o órgão responsável pela regulação do equilíbrio hidro-electrolítico do organismo, utilizando para isso vários mecanismos: o balanço glomerulo-tubular, o mecanismo contracorrente, a HAD e a sede. Na IRC, desenvolve-se um défice da concentração de urina, que conduz a poliúria, com eventual noctúria. Este achado é particularmente marcado no Estadio 5 da insuficiência renal, em que a excreção urinária de concentrações elevadas de certos solutos não reabsorvidos (ex.: ureia) diminui a reabsorção de água.

A homeostase do sódio e potássio é regulada pela concentração sérica desses iões e pela Aldosterona. À medida que a insuficiência renal evolui, surge diminuição da capacidade de conservar sódio, ocorrendo perdas que em alguns casos podem atingir proporções consideráveis. Por outro lado, a ingestão exagerada de sódio pode provocar expansão do volume extracelular e, consequentemente, agravamento da hipertensão. Para além disso, qualquer situação extrarrenal que evolua com perda de líquidos (vómitos, diarreia, infecção grave, febre) tende a provocar uma situação de depleção do volume extracelular que pode conduzir à degradação aguda da função renal.

Ao contrário do que acontece com o sódio, a homeostase do potássio depende da secreção tubular. Em geral, a concentração de potássio mantém-se dentro de valores normais até se atingir uma GFR de 15%. A hipercaliemia surge em fases avançadas da insuficiência renal e em doentes em diálise. Este quadro traduz-se principalmente em sintomatologia neuromuscular e cardíaca. Existe uma profunda adinamia e descoordenação de movimentos, podendo mesmo surgir paralisia flácida. A confusão mental é frequente, existindo também manifestações cardíacas que se traduzem em bloqueios cardíacos, arritmias e até paragem cardíaca.

No organismo, a manutenção do equilíbrio ácido-base é garantida através de três sistemas: sistema tampão, sistema respiratório e sistema renal. Na maior parte dos doentes, a acidose é tipicamente moderada e estável, o que se deve à existência de outros sistemas tampão. A degradação progressiva da função renal não provoca grandes alterações do pH arterial, da concentração plasmática de bicarbonato ou da tensão arterial de CO_2, enquanto a taxa de filtração glomerular (GFR) for superior a 50% do normal. Com valores inferiores de GFR surge um quadro de acidose metabólica.

A acidose metabólica associada à IRC resulta de uma diminuição da produção de amónia (e portanto da capacidade de regeneração de bicarbonato), consequência directa da redução da massa renal funcionante. Em estadios avançados da IRC, a acidose metabólica é habitualmente hiperclorémica ou mais frequentemente por acumulação de fosfatos, sulfatos ou outros aniões.

A acidose metabólica tem como manifestação clínica a polipneia acidótica (respiração de Kussmaull), que se caracteriza por uma respiração rápida e profunda traduzindo a tentativa de compensação pulmonar.

Quando não for corrigida atempadamente, acaba por conduzir a perturbações neurológicas (confusão, delírio, coma) e cardíacas (fibrilhação auricular e ventricular, bloqueios cardíacos, paragem cardíaca).

O rim tem um papel importante no metabolismo cálcio-fósforo. Nos estadios iniciais da IRC, o fósforo sérico mantém-se dentro de valores normais devido à elevação sérica da paratormona que induz aumento da excreção de fosfato por cada nefrónio. No entanto, quando a GFR desce abaixo dos 30 ml/min, a diminuição acentuada da reabsorção tubular de fósforo é insuficiente para compensar a diminuição do volume filtrado de fósforo, o que resulta na acumulação de fósforo no sangue. A hiperfosfatemia é frequente nos doentes com GFR abaixo de 25 ml/min e está associada à diminuição dos níveis séricos de cálcio. A hipocalcemia depende dos seguintes factores:

- O aumento do fósforo sérico provoca uma diminuição recíproca dos níveis de cálcio;
- A degradação da função renal conduz à diminuição de produção renal do metabolito activo da vitamina D, reduzindo a absorção intestinal de cálcio;
- Por outro lado, desenvolve-se concomitantemente resistência à acção mobilizadora de cálcio a nível ósseo, por acção da paratormona.

O rim é o principal órgão responsável pela transformação da vitamina D no metabolito activo 1,25 hidroxicolecalciferol. A vitamina D actua a nível gastrintestinal e renal, favorecendo a reabsorção de cálcio e eliminação de fósforo. Com a insuficiência renal, produz-se um défice desta vitamina, originando uma tendência para a hipocalcemia. A hipocalcemia estimula as glândulas paratiróides para o aumento da secreção de paratormona (PTH), provocando hiperparatiroidismo secundário.

O rim participa ainda no controlo da produção de eritrócitos através da síntese de eritropoietina (EPO), cuja secreção depende do aporte de oxigénio ao rim. O rim doente não é capaz de responder à hipoxia, sendo incapaz de produzir EPO e, desta forma, a medula óssea não produz células precursoras dos eritrócitos, originando um quadro de anemia normocrómica, não regenerativa e não ferropénica.

O rim intervém na regulação da pressão arterial através do balanço hidro-electrolítico e do sistema renina-angiotensina-aldosterona. A renina, enzima armazenada nas células justaglomerulares, é libertada ao diminuir a perfusão renal. Esta hormona actua a nível hepático estimulando a produção de angiotensina I, convertida posteriormente em angiotensina II. Esta provoca vasoconstrição e estimula a libertação de aldosterona, que tem como função a retenção de sódio e água a nível tubular, contribuindo desta forma para um aumento da pressão arterial.

1.2 - Sistema cardiovascular

Os doentes com insuficiência renal crónica representam um grupo de risco para a doença cardiovascular. Por outro lado, os eventos cardiovasculares são a maior causa de morte de doentes em diálise.

A hipertensão é a complicação cardiovascular mais frequentemente observada em doentes com IRC, associada à hipertrofia ventricular esquerda. A expansão do volume extracelular associada à retenção hidro-salina é a causa mais prevalente, como consequência da alteração do metabolismo da água e do sódio. Numa minoria de doentes (10-20%), a hipertensão deve-se também à activação do sistema renina-angiotensina.

A insuficiência cardíaca congestiva surge normalmente como uma manifestação relacionada com a retenção de sódio e água. Os sintomas incluem edema das extremidades, cansaço ou dispneia para pequenos esforços.

O aumento de peso, resultante da acumulação de líquidos, é outro sintoma comum, provocando uma sobrecarga de volume que origina aumento do trabalho cardíaco.

A pericardite é uma complicação observada em doentes com insuficiência renal crónica em estadio terminal. Pode ser assintomática, sendo detectada através da auscultação de um atrito pericárdico ou por ecocardiograma. Pode provocar caracteristicamente dor retro-esternal que alivia com a inclinação do tórax para diante e pode estar associada a arritmia, labilidade tensional, ou levar mesmo ao tamponamento cardíaco. É uma situação reversível com a instituição de tratamento dialítico ou com a sua intensificação.

Outras manifestações clínicas cardiovasculares incluem a aterosclerose associada à dislipidemia, a formação de calcificações vasculares provocada pelo hiperparatiroidismo e a pericardite ou endocardite associada a complicações infecciosas.

1.3 - Sistema hematológico

A anemia é a alteração hematológica mais comum e grave provocada pela ureia, resultando essencialmente da diminuição da secreção da eritropoietina. Caracteriza-se por produção inadequada de eritrócitos, tanto em número como em qualidade, e tem as seguintes causas:

- Falência da produção, ou inibição da acção da eritropoietina;
- Diminuição do tempo de vida média da série vermelha;
- Aporte insuficiente de ferro;
- Perdas hemáticas, incluindo a tendência para sangrar do nariz, gengivas, tracto gastrintestinal, útero ou pele, resultante de alterações da função plaquetária;

- Nível elevado da paratormona, que tem um efeito supressivo sobre a eritropoietina no osso;
- Dieta restritiva.

Existem factores adicionais que podem acentuar a anemia, incluindo a presença de hiperparatiroidismo secundário grave e a presença de doenças metabólicas ou inflamatórias crónicas.

No doente com IRC, a anemia está habitualmente presente durante várias semanas ou meses, o que origina uma adaptação aos baixos valores de hemoglobina. Estes doentes apresentam um número de eritrócitos muito abaixo do normal, o que provoca depressão imunitária e alterações da homeostase e da coagulação, com predisposição para a hipocoagulação, dispneia, cansaço fácil, intolerância ao exercício, disfunção sexual, anorexia e confusão mental.

A uremia provoca ainda uma diminuição da vida média dos eritrócitos de 120 para 70 dias.

Relativamente à série branca, observa-se uma leucopenia, com resposta reduzida às infecções e baixa actividade bactericida. É um facto que a infecção é a segunda causa de morte em doentes com IRC. Esta susceptibilidade resulta da má nutrição, das alterações do sistema imunitário e dos frequentes procedimentos invasivos.

A hipotermia é frequente em doentes com IRC, mesmo que existam infecções concomitantes, pois as respostas imunitárias à infecção podem não ser acompanhadas por febre.

A uremia tem ainda um efeito supressor da resposta inflamatória, assim como das reacções de hipersensibilidade.

1.4 - Sistema gastrintestinal

As manifestações gastrintestinais são típicas em doentes que ainda não iniciaram tratamento substitutivo da função renal. Os sintomas incluem fundamentalmente anorexia, náuseas, vómitos, hálito urémico e sabor metálico (produzido pela decomposição da ureia em amónio por acção das bactérias orais). Outras manifestações incluem esofagite, gastrite, úlcera gástrica e duodenal, obstipação e hemorragia gastrintestinal, que surgem devido a irritação da mucosa gastrintestinal (consequência da uremia e da fragilidade capilar).

1.5 - Sistema neurológico

O doente urémico tende a apresentar diversos sintomas que traduzem alterações do sistema nervoso. Numa fase precoce, o doente pode apresentar diminuição da capacidade de concentração, irritabilidade ou insónia. Posteriormente, surgem os sinais de irritabilidade neuromuscular, com soluços, cãibras ou fasciculações musculares. Num estadio avançado, surgem mioclonias, convulsões e coma. Estas alterações são geralmente reversíveis após o início de um programa de diálise, embora possam persistir ligeiras alterações no EEG.

A neuropatia desenvolve-se gradualmente, em conjunto com a progressão da insuficiência renal ou pode manifestar-se de modo súbito, no contexto de uma intercorrência como uma infecção ou uma sobrecarga hídrica, indicando uma deterioração do nervo. Clinicamente, a neuropatia traduz-se por manifestações como a síndrome das pernas inquietas ou perturbações da sensibilidade (sensação de queimadura, parestesias, diminuição da sensibilidade vibratória). A síndrome das pernas inquietas caracteriza-se por sensações desagradáveis mal definidas ao nível dos membros inferiores que só aliviam movimentando frequentemente as pernas. Podem existir ainda alterações dos reflexos osteotendinosos (hipo ou hiperreflexia) e por vezes reflexos patológicos.

As manifestações de comprometimento do SNC podem progredir desde a dificuldade em coordenar ideias até ao coma (em doentes não tratados com diálise) – encefalopatia urémica. Como consequência da indução dialítica (diálise inicial), pode surgir a síndrome de desequilíbrio (associada a uma hemodiálise inicial rápida e que é caracterizada por cefaleias, náuseas, visão turva e até crise convulsiva).

A demência associada à diálise, que se manifestava em casos de intoxicação por alumínio, é actualmente rara, graças ao controlo realizado sobre a qualidade e características da água utilizada.

1.6 - Sistema musculo-esquelético

Como foi referido, o rim tem um papel relevante no metabolismo do osso. As manifestações ao nível do sistema musculo-esquelético resultam da alteração do metabolismo da vitamina D, da hipocalcemia, da hiperfosforemia e do hiperparatiroidismo secundário.

As alterações do metabolismo ósseo e mineral foram recentemente classificadas do ponto de vista morfológico, pelo grupo KDIGO (Kidney Disease - Improving Global Outcomes) em função do tipo de remodelação óssea, da taxa de mineralização e do volume ósseo, da seguinte forma: doença óssea adinâmica (baixa remodelação e mineralização normal), osteíte fibrosa (remodelação óssea elevada), osteomalácia (baixa remodelação e mineralização anormal) e formas mistas. Em todas pode existir concomitantemente uma osteoporose em grau variável.

O ácido úrico está também frequentemente aumentado nos doentes com IRC. A hiperuricemia pode estar associada a crises de gota com alterações articulares. A pseudogota é um quadro inflamatório envolvendo frequentemente as articulações e a área circundante, resultante da deposição de cristais de cálcio ou fósforo.

1.7 - Sistema endócrino

Na IRC existe diminuição da tolerância à glucose, o que se traduz numa resposta insulínica insuficiente e retardada com uma sobrecarga de açúcar, devido a resistência periférica à insulina. Paralelamente, o doente diabético com doença renal vê diminuída a necessidade de insulina por um aumento da sensibilidade do receptor.

Existe também alteração do metabolismo lipídico, sendo frequente a diminuição dos níveis de colesterol HDL e a hipertrigliceridemia, estando a IRC associada a progressão da aterosclerose, tão frequente nestes doentes.

É frequente a existência de deficiência proteica resultando em hipoproteinemia. A uremia e a acidose associam-se a deficiente síntese proteica, a aumento do catabolismo proteico e a deficiente ingestão de alimentos ricos em proteínas (carne, peixe, ovos, leite) devido à anorexia existente.

Em geral, a função hipofisária, tiroideia e suprarrenal estão relativamente conservadas apesar de se poderem observar alterações dos níveis séricos de algumas hormonas (tiroxina, hormona de crescimento, cortisol). As alterações da função sexual são comuns, tanto no homem como na mulher, com diminuição da fertilidade, sobretudo devido a diminuição dos níveis de testosterona (nos homens) e de progesterona (nas mulheres).

1.8 - Pele

A principal manifestação cutânea da uremia é o prurido generalizado. A sua causa não é totalmente conhecida, embora pareça estar associada a valores de fósforo elevados e à deposição de ácido úrico. Para além da coloração da pele (palidez urémica), é também habitual a desidrose cutânea, que resulta em descamação e na fragilidade cutânea a pequenos traumatismos. A cicatrização é difícil. Esporadicamente, surgem máculas-pápulas eritematosas (urémides). As faneras também são afectadas, com cabelos frágeis, secos e quebradiços e alopecia. As unhas são moles e quebradiças.

2.1 – Hemodiálise (HD)

A hemodiálise (HD) constitui a terapêutica de substituição renal mais frequente a nível mundial. Os seus objectivos incluem a reconstituição do ambiente dos fluidos intra e extracelular e conseguir a homeostase dos solutos, quer pela sua remoção a partir do sangue, quer pela introdução dos mesmos a partir do dialisante. Define-se como um processo em que se altera a composição de uma solução, quando esta é posta em contacto com outra através de uma membrana semipermeável. As moléculas de água e os solutos de baixo peso molecular (PM) conseguem atravessar a membrana, mas os solutos de PM mais elevado (ex.: proteínas) não passam pela membrana semipermeável.

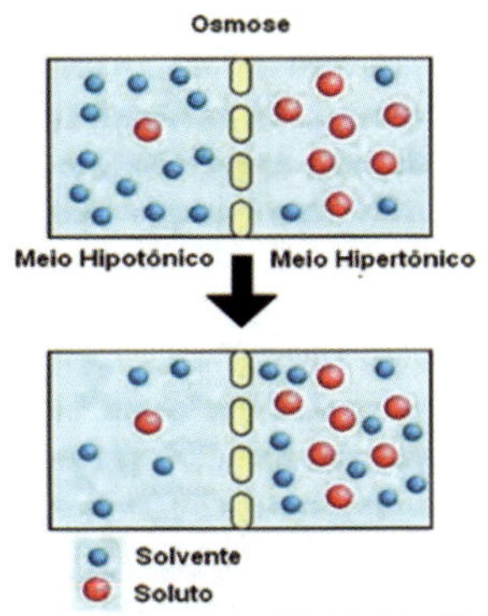

Fig. 1 - Difusão simples

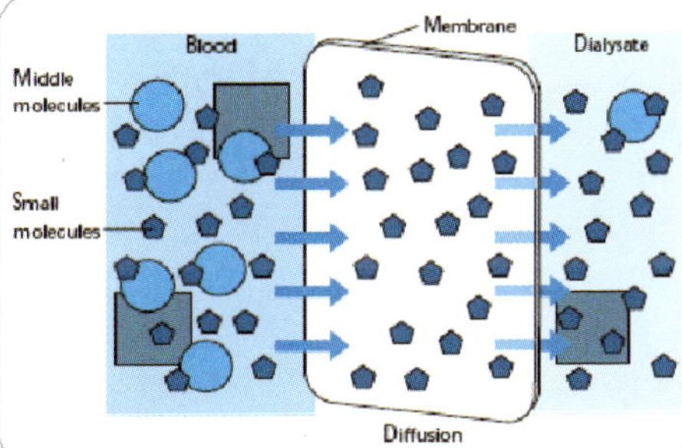

Fig. 2 - Esquema representativo do processo de difusão

Os solutos que conseguem atravessar os poros da membrana são transportados por dois mecanismos diferentes: difusão e ultrafiltração (convecção).

Difusão Simples - termo utilizado para descrever o movimento das moléculas de uma região com uma concentração elevada de solutos para uma região de baixa concentração de solutos, até se igualarem. Resulta do movimento molecular aleatório, sendo muito importante a presença de um gradiente de concentrações. Quanto maior o PM de um soluto menor será a taxa de transporte do mesmo através da membrana semipermeável (figura 2).

Na HD existe uma solução fisiológica (o dialisante) que passa na face da membrana semipermeável oposta à do sangue. O dialisante possui alguns solutos essenciais, em concentrações semelhantes às do soro normal, mas não contém produtos do metabolismo, tais como a ureia e a creatinina, pelo que estas substâncias vão atravessar a membrana,

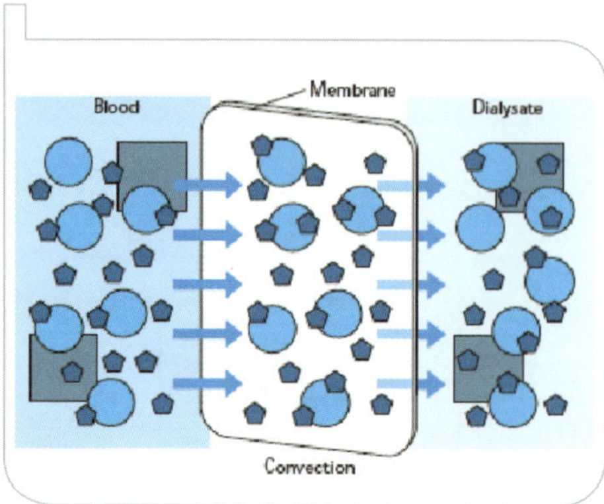

Fig. 3 - Esquema representativo do processo de convecção

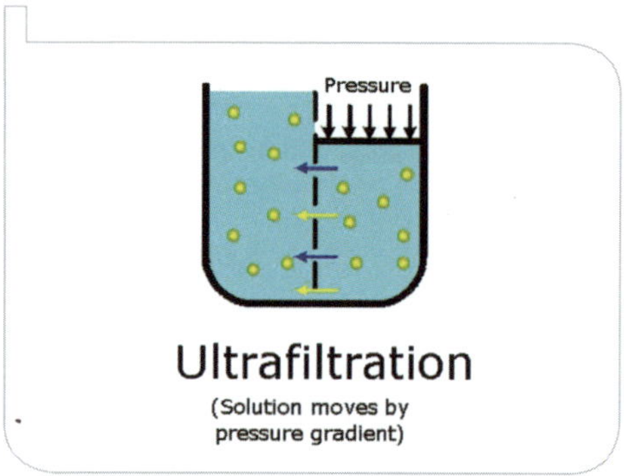

Fig. 4 - Ultrafiltração

da região de concentração elevada (o sangue urémico do doente) para a região de concentração baixa (o dialisante). Igualmente, alguns solutos que se encontram no dialisante difundem para o sangue. Outro factor importante para este mecanismo de transporte é a resistência da membrana, que depende da constituição, material e geometria da própria membrana, bem como da existência de camadas de fluido vizinhas que interferem com o processo difusivo. A ligação às proteínas do plasma é muito importante, já que as moléculas com forte ligação às proteínas plasmáticas são removidas numa percentagem mínima. Muitas membranas actuais têm uma concepção estrutural e material diferentes que permitem a passagem de moléculas com PM mais elevados (membranas de alto fluxo).

Ultrafiltração - As moléculas de água são muito pequenas e atravessam facilmente uma membrana semipermeável. A ultrafiltração (UF) ocorre quando a água é forçada a passar através de uma membrana pela acção de uma força osmótica ou hidrostática (o vento, a pressão que a água exerce dentro dos canos e as correntes oceânicas são processos análogos).

Como resultado da pressão hidrostática, o fluido vai deslocar-se através da membrana semipermeável, sendo este processo denominado ultrafiltração. A taxa de UF depende da permeabilidade da membrana e da pressão hidrostática exercida sobre ela.

As máquinas de HD actuais geram pressão negativa no lado do dialisante para se obter a UF desejada. A soma da pressão positiva no compartimento do sangue e a pressão negativa no compartimento do dialisante corresponde à pressão transmembranária (PTM).

A pressão hidrostática positiva do sangue pode variar entre 50 e 100 mmHg (podendo chegar aos 250 mmHg) e depende de vários factores tais como o acesso vascular do doente, a velocidade da bomba de sangue e o tipo de dispositivo utilizado para o acesso

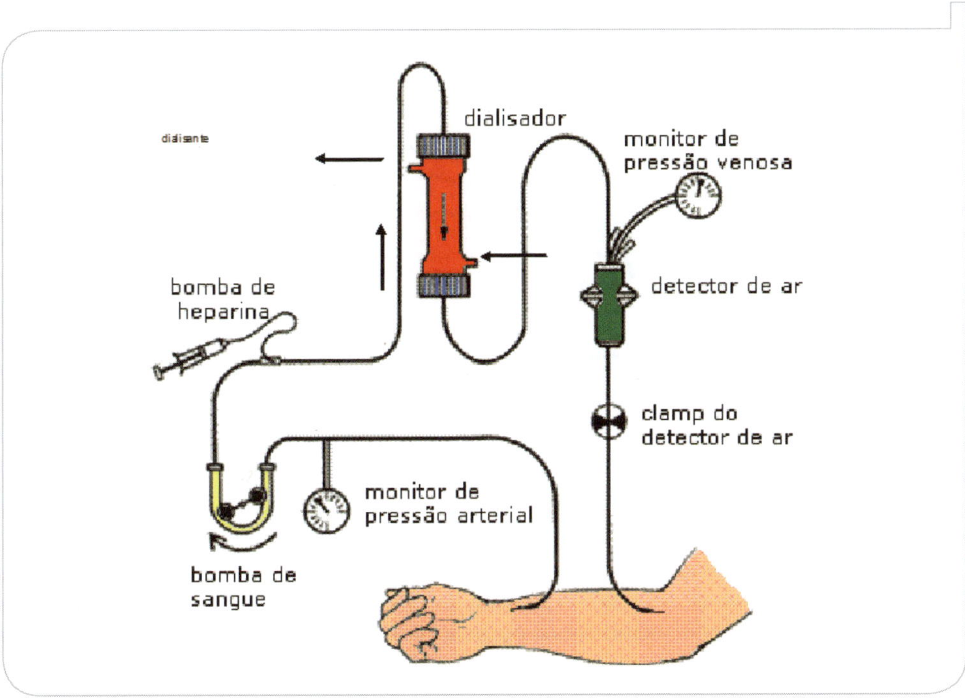

Fig. 5 - Esquema de funcionamento da hemodiálise

vascular. A pressão negativa no banho de dialisante, dependendo do equipamento utilizado, pode ser reduzida até 450 mmHg.

A taxa de ultrafiltração depende da pressão exercida na membrana; o seu coeficiente (KUF) é a soma do volume de fluido (em ml) transferido através da membrana/hora/mmHg de pressão transmembranária.

Convecção - A remoção de água por ultrafiltração implica também a remoção de solutos de baixo PM, isto é, as moléculas dissolvidas nessa água; este processo é denominado convecção ou arrasto do solvente (figura 3). Mais uma vez, quanto maior for a permeabilidade da membrana, maior é o volume de líquido removido e portanto também a quantidade de solutos. Para solutos de PM mais elevado, a membrana funciona como um crivo.

No processo de hemodiálise, o sangue do doente é bombeado através do circuito de um dos lados da membrana, enquanto o líquido de diálise fisiológico passa pelo circuito do outro lado da membrana (figura 5). Para optimizar o gradiente de concentração em todo o percurso dentro dos diferentes capilares da membrana, o sangue e o dialisante fluem em direcções contrárias (fluxo de contracorrente).

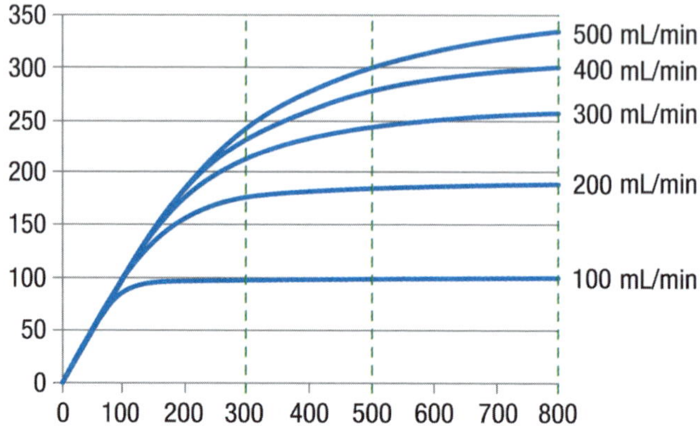

Fig. 6 - Relação entre fluxo de sangue e clearance

Durante o tratamento com hemodiálise convencional, coexistem os dois processos em simultâneo (difusão e ultrafiltração). O líquido é removido por ultrafiltração, mas normalmente trata-se de uma pequena quantidade de líquido (2-3 litros), que não é suficiente para proporcionar uma remoção significativa de produtos do metabolismo pela convecção concomitante.

A relação entre a velocidade do dialisante e a do sangue em termos de eficácia depurativa é curvilínea, aumentando com a velocidade do sangue (figura 6). Verificamos que, com uma velocidade do sangue superior a 400 ml/min, a *clearance* de produtos tóxicos tem um ganho residual, por isso, em termos de eficácia, não há grande vantagem em utilizar nesta técnica, débitos de sangue superiores a este valor.

Como a HD é um tratamento que depende da capacidade difusiva de solutos, todos os factores devem ser tomados em linha de conta para que a sua eficiência seja elevada. Este tratamento é comprovadamente eficaz na remoção de moléculas de baixo peso molecular (<500 dalton) como a ureia ou a creatinina, que passam livremente pelos poros da membrana. No entanto, não se mostra tão eficaz com moléculas de peso molecular médio (500-10.000 dalton), sendo necessário um correspondente volume de ultrafiltração que permita, através do fenómeno de convecção, uma maior capacidade depurativa.

A hemodiálise tem sido tradicionalmente o método de rotina para tratamento extracorporal: a utilização da hemofiltração e da hemodiafiltração está normalmente limitada às situações de insuficiência renal aguda, sobretudo no contexto de unidades de cuidados intensivos (como terapêuticas contínuas). A hemodiafiltração intermitente tem sido defendida de forma crescente, como procedimento de rotina, nos últimos anos e muitos estudos apontam para significativas vantagens relativamente à HD convencional.

2.1.1 - Tempo de diálise

A HD é uma terapêutica de substituição renal, tendencialmente intermitente, que realiza, em curtos períodos e de uma forma abrupta, o que o organismo efectua contínua e suavemente. Desta forma, um dos aspectos importantes para um tratamento eficiente é a sua duração, que deve ser suficientemente longa para minimizar os efeitos de uma ultrafiltração rápida, obtendo uma *clearance* de solutos adequada para prevenir a uremia.

Hemodiálise de longa duração

A hemodiálise de longa duração caracteriza-se por tempos de tratamento superiores a 6 horas, associados a velocidades de bomba de sangue entre 150 e 200 ml/min e com fluxos de dialisante até 300 ml/min. As técnicas de longa duração mais comuns são a diálise nocturna e a SLED (*Sustained Low-Efficiency Dialysis*).

A diálise nocturna é normalmente realizada em doentes com insuficiência renal crónica em regime de ambulatório que necessitem um tratamento, devido à sua actividade profissional ou mesmo por alguma patologia associada à insuficiência renal, que se prolongue no tempo, mantendo desta forma o mesmo grau de eficácia que uma HD convencional.

A SLED apresenta-se como uma técnica de cuidados intensivos para doentes cuja instabilidade hemodinâmica não é compatível com a terapêutica dialítica curta, sendo necessária uma ultrafiltração lenta conjuntamente com uma depuração progressiva.

2.1.2 - Dialisante

Fluxo de diálise

A água é uma parte fundamental do tratamento dialítico. Com os avanços recentes nas tecnologias dos sistemas de tratamento de água, conseguem obter-se níveis de elevada pureza para que as novas técnicas de forte teor convectivo sejam seguras e eficazes.

O fluxo de diálise, ou dialisante, é a quantidade de solução que circula pelo exterior dos capilares do dialisador, normalmente medida em ml/min. O débito do dialisante é importante sobretudo na depuração das moléculas urémicas de baixo PM.

O tratamento de diálise com fluxo de 800 ml/min tem uma eficácia de *clearance* de ureia cerca de 8% superior, relativamente ao tratamento com fluxo de 500 ml/min, quando utilizada uma membrana de alta permeabilidade e velocidade de bomba de sangue superior a 350 ml/min.

Contudo, o impacto ambiental negativo no consumo de água tem levado à escolha de outras opções para aumentar a capacidade depurativa das pequenas moléculas. Para as moléculas de PM mais elevado são muito importantes a superfície e a permeabilidade dos dialisadores e menos importantes o débito do dialisante/sangue.

O fluxo de diálise está geralmente associado a termos como permeabilidade e eficiência. A capacidade de fluxo de um determinado dialisador traduz a sua capacidade de ultrafiltração. Assim, ao falarmos de fluxo estamos, em simultâneo, a designar a capacidade de ultrafiltração do filtro. A denominação de baixo ou alto fluxo baseia-se no coeficiente de ultrafiltração do dialisador utilizado, considerando-se de baixo ou alto fluxo consoante a sua capacidade de ultrafiltração for inferior a 10 ml/h/mmHg e superior a 20 ml/h/mmHg, respectivamente.

Auto-fluxo

O termo auto-fluxo é recente e inovador, existindo apenas em algumas máquinas a disponibilidade técnica para tal. Nada tem que ver com o conceito descrito de fluxo para os dialisadores, mas sim com a possibilidade que a máquina de diálise tem em regular o débito do dialisante em função do débito de sangue, por forma a optimizar as trocas para um conjunto de condições dinâmicas de um determinado paciente e/ou dialisador.

2.1.3 - Dialisadores

São o cerne do tratamento dialítico. As membranas eram, de início, constituídas praticamente apenas por celulose (cuprofano, etc.) que mais tarde viria a ser substituída (acetato de celulose, hemofano). Actualmente, são as membranas sintéticas que dominam, tais como o PAN (poliacrilonitrilo), poliamida e polisulfona. Na avaliação e escolha de um dialisador devem ser tomadas em linha de conta a sua constituição química, a área, o Kuf (coeficiente de UF), as clarificações (ureia, Vit B12, beta 2 microglobulina, fosfato), o KoA (coeficiente área-transferência de massa), o volume de preenchimento, o método de esterilização utilizado e o preço.

2.2 - Hemofiltração (HF)

A HF é uma técnica de filtração de sangue que tem como único princípio de transferência de massa a convecção, uma vez que não é utilizado soluto de diálise no compartimento do dialisante. Esta técnica utiliza filtros com elevado KUF e grandes poros onde, por efeito da PTM, se verifica a passagem de grandes quantidades de água plasmática e, por arrastamento, pequenas e médias moléculas.

A capacidade depurativa desta técnica deve-se ao fenómeno de ultrafiltração, sendo mais eficaz quanto maior for o volume removido. Tendo em vista esta maior eficácia, utilizam-se soluções parentéricas com uma composição electrolítica equilibrada, que são administradas ao doente provocando uma diluição do sangue, vindo posteriormente a ser removidas por ultrafiltração.

As soluções de reposição podem ser utilizadas de duas formas:

- Pré-filtro – A solução de reposição é infundida no circuito extracorporal antes do filtro, permitindo uma maior diluição do sangue, reduzindo assim o risco de coagulação do circuito.
- Pós-filtro – Através da pós-diluição consegue-se uma maior eficácia depurativa, mas não podemos esquecer que a solução de reposição é administrada após o filtro, normalmente na câmara venosa do circuito, gerando-se maior hemoconcentração no filtro e consequente risco de coagulação do circuito.

Com a constante evolução na área das técnicas de diálise, já é possível realizar tratamentos com diluição mista, isto é, um método que conjuga as vantagens da diluição pré e pós-filtro.

Segundo a Sociedade Portuguesa de Nefrologia (2007), o volume de reposição pode ser de 48 litros/sessão ou, pelo menos, igual ao dobro do volume da água corporal. Esta solução de reposição pode ser adquirida no mercado ou produzida pelo própria máquina, devendo este tipo de equipamento possuir módulo de ultrafiltração controlada.

Segundo Daugirdas (2007), a prescrição do volume de substituição na HF deve ter em conta que o Kt/V por sessão tem de ser multiplicado pelo volume de água do doente (ou pelo volume de distribuição de ureia no modo de pós-diluição) e pelo dobro de água no de pré-diluição. Deste modo, o volume ultrafiltrado total representa a soma do volume infundido e do peso perdido.

2.3 – Hemodiafiltração (HDF)

O circuito extracorporal de HDF é uma combinação entre HD e HF (Figura 7) em que o modelo tem por base o circuito de HD acoplado a um módulo que permite a infusão de uma solução de reposição.

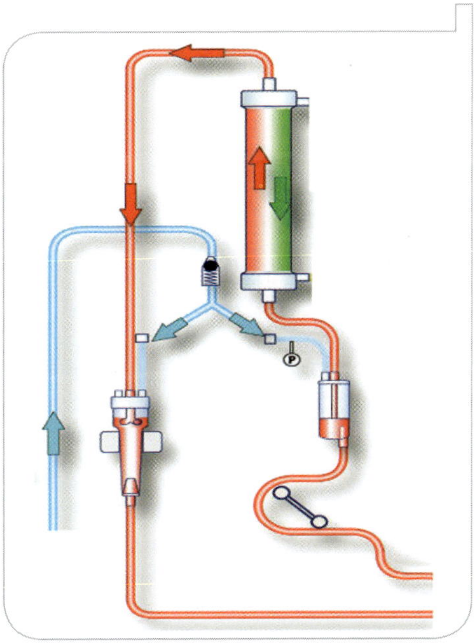

Fig. 7 – Esquema de hemodiafiltração com diluição pré e pós-filtro

Os filtros usados têm de apresentar alta biocompatibilidade e permeabilidade, enquanto que o débito de sangue deve rondar no máximo 400ml/min e o de dialisante 400 a 800ml/min. A solução de reposição pode apresentar um débito até 100 ml/min em pós--diluição e 200 ml/min quando utilizada em pré-diluição. No Sistema Terapêutico 5008 o débito de sangue está directamente relacionado com o fluxo de dialisante, sendo usado de uma forma genérica um factor de correlação de 1.2 (ex.: para um débito de sangue de 400ml/min, o fluxo dialisante será 600ml/min). A finalidade é a optimização dos recursos sem perda da eficácia da técnica. A solução de reposição é efectuada também por um processo similar denominado de autosubstituição, em que, segundo a equação

$$Q_s \leq Q_{B\,eff}\,(1 - HCT/100)\,(1 - 7.TP/100) - Q_{UF}\,/60$$

esta é infundida no circuito extracorporal e optimizada em função do débito de sangue (Qb), HCT (hematócrito do doente) TP (proteínas totais) e Quf (Taxa de ultrafiltração por hora). Mais uma vez, o objectivo é a optimização e monitorização de toda a técnica sem perda da eficácia e evitando problemas de hemoconcentração/coagulação.

Tal como na HF, a HDF deve dispor de máquinas de ultrafiltração controlada e a solução de reposição poderá ser produzida pela própria máquina ou, quando tal não for possível, deverá ser adquirida no mercado.

A contribuição da difusão e convecção para a *clearance* total em HDF pode ser calculada através da seguinte fórmula:

$$K_{total} = K_{difusão} + F/2.$$

Segundo Daugirdas (2007), K_{total} = *Clearance* total, $K_{difusão}$ = *Clearance* resultante da difusão e F = Ultrafiltração por hora. Esta equação é válida para valores de ultrafiltração até 100 ml/min.

A HDF proporciona uma *clearaence* satisfatória de pequenas e médias moléculas tóxicas do sangue urémico, visto combinar a capacidade difusiva da HD com a convectiva da HF. Estudos clínicos recentes indicam que esta terapêutica tende a reduzir a morbilidade relacionada com a diálise, contribui para diminuir a incidência do Síndrome do Túnel cárpico, favorece a diminuição das doses de factor estimulador de eritropoiese, aumenta a depuração do fosfato e poderá vir a ter um papel mais importante no controlo da doença óssea a longo prazo.

QUADRO III - HEMODIÁLISE E TÉCNICAS AFINS
PROPOSTA DE CLASSIFICAÇÃO SIMPLIFICADA LIMITADA ÀS MODALIDADES EXISTENTES
(FONTE: COLÉGIO DE NEFROLOGIA DA ORDEM DOS MÉDICOS)

HEMODIÁLISE CONVENCIONAL	• Dialisador de membrana celulósica ou sintética, de baixo fluxo/baixa permeabilidade • Índice de ultrafiltração (IUF) < 20 ml/h/mmHg e clarificações de ß2-microglobulina (≥2m) < 20 ml/min e de vitamina B12 (Vit B12) < 80 ml/min
HEMODIÁLISE DE ALTA EFICÁCIA	• Depuração efectiva por mecanismo difusivo • Dialisadores de baixa permeabilidade/fluxo mas alta eficiência • Débitos de sangue > 300 ml/min • Débitos de dialisante > 500 ml/min
HEMODIÁLISE DE ALTO FLUXO	• Dialisadores de alta permeabilidade/alto fluxo • IUF ≥ 20 ml/h/mmHg • Clarificações de ß2m ≥ 20 ml/min, Vit B12 ≥80 ml/min
HEMODIAFILTRAÇÃO	• Depuração efectua-se por transporte difusivo mas sobretudo convectivo • Volume de reposição (pré ou pós diluição) ≥ 50 ml/min • Dialisadores de alto fluxo/permeabilidade, IUF ≥ 20 ml/min,clarificações de ß2m ≥ 20 ml/min e Vit B12 ≥80 ml/min
HEMOFILTRAÇÃO	• Depuração exclusiva por transporte convectivo • Ausência de líquido dialisante • Volume de reposição ≥ 48 l ou pelo menos igual ao dobro do volume de água corporal • Dialisador de alto fluxo/alta eficiência/alta permeabilidade • IUF ≥ 20 ml/min e clarificações de ß2m ≥ 20 ml/min e Vit B12 ≥80 ml/min

QUADRO IV - COMPARAÇÃO ENTRE TPE POR MEMBRANA OU POR SISTEMA DE CENTRIFUGAÇÃO

PLASMAFILTRO		CENTRIFUGAÇÃO	
VANTAGENS	DESVANTAGENS	VANTAGENS	DESVANTAGENS
• Sem perda de elementos celulares • Possível filtração em cascata	• Remoção de substâncias limitada por coeficiente de filtração da membrana • Acesso vascular central essencial, visto ser necessário um fluxo de sangue superior a 50 ml/min	• Remoção mais eficaz de todos os componentes do plasma • Pode ser adaptado a outras técnicas de aférese de remoção de outras células sanguíneas	• Perda de elementos celulares do sangue • Dispendioso

2.4 - Técnicas contínuas de substiuição renal (TCSR)

Recentemente foi aprovado pelo Colégio de Nefrologia da Ordem dos Médicos, uma classificação simplificada das técnicas dialíticas disponíveis (Quadro III).

As TCSR constituem o tratamento de eleição nas unidades de cuidados intensivos, geralmente em doentes onde o problema da sobrecarga hídrica se sobrepõe à acumulação de ureia. Nestes casos, devido à instabilidade hemodinâmica associada, está contraindicada a remoção de grandes volumes num curto espaço de tempo, distribuindo de uma forma contínua o volume a remover.

Existem dois tipos de técnicas contínuas, variando consoante o tipo de acesso:
- Arteriovenosa, com recurso à pressão sanguínea (técnica em desuso);
- Venovenosa, com auxílio de uma bomba de sangue, sendo a mais utilizada nos nossos dias.

VANTAGENS DAS TCSR SOBRE A HD INTERMITENTE
- Melhora a estabilidade cardiovascular;
- Aumenta a tolerância à ultrafiltração, permitindo remover maior quantidade de volume;
- Melhora o controlo metabólico mesmo em doentes hipercatabólicos;
- Melhora o controlo do doente em sépsis.

2.5 - Diálise Peritoneal

No tratamento da IRC em estadio terminal, a diálise peritoneal é uma técnica relativamente simples e muito eficaz. Como tal, tem vindo a ser desenvolvida com sucesso como a primeira opção na diálise domiciliária.

Sabe-se actualmente que a DP é de eficácia máxima quando é aplicada como um tratamento contínuo durante o dia, pelo doente, (diálise peritoneal contínua ambulatória, DPCA) ou por uma máquina, habitualmente durante o período de sono do doente (diálise peritoneal automatizada, DPA). Devido ao seu carácter contínuo, os doentes que são tratados com este método tendem a ter um perfil bioquímico e hídrico mais estável. A sua natureza flexível torna-a adequada para quase todos os doentes em IRC terminal.

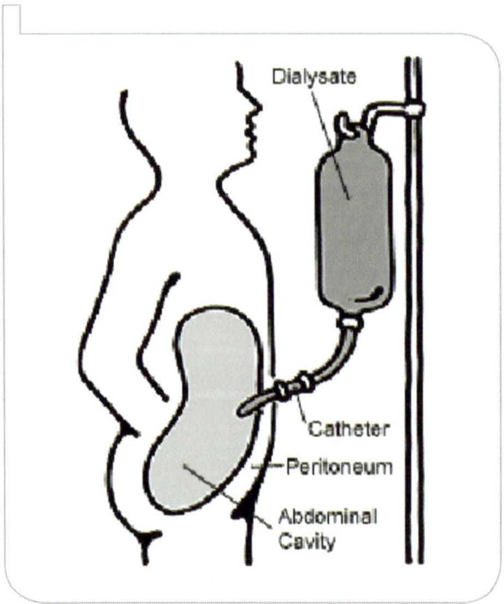

Fig. 8 – Esquema de funcionamento da diálise peritoneal

A DP não exige acesso directo à circulação sanguínea, requerendo a colocação de um cateter peritoneal (de Tenckhoff) para permitir a infusão da solução de dialisado na cavidade abdominal, onde vai ser efectuada a transferência de solutos (figura 8).

Como a terapêutica é aplicada pelos próprios doentes, em contexto ambulatório, o mais importante é administrar aos doentes não só um tratamento individualizado, mas também cuidados psicológicos e de enfermagem adequados, que são elementos essenciais de um tratamento bem sucedido em pessoas com indicação para DP e suas famílias.

2.5.1 - Fisiologia da diálise peritoneal

A membrana peritoneal, membrana que reveste toda a cavidade abdominal, tem uma superfície que pode ir até aos 2 m^2. A cavidade peritoneal é o espaço virtual existente entre a membrana parietal e a membrana visceral. Em circunstâncias normais, esta cavidade contém entre 50 e 100 ml de líquido, que actua como lubrificante.

Durante a DP, é infundida para o interior da cavidade peritoneal uma solução fisiológica ou um líquido de diálise (dialisante). As toxinas e solutos urémicos atravessam a membrana por difusão, da corrente sanguínea para o líquido de diálise, ou vice-versa, consoante o gradiente de concentração. A composição do líquido de diálise é semelhante à do líquido extracelular normal.

A remoção de fluidos dá-se por osmose. O líquido de diálise é tornado hipertónico em relação ao plasma, pela introdução de um agente osmótico, normalmente a glucose.

A membrana peritoneal é constituída por 3 camadas:

- **Mesotélio**: por debaixo deste está o tecido conjuntivo. A face luminal do mesotélio está coberta por numerosas microvilosidades, que aumentam a área de superfície do peritoneu até 40 m^2 num indivíduo saudável. Durante a DP, a densidade destas microvilosidades parece estar diminuída.
- **Interstício peritoneal**: é composto por fibras e feixes de colagénio.
- **Endotélio capilar**: forma um sistema complexo de ramificação vascular.

Em termos de vascularização, o peritoneu visceral é vascularizado pela artéria mesentérica superior e o peritoneu parietal é vascularizado pelas artérias intercostais, epigástricas e lombares. O retorno venoso do peritoneu visceral drena para a circulação portal, enquanto o retorno venoso do peritoneu parietal drena para a veia cava. Este facto é importante porque implica que qualquer medicamento administrado pelo peritoneu vai ser transportado para o fígado.

Em relação à drenagem linfática da cavidade peritoneal, esta faz regressar à circulação sistémica o líquido e as proteínas em excesso. Outra função é a de remover corpos estranhos da cavidade peritoneal. A drenagem linfática é um sistema de sentido único, cuja taxa de fluxo pode ser afectada pela frequência respiratória, pressão hidrostática intraperitoneal, postura ou peritonite.

2.5.2 - Características de transporte da membrana peritoneal

A membrana peritoneal é semipermeável e permite a passagem tanto de água como de solutos. Durante a DP, estão envolvidos 3 processos de remoção de fluidos e de toxinas da circulação sanguínea e de equilíbrio electrolítico. São eles a osmose, a difusão e a convecção.

Osmose - A solução para qual a água passa na DP contém um agente osmótico, habitualmente a glucose. Quanto maior for a concentração de glucose, mais intenso será o efeito osmótico, e portanto maior será o volume de água removido da circulação sanguínea do doente.

Difusão - Consiste na troca de solutos entre duas soluções, normalmente separadas por uma membrana semipermeável. Os solutos vão mover-se em ambas as direcções através da membrana, até que o equilíbrio seja alcançado. A direcção e velocidade de fluxo dos solutos dependem do gradiente de concentração. Os solutos vão passar da solução mais concentrada para a solução menos concentrada. Por conseguinte, os solutos podem atravessar a membrana peritoneal em qualquer direcção. Outros factores que afectam a taxa de difusão são o peso molecular e a resistência da membrana.

Convecção - Devido à grande quantidade de ultrafiltração osmótica que ocorre durante a DP, o fluxo convectivo transporta ou "arrasta" a água e os solutos através da membrana, a uma taxa muito mais acentuada do que a que seria de esperar apenas pela acção da difusão. A capacidade da glucose de exercer uma pressão osmótica eficaz depende da sua capacidade de permanecer em solução no líquido dialisante. Se a membrana peritoneal fosse perfeitamente semipermeável, a pressão osmótica seria maximizada. Porém, o peritoneu é também permeável a solutos, para além da água, e portanto permite que a glucose também passe. Por isso, o gradiente osmótico é máximo no início do procedimento de troca. A ultrafiltração diminui durante o tempo da sessão de diálise pois a glucose é absorvida para a corrente sanguínea. Calcula-se que o volume de ultrafiltração atinge o seu pico por volta das 2-3 horas de tempo de diálise, quando a ultrafiltração e a reabsorção se igualam. O volume total do dialisante e de ultrafiltração continua a diminuir a partir deste momento, devido à absorção linfática.

A peritonite (inflamação e/ou infecção do peritoneu) constitui a complicação mais importante desta técnica. Para além dos efeitos prejudiciais da resposta inflamatória sistémica, a perda de proteínas aumenta várias vezes durante os episódios de peritonite. Num quadro grave ou prolongado, a peritonite pode exigir a remoção do cateter de Tenckhoff ou até mesmo a interrupção desta modalidade de terapêutica substitutiva renal. A infecção do orifício de saída e do túnel têm vindo a ter um peso crescente nas complicações da técnica.

2.6 - Outras técnicas

2.6.1 - Plasmaférese (TPE)

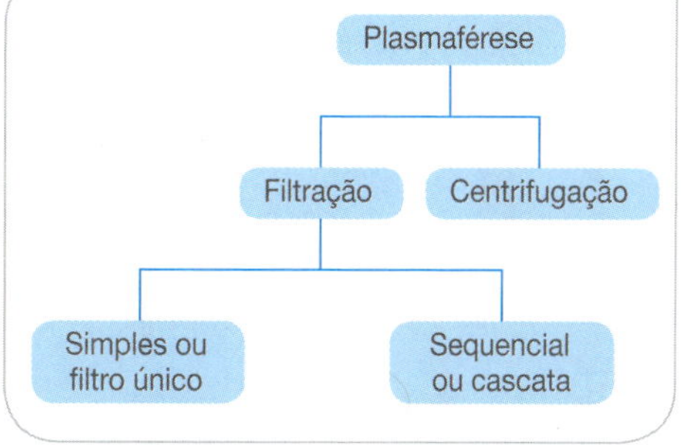

Fig. 9 - Diferentes tipos de TPE

A TPE (*Therapeutic Plasma Exchange*) deriva etimologicamente do grego *aferesis*, que significa remover parte de um todo. Como técnica extracorporal de depuração sanguínea, destina-se à remoção de elementos patogénicos, geralmente ligados a proteínas plasmáticas que, devido ao seu elevado peso molecular, não possibilitam a sua eliminação através de outras técnicas, como a HD. Os elementos a depurar através desta técnica são frequentemente de natureza imunológica, inflamatória ou tóxica.

A técnica TPE pode ser realizada através de separadores centrífugos de células, normalmente em unidades de imunohemoterapia, ou através de filtros de capilares (plasmafiltro) em unidades de hemodiálise (figura 9).

Na TPE por filtração ocorre uma rápida depleção de elementos circulantes no plasma. Através de uma membrana de polipropileno de porosidade variada (0,2 a 0,6 μ) ocorre a passagem de plasma, mas não das células sanguíneas.

QUADRO V - COMPARAÇÃO ENTRE PLASMA E ALBUMINA COMO SOLUÇÃO DE REPOSIÇÃO NA TPE

PLASMA		ALBUMINA	
VANTAGENS	DESVANTAGENS	VANTAGENS	DESVANTAGENS
• Capacidade de restaurar a pressão oncótica • Repor os factores da coagulação e imunoglobulinas	• Risco de reacção por incompatibilidade AB0 • Transmissão de doenças virais	• Mantém a pressão oncótica	• Risco de reacção anafiláctica • Risco de hemorragia por depleção de factores de coagulação

O plasma extraído pelas diferentes formas de TPE pode ser substituído por plasma fresco ou por uma solução de albumina a 5% (diluída em solução salina), obtida por fraccionamento de plasma sanguíneo. Depois da administração, a albumina tem uma semi-vida de 16 horas, sendo necessárias 48 horas para estabelecer o equilíbrio entre os compartimentos extravascular e intersticial. Na generalidade dos casos, a reposição com plasma fresco pro-

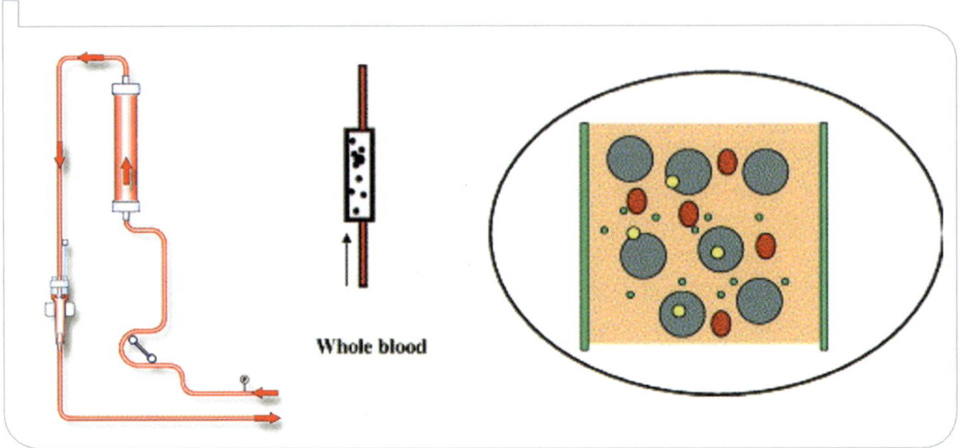

Fig.10 - Esquema de Hemoperfusão

move um forte efeito terapêutico, designadamente em casos de púrpura trombocitopénica trombótica e síndrome hemolítica urémica.

2.6.2 - Hemoperfusão (HP)

A HP é uma técnica que consiste em fazer passar o sangue por um hemoperfusor onde ocorre a aderência molecular de uma substância tóxica à sua superfície. Este dispositivo poderá ser de carvão activado ou de resina iónica, ambos protegidos por uma membrana de um polímero biocompatível para evitar a trombogenicidade do sistema. O circuito extracorporal é similar ao da hemodiálise, podendo ser utilizado uma máquina de hemodiálise convencional para a realização desta técnica (figura 10).

Esta técnica - variante de carvão activado - designada por hemocarboperfusão, possui maior eficácia do que a hemodiálise na *clearance* do tóxico em circulação do que nos casos de sobredosagem tóxica. A perfusão do sangue pelo capilar de carvão activado vai permitir a competição com as proteínas plasmáticas pela adsorção do tóxico livre em circulação.

O escorvamento do circuito para HP é específico, variando consoante o fabricante dos hemoperfusores, havendo, no entanto, a permanente necessidade de um escorvamento no sentido ascendente do capilar. A utilização de uma solução de glucose a 5% no início do escorvamento é recomendada por algumas marcas, para evitar a hipoglicemia provocada pela agregação brusca da glucose circulante ao carvão activado. O tratamento não deve exceder 3 horas, devido à saturação do capilar de carvão activado pelo tóxico, tornando-se necessária a sua substituição após aquele período. A repetição do tratamento justifica-se sempre que se detectar tóxico em circulação no sangue.

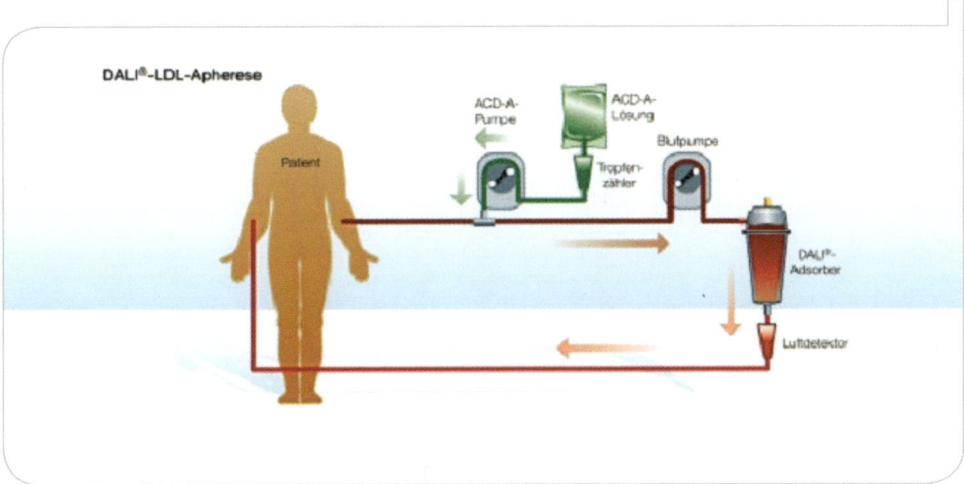

Fig. 11 - Esquema de circuito extracorporal para o sistema de lipaferese DALI®

A HP contínua pode estar indicada em doentes com maior instabilidade hemodinâmica, mas está contraindicada a utilização do mesmo hemoperfusor para além de 4 horas.

2.6.3 - Lipaferese (LDL-A)

A LDL-A (*Low Density Lipoprotein - Apheresis*) é uma técnica de aférese indicada em doentes com dislipidemias graves que não respondem a terapêuticas de primeira linha na redução das lipoproteínas de baixa densidade. Os primeiros sistemas concebidos para o efeito funcionavam numa base de aférese de plasma, seguida de um cartucho de perfusão de albumina, onde se processava a eliminação dos ácidos gordos. Existem actualmente novos sistemas, como o DALI® (*direct adsorption of lipoproteins*), que permitem remover o colesterol do sangue através da perfusão directa, sem ser necessário a separação do plasma (figura 11).

O capilar adsorvente do sistema DALI é constituído por fibras de poliacrilato onde o mecanismo de fixação para os ácidos gordos ocorre por interacção electrostática. As fibras de poliacrilato possuem uma carga negativa e as lipoproteínas uma carga positiva.

O circuito de sangue pode ser realizado através de duas venopunções periféricas ou por um cateter venoso central, sendo necessário ajustar a velocidade consoante a tolerância do doente e as características do acesso. É recomendada uma boa hidratação do doente, podendo mesmo recorrer-se à utilização de soluções parentéricas. Um sistema de aquecimento de sangue é também aconselhado, evitando-se desta forma situações de hipotermia induzida pela circulação externa do sangue.

A solução de escorvamento do circuito não deve ser infundida ao doente, por esta conter quantidades consideráveis de micropartículas libertadas pelo cartucho. O perfusor de lipaferese não deve ser manipulado para novo escorvamento nem pode servir para mais do que um tratamento.

2.6.4 - Sistemas combinados - técnicas de substituição hepato-renal (TSHR)

As TSHR utilizam a conjugação das diversas técnicas acima descritas. Deste modo, existe num só circuito um sistema combinado de plasmaférese acoplado a um ou mais cartuchos de albumina, juntamente com um circuito paralelo de hemodiálise. Estes dispositivos estão indicados em casos de desintoxicação de doentes com sépsis, insuficiência hepática ou falência multi-orgânica.

Também designadas por diálise de albumina, as TSHR estão especialmente indicadas no doente em estadio crítico por insuficiência renal ou hepática. Os sistemas mais conhecidos são o MARS (*Molecular Adsorbent Recirculating System*) e o Prometheus, que engloba uma coluna de dois capilares de albumina (FPSA - *Fractionated Plasma Separation, Adsorption*) e um sistema paralelo de hemodiálise de alto fluxo.

Prometheus

O sistema Prometheus combina FPSA com alto fluxo de hemodiálise para a retirada tanto de toxinas com ligação à albumina, como toxinas hidrossolúveis.

A remoção de toxinas é realizada em várias etapas. Em primeiro lugar, a albumina é separada do sangue através de um capilar de albumina (AlbuFlow), constituído por fibras de polissulfona, permeável à albumina e às substâncias que lhe estão ligadas. O fluxo de sangue utilizado é normalmente de 150–200 ml/min. O filtrado de albumina no circuito FPSA, passa por duas colunas de absorção, sendo a primeira constituída por uma resina neutra (prometh01) e o segundo por resina permutadora de aniões (prometh02). Nestas colunas de absorção, as substâncias com ligação à albumina são absorvidas por contacto directo devido à sua alta afinidade.

Após este processo, a albumina 'nativa' é devolvida ao doente. O circuito de recirculação FPSA é feito através de uma bomba a 300 ml/min.

O facto de recuperar a albumina do doente, não recorrendo a albumina externa, torna o procedimento menos dispendioso e sem recurso a infusões externas. Por outro lado temos um equipamento capaz de efectuar não só terapia de suporte hepático (FPSA), mas também:

- HD (Diálise intermitente)
- SLEDD (Diálise Lenta)

Finalmente, depois da passagem pelo AlbuFlow, o sangue é dialisado por alto fluxo, sendo eliminadas as toxinas solúveis em água.

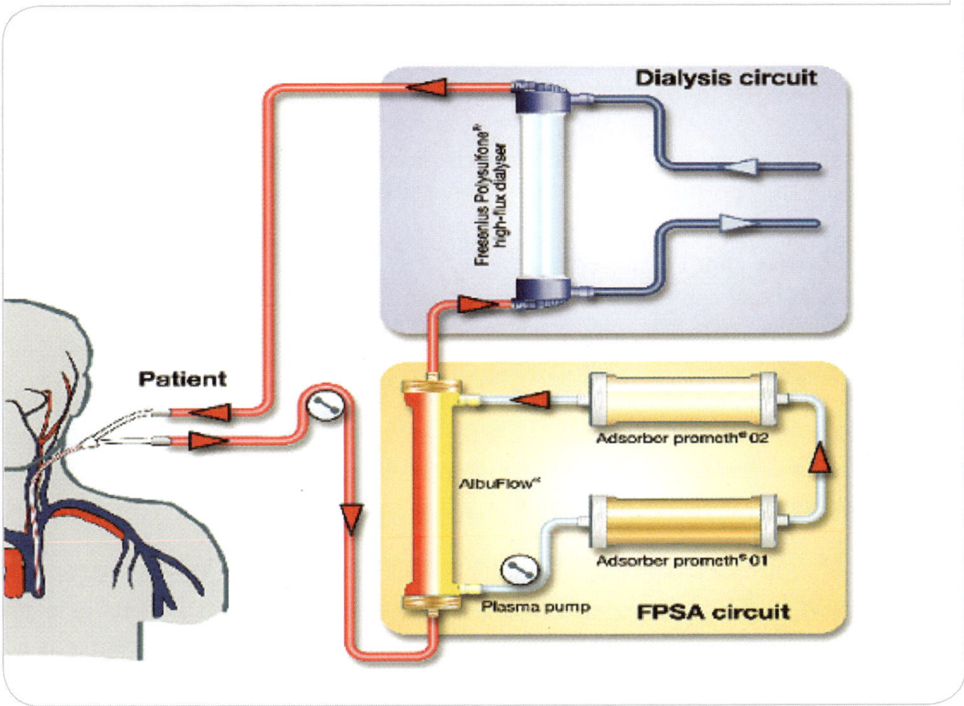

Fig. 12 – Esquema de circuito extracorporal PROMETHEUS

As precauções a ter com a heparinização são idênticas às recomendadas para a técnica MARS.

As TSHR têm demonstrado excelentes resultados na sobrevida do doente com insuficiência hepática, servindo frequentemente, como uma ponte para o transplante hepático.

MARS

O sistema MARS retira eficazmente várias substâncias do sangue do doente, incluindo bilirrubina, alguns ácidos gordos, amónia, ureia, cobre e ferro, entre outras. O procedimento é normalmente executado de forma contínua, variando o tempo de uma sessão entre 8 e 24 horas. Realiza-se tecnicamente com velocidade de bomba de sangue entre 150 a 200 ml/min. O escorvamento do circuito de albumina é feito com albumina humana a 20%, sendo o circuito regenerado através da passagem num filtro de diálise que introduz uma solução tampão no circuito através do bicarbonato gerado pela máquina de diálise.

A capacidade de adsorção dos cartuchos de albumina depende normalmente da toxicidade sanguínea do doente e do seu tempo de utilização, tendo em atenção que a remoção lenta dos metabolitos da disfunção hepática deverá ser gradual, especialmente em casos de risco de edema cerebral.

O uso de heparina deve ser ponderado, principalmente em doentes com alterações de coagulação.

2.7 - Transplante renal

O transplante é actualmente reconhecido por todos como o tratamento de primeira linha dos doentes em IRC terminal.

Muitos doentes vêm no transplante renal a via de acesso para a "libertação pessoal" e a oportunidade de recuperar o "controlo sobre a sua vida". Um transplante renal bem sucedido liberta o doente das dificuldades e das restrições da diálise prolongada, com possibilidade de recuperar um estilo de vida quase normal.

O transplante é a opção terapêutica mais rentável para a IRC terminal. O custo de um ano de hemodiálise ou diálise peritoneal é semelhante ao custo de um transplante renal no primeiro ano. Porém, a partir daí, o custo da continuidade da prestação de cuidados ao doente transplantado é de um quinto do custo da diálise por ano.

Como contraindicações do transplante renal são referidas a idade avançada, doença neoplásica, infecções pelos vírus da hepatite e VIH, doença cardiovascular importante, doença importante do sistema urinário e incapacidade mental ou social para cumprir a terapêutica.

A classificação sanguínea do sistema ABO, a tipagem dos antigénios HLA (*Human Leucocite Antigens*), a pesquisa regular de anticorpos citotóxicos e o *cross match* linfocitário são fundamentais na avaliação do potencial receptor. A entidade nacional que gere a rede de transplantação é a Lusotransplante. Os doentes podem ser enviados para transplante em fases diferentes do processo patológico; alguns podem estar na fase de pré-diálise, outros podem estar já incluídos em terapêutica dialítica. A maioria dos rins transplantados resulta de doação cadavérica embora o transplante de dador vivo tenha vindo a aumentar nos últimos anos.

Em regra, o enxerto é colocado na fossa ilíaca do receptor (esquerda ou direita) sendo ligadas as artérias e veias renais aos vasos ilíacos do receptor e realizada a anastomose do ureter à bexiga (figura 13).

A terapêutica imunossupressora é administrada durante todo o intervalo de tempo em que o enxerto está viável. Os imunossupressores sofreram uma grande evolução, sendo actualmente utilizados em esquemas mais individualizados e adaptados ao doente. Os mais usados incluem actualmente corticosteróides, inibidores da calcineurina (ciclosporina, tacrolimus), micofenolato mofetil, sirolimus e anticorpos monoclonais.

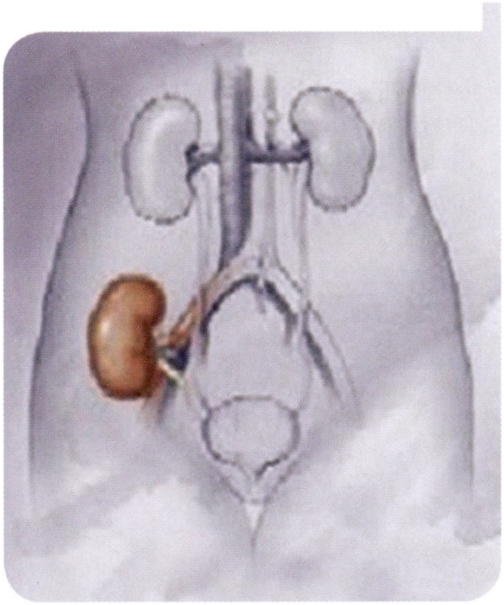

Fig. 13 – Esquema de colocação do enxerto renal

As principais complicações do transplante, para além das cirúrgicas, incluem a hipertensão arterial, as infecções, o aumento da incidência de alguns tipos de doenças neoplásicas, a disfunção crónica do enxerto e a rejeição. São também importantes alguns efeitos acessórios dos imunossupressores e ainda a possibilidade da recorrência da doença glomerular primitiva no transplante. A rejeição imunológica constitui o principal risco para o sucesso a curto prazo do transplante renal. A rejeição pode ser hiperaguda (disfunção imediata do enxerto devido a uma pré-sensibilização) ou aguda (alteração súbita da função renal, que ocorre dentro de semanas a meses após o transplante). A rejeição caracteriza-se por uma elevação dos níveis séricos de creatinina, hipertensão, febre, redução do débito urinário e, em certas ocasiões, hipersensibilidade do enxerto.

REFERÊNCIAS BIBLIOGRÁFICAS:

- Daugirdas, John T. - *Manual de Diálise*. 3ª edição, Rio de Janeiro: Medsi, 2003; 714 p.
- Morris, P. J. - *Kidney transplantation: principles and practice.* 4ª edição, Filadélfia: Sauders, 1994.
- Ponce, Pedro - *Acesso à Diálise A Perspectiva Nefrológica*. Lisboa: Quadricor, 1997.
- Thomas, Nicola -*Enfermagem em Nefrologia*. 2ª edição; . Camarate: Lusociência.
- Zallenbach, Judith Z: - *Review of Hemodialysis for Nurses and Dialysis Personnel*. 7ª edição; Elsevier Mosby, cap.4.

REFERÊNCIAS WEB:

- www.abto.org.br
- www.kdoqi.org

DIALISADORES E MEMBRANAS

CO-AUTORES:

ENFª. LEONILDE AMADO - Enfermeira-Chefe na Clínica NephroCare Maia. Enfermeira Graduada dos serviços de Neonatologia, Ortopedia e Medicina Interna do Hospital São José de Fafe. A frequentar Mestrado de Gestão de Unidades de Saúde.

ENF. NÉLSON MARTINS MOREIRA - Enfermeiro na Clínica NephroCare Maia. Enfermeiro Graduado do serviço de Nefrologia no Hospital São João do Porto. Realizou e apresentou trabalhos cientificos em congressos Nacionais e Internacionais de Nefrologia.

ENFª. ANA RAQUEL MOREIRA - Enfermeira na Clínica NephroCare Maia e na Unidade de Neurocríticos no Hospital São João do Porto.

ENF. HERMÍNIO BORGES - Enfermeiro na Clínica NephroCare Maia. Enfermeiro Graduado no Serviço de Nefrologia do Hospital São João do Porto.

ENF. HÉLDER BRÍZIDA LIMA - Enfermeiro na Clínica NephroCare Maia. Enfermeiro Especialista na área de saúde Comunitária e Responsável pela Unidade de Diálise no Hospital São João do Porto.

ENFª. MÓNICA CASTRO - Enfermeira na Clínica NephroCare Maia. Enfermeira Graduada do Serviço de Medicina Oncológica no IPO-FG do Porto.

Com participação especial do Eng. Sérgio Neto

CAPÍTULO V - DIALISADORES E MEMBRANAS

O dialisador é constituído basicamente por um dispositivo que integra os orifícios de entrada (dois) e de saída (dois) do sangue e do líquido de diálise. No seu interior, existem dois compartimentos diferenciados, um para o sangue e outro para o dialisante, separados por uma membrana semipermeável através da qual se produzem os intercâmbios de água e solutos entre as soluções de ambos os compartimentos – é o processo de filtração.

Deste modo, o dialisador é um determinado filtro que tem como objectivo remover solutos indesejados e substâncias tóxicas do sangue.

1 - EVOLUÇÃO HISTÓRICA

Filtro de Placas

Foi idealizado por Kiil em 1960 e consiste num conjunto de membranas em forma de placas planas, agrupadas duas a duas. Entre cada par de membranas encontra-se uma malha plástica que lhe confere consistência. O sangue circula pelo interior das membranas e a solução de diálise circula entre as membranas e a estrutura de malha. Todo o sistema fica isolado por uma estrutura rígida indeformável. Foi muito utilizado nos anos 60, mas hoje o mercado inclina-se cada vez mais para o dialisador capilar. As principais características deste filtro são a eficácia, o baixo índice de coagulação, com um mínimo volume residual, elevada distensibilidade e fácil controlo da ultrafiltração.

Fig. 1 - Filtro de placas

Filtro de Fibras Ocas

Também designado por filtro de capilares, é o mais utilizado nos dias de hoje. Foi desenhado por Stewart em 1964. Este dialisador é formado por um feixe de finíssimos capilares (a quantidade varia conforme a capacidade de cada filtro), encerrados e dispostos dentro de um invólucro. A parede das fibras capilares é também a membrana do dialisante. O sangue circula dentro dos capilares e o líquido de diálise circula em sentido contrário, por dentro do compartimento rígido, banhando os capilares pela sua parte externa. Este tipo de dialisador tem uma grande superfície de dialisante num volume relativamente pequeno. O volume de sangue é muito reduzido em relação à área do filtro, devido à sua geometria. A resistência do fluxo de sangue é baixa devido ao elevado número de capilares que permitem a passagem do sangue. A ultrafiltração pode ser controlada com precisão. É necessário prestar atenção à coagulação, uma vez que esta pode ocorrer no interior dos capilares.

2 - PROPRIEDADES FISICO-QUIMÍCAS

2.1-Material da membrana

Membranas de Celulose

Estas membranas foram historicamente as mais utilizadas na hemodiálise.

A celulose é um polímero carbohidrato que integra a estrutura das plantas. É extraída da madeira e do algodão, sendo tratada com calor e produtos químicos, transformando-se num líquido espesso e posteriormente em fibras ocas. Estas membranas caracterizam-se por uma reduzida permeabilidade, óptima depuração para pequenas moléculas e biocompatibilidade baixa.

Membranas de Celulose Substituída

Obtêm-seatravésdasubstituiçãodosgruposhidróxidodaceluloseporaminocomponentes, modificando a sua morfologia e apresentando também características estruturais próprias e um aumento da sua permeabilidade. As membranas de celulose substituída são produzidas adicionando material sintético à celulose liquefeita durante a formação da membrana, aumentando a respectiva biocompatibilidade. Este tipo de membrana recebe o nome comercial de Cellosyn ou Hemophan.

Membranas Sintéticas

São fabricadas principalmente a partir de resinas sintéticas termoplásticas.
Apresentam uma elevada biocompatibilidade e grande coeficiente de ultrafiltração, assegurando deste modo uma boa depuração de pequenas e médias moléculas.

É necessário ultrafiltração controlada devido à sua grande permeabilidade, o que pode proporcionar passagem de dialisante para o compartimento sanguíneo. Destas, as mais usadas são as de polissulfona e poliamidas.

2.2 - Estrutura física

As membranas podem ser classificadas como simétricas ou assimétricas, sendo esta característica totalmente independente das suas propriedades.

Simétrica

A membrana diz-se simétrica quando a dimensão dos poros da parte interna e da parte externa dos capilares é idêntica.

Assimétrica

A membrana diz-se assimétrica quando a dimensão dos poros da parte interna é inferior à dos poros da parte externa dos capilares. Esta estrutura actua claramente como um filtro, removendo solutos e moléculas cuja eliminação é necessária.

As membranas de alto fluxo dispõem de poros largos (cerca de 0,3 nm) enquanto que as membranas de baixo fluxo apresentam poros de dimensão reduzida (cerca de 0,1 nm).

2.3 - Performance

Baixo Fluxo e Alto Fluxo

As membranas de baixo fluxo podem ser de celulose ou sintéticas. A dimensão dos poros é claramente inferior à dos poros das membranas de alto fluxo, com a consequente redução da capacidade de ultrafiltração. Este tipo de membranas pode ser utilizado em dispositivos controlados por PTM ou por máquinas com controlo volumétrico da ultrafiltração, com um coeficiente de ultrafiltração de aproximadamente 8 ml/h/mmHg. A sua aplicação resume-se à hemodiálise.

As membranas de alto fluxo são membranas sintéticas, a dimensão dos poros é claramente superior à dos poros das membranas de baixo fluxo, aumentando a capacidade de ultrafiltração. Este tipo de membranas pode ser utilizado apenas em máquinas de hemodiálise com controlo volumétrico da ultrafiltração, com um coeficiente de ultrafiltração de aproximadamente 20 ml/h/mmHg. A aplicação das membranas de alto fluxo estende-se à hemodiálise e à hemodiafiltração.

A Fresenius Medical Care desenvolveu uma nova classe de dialisadores de baixo e alto fluxo (classe FX) com uma nova membrana Helixone® de polissulfona e PVP. É produzida com recurso à nanotecnologia, permitindo obter uma estrutura e uma distribuição dos poros excepcionalmente bem definidas. Com esta tecnologia, foi possível um aumento do diâmetro médio dos poros e uma distribuição mais uniforme dos mesmos. O aumento do número de poros por m^2, associado à reduzida espessura da membrana Helixone®, traduz-se numa melhoria significativa da depuração de um largo espectro de pesos moleculares. Este tipo de dialisadores permite obter melhores desempenhos do que com dialisadores de superfície inferior.

Nas membranas Helixone® de alto fluxo, a distribuição do tamanho dos poros é muito semelhante à do rim humano, melhorando o coeficiente de *sieving* da alfa-2-microglobulina, ou seja, existindo uma maior eliminação das médias moléculas.

Clearance

A *clearance* é a capacidade difusiva do dialisador de eliminar substâncias tóxicas presentes no sangue. Devido a um gradiente de concentrações de toxinas entre o sangue e o dialisante, ocorre a difusão, com a transferência das toxinas do sangue para o dialisante.

Para aumentar o efeito difusivo, o dialisante deve ser infundido em contracorrente relativamente ao sangue, aumentando assim o diferencial de concentrações.

Coeficiente de UF

O coeficiente de ultrafiltração traduz a permeabilidade da membrana à água, que depende do tamanho dos poros e é totalmente independente dos débitos de sangue e dialisante.

O coeficiente de ultrafiltração é descrito como o volume (ml) transferido por hora através da membrana, quando é aplicada uma pressão de 1 mmHg. No entanto, as proteínas do plasma podem influenciar o coeficiente de UF devido à pressão hidrostática.

O mecanismo de transporte de solutos associados à ultrafiltração é referido como transporte convectivo.

Pressão Transmembranária

A pressão transmembranária é o gradiente de pressão efectiva através da membrana. Devido à resistência do fluxo de sangue e do dialisante, a pressão transmembranária varia ao longo do comprimento dos capilares.

Coeficiente de *Sieving*

O coeficiente de *sieving* representa a permeabilidade da membrana a uma determinada molécula. Varia entre 0 e 1, em que 0 representa a retenção completa de uma determinada molécula e o valor 1 significa que uma determinada molécula passa livremente a membrana.
Moléculas com diferentes pesos moleculares apresentam diferentes coeficientes de *sieving*.

CUT-OFF

O *cut-off* define o intervalo de pesos moleculares com o qual 90% das moléculas são retidas pela membrana, permanecendo no sangue.

KoA

O coeficiente da área de transferência de massa do filtro para a ureia é uma medida da eficiência do filtro em depurar ureia e solutos de peso molecular semelhante. Representa a *clearance* máxima teórica do dialisador em mililitros por minuto para um determinado soluto, com fluxos infinitos de sangue e de solução de diálise. Para uma determinada membrana, o KoA é proporcional à área de superfície da membrana do dialisador.

Área de superfície da membrana

Quanto maior for a área de superfície, maior é a *clearance* do respectivo dialisador.

Esta área situa-se geralmente entre 0,8 e 2,1 m^2, sendo de referir que o grau de activação do complemento é proporcional à área do dialisador, nas membranas de celulose não substituída.

Volume de *Priming*

O volume de *priming* corresponde ao volume de preenchimento do dialisador com sangue, podendo variar entre 60 e 120 ml, e é directamente proporcional à área da superfície da membrana.

2.4 - Biocompatibilidade

A biocompatibilidade é definida como a ausência de alterações biológicas determinadas pelo contacto do sangue do doente com um material estranho. Cada vez que o sangue entra em contacto com uma superfície estranha inicia-se, de forma gradual, uma resposta inflamatória. As mudanças nos componentes sanguíneos, as reacções e os sintomas do doente servem como indicador para medir a biocompatibilidade de uma membrana.

2.4.1 - Activação do Complemento

O sistema do complemento faz parte do mecanismo de defesa do organismo, que se activa na presença de substâncias estranhas ao corpo humano e trabalha conjuntamente com o sistema imune, provocando uma resposta leucocitária sob a forma de leucopenia; os leucócitos tendem a acumular-se e agregar-se nos capilares pulmonares. Este sequestro de leucócitos nos alvéolos reduz temporariamente o número de glóbulos brancos no plasma. Em consequência desta acumulação produz-se hipoxia. Esta disfunção pulmonar exige um aumento da função cardíaca para manter o transporte de oxigénio aos tecidos.

A intensidade de uma reacção é medida pelo nível de formação de complemento, após o início da sessão de hemodiálise.

A primeira manifestação clínica associada à activação é a leucopenia. Imediatamente após o início da hemodiálise, usando membranas de celulose, o número de células desce de uma maneira abrupta. Aos 15 minutos, o organismo inicia a correcção destes valores; no fim de uma sessão de hemodiálise de 4 horas, este valor iguala o inicial ou é eventualmente superior devido à resposta da medula óssea.

A leucopenia é transitória, mas pode ser importante em doentes com patologia cardíaca ou pulmonar. Quando os glóbulos brancos são activados, podem provocar uma redução da perfusão pulmonar, levando à hipoxia.

Outros problemas associados à activação do complemento incluem cervicodorsalgias, alterações da coagulação e, com alguma frequência, choque anafiláctico. A activação tem o seu pico por volta dos 15 minutos e pode durar até 90 minutos.

O valor do complemento depende da área da membrana.
Existem três tipos de reacções clínicas como resultado da activação do complemento e a consequente leucopenia e hipoxia:

Assintomática (com leucopenia e hipoxia) - só pode ser avaliada laboratorialmente

Síndrome de primeiro uso - ocorre no primeiro contacto entre o sangue e uma nova membrana.

Hipersensibilidade – a reacção clínica de hipersensibilidade que o doente apresenta revela claramente a activação do complemento.

2.4.2 - Activação Plaquetária

Traduz-se na libertação de factores plaquetários e na sua agregação e consequentemente num aumento da coagulação, pouco desejável num tratamento sanguíneo extracorporal. As membranas de celulose e derivados são as que mais induzem a activação do complemento. As membranas sintéticas são as que têm melhor perfil de biocompatibilidade (ex.: polissulfona, poliamidas). Desta forma, a quantidade de complemento produzido durante o tratamento é muito menor do que com as membranas de celulose, com a consequente diminuição das necessidades de heparina.

3 - ESTERILIZAÇÃO

O método de esterilização tem implicação directa no quadro sintomático da reacção de hipersensibilidade por parte do doente.

Esterilização por Óxido de Etileno (ETO)

Na esterilização por óxido de etileno, as bactérias são destruídas por alcalinização.

A desvantagem deste tipo de esterilização está relacionada com a dificuldade em remover o gás (ETO) após condicionamento. Este facto traduz-se numa elevada percentagem de reacções alérgicas nos doentes, o que justifica a utilização cada vez menor deste método de esterilização. É necessário proceder a um volume de lavagem superior, de forma a minimizar este efeito.

Esterilização por Radiação

Esta esterilização faz-se por exposição aos raios *Gama ou Beta*, ocorrendo a ionização dos átomos dos componentes da membrana, o que impede a replicação dos microrganismos. As radiações *Beta* permitem uma maior concentração da dose por alvo, o que obriga a um menor tempo de exposição e consequentemente menores danos para o material.

No entanto, um número crescente de estudos aponta no sentido de determinado tipo de membranas sofrerem alterações provocadas pela radiação.

Esterilização por Calor

A esterilização do material é obtida através do calor. Este método permite uma esterilização sem risco de resíduos químicos ou possíveis alterações do material do dialisador, provocadas nomeadamente pela esterilização por radiação.

Na esterilização por calor, o filtro é colocado num autoclave pressurizado e, durante um período de tempo, é submetido a uma determinada temperatura que garante a inactivação de qualquer tipo de microrganismo. Isto implica que, antes do início da sua utilização, se proceda a um *rinsing* do filtro para remover possíveis microrganismos destruídos que tenham permanecido no interior do filtro assim como partículas resultantes deste método de esterilização, glicerol e suavizantes (usados para proteger a degradação da membrana devido às altas temperaturas).

Esterilização por Vapor *Inline*

Como alternativa à esterilização por calor, a Fresenius Medical Care desenvolveu a esterilização por vapor *Inline*. Neste processo, cada componente do filtro é submetido a um fluxo de vapor a uma temperatura de 121°, durante pelo menos 15 minutos, sendo depois arejado e seco antes de ser encerrado. A grande vantagem da esterilização por vapor *Inline* reside na eliminação das endotoxinas resistentes ao calor e outros elementos pirogénicos do interior das fibras. Para além disso, a manutenção da estrutura dos capilares pode ser verificada durante a esterilização por vapor *Inline*, prescindindo da utilização do glicerol e consequentemente de uma lavagem tão extensa antes da utilização dos dialisadores esterilizados com aquela técnica.

REFERÊNCIAS BIBLIOGRÁFICAS:

- Craddock, P.; Dalmasso, A.; Brigham, KL.; Jacob, H. - *Hemodialysis leukopenenia: pulmonary vascular leucostasis resulting from complement activation of dialyser cellophane membranes.* J Clin Invest, 1977.
- Gurland, HJ.; Davison, AM.; Bonomini, V.; Falkenhagen, D.; Hansen, S.; Kishimoto, T.; Lysaght, MJ.; Moran, J.; Valek, A. - *Definitions and terminology in biocompability.* Nephrol Dial Transplant, 1994.
- Vienken, J.; Diamantoglou, M.; Hahn, C.; Kamusewitz, H; Paul, D. - *Considerations on developmental aspects of biocompatible dialysis membranes.* Artif Organs, 1995.
- Diamantoglou, M.; Lemke, HD.; Vienken, J. - *Cellulose-ester as membrane materials for hemodialysis.* Int J Artif Organs, 1994.

ÁGUA, CONCENTRADOS E FLUIDOS DE DIÁLISE

CO-AUTORES:

ENF. FERNANDO SILVA - Enfermeiro-Chefe na Clínica NephroCare Setúbal, no Hospital da Força Aérea e no Hospital São Francisco Xavier. Licenciatura em Enfermagem. Enfermeiro Graduado.

ENFª. ANTÓNIA BOLETA - Enfermeira-Adjunta na Clínica NephroCare Setúbal. Licenciatura em Enfermagem, com Pós-Graduação em Administração de Serviços de Saúde e curso de Especialização em Enfermagem de Saúde Materna e Obstétrica. Experiência Profissional na área de Cirurgia Geral, Urgência/ Emergência Geral, Cuidados Intensivos e Bloco operatório. Exerce funções de Enfermeira especialista de Saúde Materna e Obstétrica no Hospital de São Bernardo de Setúbal.

ENFª. CRISTINA RICO - Enfermeira na Clínica NephroCare Setúbal. Licenciatura em Enfermagem, e Pós-graduação em Enfermagem Nefrológica. Experiência profissional na área de Cardiologia e Unidade de Cuidados Intensivos.

ENFª. ANA PAULA GODINHO - Enfermeira na Clínica NephroCare Seixal.

ENFª. LOURDES ALMEIDA - Enfermeira-Chefe na Clínica NephroCare Seixal.

Com participação especial do Dr. Rui Lucena.

CAPÍTULO VI - ÁGUA, CONCENTRADOS E FLUIDOS DE DIÁLISE

O fluido de diálise (por vezes também denominado dialisante ou solução dialisante) pode ser definido como um fluido aquoso contendo electrólitos e, nalguns casos, glucose que se destina a fazer a permuta de solutos com o sangue durante o tratamento de hemodiálise.

O fluido de diálise resulta da diluição de soluções concentradas para hemodiálise em água previamente tratada. As soluções concentradas para hemodiálise contêm seis a sete compostos: os electrólitos sódio, potássio, magnésio, cálcio e cloreto; uma solução tampão (habitualmente solução concentrada de bicarbonato de sódio) e nalguns casos, glucose. Atendendo à constante evolução tecnológica da terapêutica de diálise e à cada vez maior permeabilidade dos dialisadores, os requisitos de qualidade do fluido de diálise apresentam uma crescente importância no contexto da biocompatibilidade do tratamento. O facto de um doente em programa regular de hemodiálise se encontrar exposto a mais de 360 litros de fluido de diálise por semana, realça a importância da adequada gestão contínua da qualidade deste tipo de fluidos.

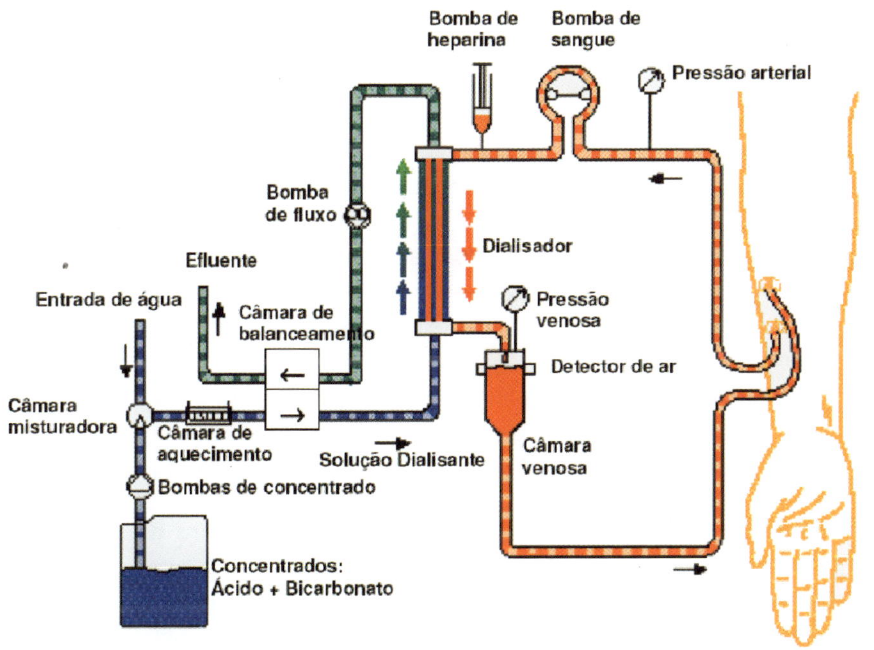

Fig. 1- Representação esquemática simplificada da técnica de hemodiálise

Toda a sequência de processos e métodos que transformam a água de consumo humano em fluido de diálise envolve uma percepção holística dos diversos tipos de fluidos utilizados na diálise, englobando:

- **A água para diluição de soluções concentradas para hemodiálise**, também denominada água para hemodiálise, água tratada ou permeado. Esta é distribuída até às máquinas de hemodiálise por um sistema de distribuição especialmente concebido para o efeito.

- **As soluções concentradas "ácidas"** que podem ser igualmente distribuídas desde uma central de distribuição de solutos (CDS) existente na unidade de diálise até ao monitor de hemodiálise, ou podem ser disponibilizadas em bidões para uso individual por máquina.

- **A solução tampão**, dado se tratar de um fluido com especial apetência para a contaminação microbiológica e perca de características intrínsecas (ex.: fenómenos de precipitação), deve ser disponibilizada em pó, em embalagens individuais do tipo cartucho e aplicadas directamente na máquina de diálise.

1 – NORMAS DE QUALIDADE

A água é um recurso natural precioso e vital para todos nós. A água que consumimos pode ter duas proveniências: subterrânea, se a sua origem for de furos, poços ou minas, ou superficial, caso seja recolhida em barragens ou represas. Em ambos os casos, a água é posteriormente tratada pelas entidades gestoras e distribuídas até ao consumidor. No processo de tratamento, podem ser adicionados alguns produtos com a finalidade de a tornar própria para consumo ou para optimizar o processo de tratamento, como por exemplo o hipoclorito de sódio como agente de desinfecção e/ou bacteriostático e o sulfato de alumínio como aditivo nos processos de floculação/coagulação. Outra das características da água é a sua capacidade de transportar as diversas substâncias presentes no ambiente ao longo do designado ciclo da água, aspecto perceptível já que a mesma é considerada como solvente universal.

1.1 – Água para diluição de soluções concentradas para hemodiálise

Nos tratamentos de hemodiálise a água é o elemento com maior "peso relativo" no fluido de diálise. O contacto deste fluido com o sangue do doente torna-o um potencial factor de risco se não existir um adequado sistema de garantia de qualidade. Como sabemos, a presença de substâncias químicas ou microbiológicas presentes na água para hemodiálise em concentração excessiva ao regulamentarmente estabelecido pode ser prejudicial para o doente. Encontramos na literatura evidências de nexos de causalidade entre o nível de concentração de algumas destas substâncias e consequências clínicas nos doentes em terapêutica substitutiva da função renal por hemodiálise (Quadros 1 e 2). Alguns dos exemplos a seguir apresentados sucederam pelo facto do STA não se encontrar devidamente dimensionado, apresentar desempenho não satisfatório ou pelo facto de se terem registado avarias importantes no mesmo com consequência directa na qualidade da água produzida. Contudo, outros exemplos são apresentados onde, apesar do STA se encontrar devidamente dimensionado e funcional, as oscilações verificadas na água de abastecimento foram de tal magnitude que o STA não teve capacidade de resposta perante tal cenário.

QUADRO 1

ANO	LOCAL	Nº DOENTES AFECTADOS/Nº ÓBITOS	CAUSA
1972	EUA (CO)	? (3†)	STA inadequado
1976-8	Inglaterra	? (> 7†)	STA inadequado
1974-7	EUA (SC)	94 (11†)	STA inadequado
1993	Portugal	? (18†)	Abastecimento municipal Falha Osmose Inversa
1995	EUA (PA)	64 (?†)	Contaminação concentrado ácido
1996	Curaçao	? (15†)	Abastecimento municipal STA inadequado

Adaptado de Ward, R. 2000

QUADRO 2

ANO	LOCAL	Nº DOENTES AFECTADOS/Nº ÓBITOS	CAUSA
1970	EUA (Minneapolis)	?	STA inadequado
1974	Espanha (Madrid)	?	Desconhecida
1981	Austrália (Sidney)	13	Abastecimento municipal
1984	EUA (Los Angeles)	25	STA inadequado
1984	EUA (San Diego)	10	STA inadequado
1987	EUA (Filadélfia)	41	STA inadequado
1989	Coreia do Sul (Seoul)	24	Abastecimento municipal
1996	Israel (Ramat Gan)	?	STA inadequado
1996	Inglaterra (Londres)	0	Abastecimento municipal
1998	EUA (Durham)	1	Desconhecida

Adaptado de Ward, R. 2000

QUADRO 3. PARÂMETROS DE QUALIDADE DA ÁGUA PARA HEMODIÁLISE

PARÂMETRO	VMA (mg/l)
Alumínio	0,004
Amónio	0,2
Antimónio	0,006
Arsénio	0,005
Bário	0,1
Berílio	0,0004
Cádmio	0,001
Cálcio	2
Chumbo	0,005
Cloraminas	0,1
Cloreto	50
Cloro livre	0,1
Cobre	0,1
Crómio	0,014
Cianeto	0,02
Ferro	0,02
Fluoreto	0,2
Magnésio	2
Mercúrio	0,0002
Nitrato (N)	2
Potássio	2
Prata	0,005
Selénio	0,09
Sódio	50
Sulfato	50
Tálio	0,002
Zinco	0,1
Sólidos totais dissolvidos (TDS)	15 mg/l
Condutividade	27 uS/cm
Unidades Formadoras de Colónias (UFC)	<100 UFC/ml
Fungos e leveduras	<10 UFC/ml
Endotoxinas bacterianas (LAL)	<0,25 EU/ml

Fonte: Manual de Boas Práticas de Hemodiálise (revisão de Abril de 2006)

No quadro 3 são apresentados os valores máximos admitidos (VMA) para os parâmetros de qualidade da água para hemodiálise conforme o Manual de Boas Práticas de Hemodiálise (revisão de Abril de 2006).

Pelo acima exposto, o sistema de garantia de qualidade da água para diluição de soluções concentradas para hemodiálise assume um papel fundamental.

1.2 – Concentrados para hemodiálise

No caso do concentrado "ácido" para hemodiálise ser preparado na unidade de diálise, é imperativo que este processo seja controlado eficazmente.

Utiliza-se para o efeito um sistema misturador, um sistema de armazenamento constituído por tanques concebidos para o efeito, procedendo-se à sua distribuição. No caso do concentrado "ácido" fornecido em bidão, o controlo da qualidade é garantido pela indústria; no entanto, devem ser observadas as instruções do fabricante quanto ao armazenamento.

Conforme anteriormente referido, o bicarbonato de sódio concentrado em pó apresenta-se actualmente como a melhor solução tecnológica para o tratamento de diálise.

No quadro 4 são apresentados os valores máximos admitidos (VMA) para os parâmetros de qualidade do concentrado de distribuição central para hemodiálise conforme o Manual de Boas Práticas de Hemodiálise (revisão de Abril de 2006).

QUADRO 4. PARÂMETROS DE QUALIDADE DO CONCENTRADO DE DISTRIBUIÇÃO CENTRAL PARA HEMODIÁLISE

PARÂMETRO	
Unidades Formadoras de Colónias (UFC/ml)	<100
Endotoxinas (LAL)	<0,5 EU/ml

Fonte: Manual de Boas Práticas de Hemodiálise (revisão de Abril de 2006)

1.3 – Fluido de diálise ou solução dialisante

O fluido de diálise é, como já vimos, o resultado final da diluição dos concentrados para hemodiálise em água tratada. O fluido de diálise, apenas separado do sangue do doente por uma membrana semipermeável (dialisador), permite a realização do tratamento por processos de difusão, ultrafiltração e convecção. A importância da biocompatibilidade deste fluido culminou na necessidade de o mesmo apresentar características microbiológicas específicas.

QUADRO 5. PARÂMETROS DE QUALIDADE DO DIALISANTE PARA HEMODIÁLISE CONVENCIONAL

PARÂMETRO	
Unidades Formadoras de Colónias (UFC/ml)	<100
Endotoxinas (LAL)	<0,25 EU/ml

Fonte: Manual de Boas Práticas de Hemodiálise (revisão de Abril de 2006)

QUADRO 6. PARÂMETROS DE QUALIDADE DO DIALISANTE PARA HEMODIÁLISE DE ALTO FLUXO E HEMODIAFILTRAÇÃO

PARÂMETRO	
Unidades Formadoras de Colónias (UFC/ml)	≤0,1
Endotoxinas (LAL)	<0,03 EU/ml

Fonte: Manual de Boas Práticas de Hemodiálise (revisão de Abril de 2006)

A literatura actualmente disponível demonstra os benefícios do fluido de diálise ultrapuro nos *outcomes* dos doentes em programa regular de hemodiálise. Constitui, além disso, um pré-requisito para técnicas terapêuticas mais convectivas como é o caso da Hemodiafiltração Online.

Nos quadros 5 e 6 são apresentados os valores máximos admitidos (VMA) para os parâmetros de qualidade dos fluidos de diálise (i.e. dialisante) conforme o Manual de Boas Práticas de Hemodiálise (revisão de Abril de 2006).

Em resumo:

a) O Fluido de Diálise é composto pela diluição de soluções concentradas para hemodiálise em água tratada;

b) A qualidade do Fluido de Diálise depende da qualidade de cada um dos elementos que o compõe;

c) O objectivo pretendido para técnicas mais convectivas é a obtenção de Fluido de Diálise Ultrapuro.

2 - SISTEMA DE TRATAMENTO DE ÁGUA (STA) PARA HEMODIÁLISE

O sistema de tratamento de água para hemodiálise engloba o conjunto dos equipamentos, tubagem, sensores e dispositivos de leitura, cuja finalidade é transformar água com características compatíveis para consumo humano em água com características compatíveis com a realização de tratamentos de hemodiálise.

2.1 – Critérios de projecto

Na instalação de novas unidades de diálise, na ampliação ou alteração das existentes, é tida sempre em consideração a importância do projecto do sistema de tratamento de água.

Objectivo geral:

A partir da água de abastecimento, obtenção de água para diluição de soluções concentradas para hemodiálise, com:

- Disponibilidade permanente;
- Caudal e pressão adequados às necessidades das máquinas de diálise;
- Grau de "pureza" química exigível;
- Grau de "pureza" microbiológica exigível.

Critérios de qualidade:

- Especificações técnicas dos equipamentos;
- Eficiência;
- Fiabilidade.

Critérios de segurança:

- Garantia de funcionamento sem interrupções;
- Duplicação de equipamentos críticos (redundância).

Critérios normativos:

- Legislação Portuguesa: Manual de Boas Práticas de Hemodiálise (Despacho n.º 14 391/2001 2ª série);
- *Water for haemodialysis and related therapies*. ISO 13959:2009;
- *Quality of dialysis fluid for haemodialysis and related therapies*. ISO 11663:2009;
- *Concentrates for haemodialysis and related therapies*. ISO 13958: 2009;
- *Water treatment equipment for haemodialysis applications and related therapies*. ISO 26722:2009;
- Monografias da Farmacopeia Europeia.

Critérios de manutenção

- Equipamentos e forma de interligação com fácil manutenção.

Traçados os objectivos e critérios de projecto, chega o momento de verificar as necessidades e as condições existentes. Enumeram-se de seguida alguns aspectos a considerar na elaboração do projecto:

- Número de postos de tratamento;
- Consumo de cada máquina de diálise;
- Características da água de abastecimento (ex.: pressão, caudal, composição química);

- Consumo diário de água tratada;
- Tempo de funcionamento diário (ex.: nº e duração dos turnos);
- Tempo de funcionamento das unidades de osmose inversa;
- Amplitude térmica anual da água;
- Reserva de água legalmente exigida (reserva mínima para um turno);
- Reserva de água tratada (facultativa);
- Área prevista para a implantação do sistema;
- Acesso restrito;
- Climatização e ventilação;
- Capacidade de drenagem;
- Alimentação de água tratada a CDS;
- Redundância dos equipamentos (tempo de reacção de assistência técnica);
- Dispositivos de monitorização (ex.: caudalímetros, manómetros, válvulas de colheita, condutivímetros, contadores);
- Eficiência em termos de consumo de água (ex.: programação dos ciclos de lavagem/ /regeneração dos equipamentos de pré-tratamento, reutilização de água).

2.2 - Configuração do STA

A disposição, sequência e quantidade dos equipamentos a serem instalados num STA pode diferir consoante as características da água de abastecimento. Não obstante, um STA é tipicamente composto por:

Elementos da instalação hidráulica:

- Filtro(s) de sedimento(s) automático(s);
- Descalcificador(es) automático(s);
- Filtro(s) de carvão activado;
- Filtros de partículas (cartucho);
- Electrobomba(s) de água;
- Tanque(s) de água não tratada;
- Tanque(s) de água tratada;
- Sistema de injecção de cloro;
- Unidade(s) de osmose inversa;
- Sistema de filtração de segurança (RO online ou UF);
- Sensores de pressão;
- Manómetros;
- Caudalímetros;
- Circuito(s) de distribuição;
- Dispositivos de medida e leitura.

Fig. 2 - Representação esquemática de um STA com UF

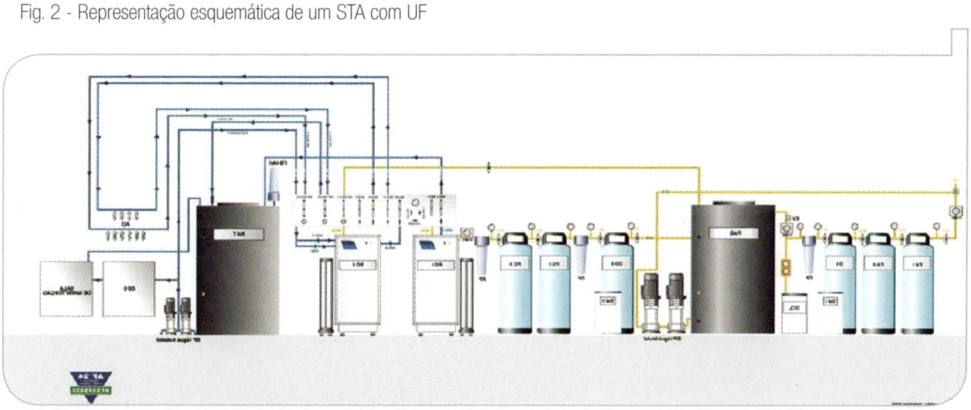

Fig. 3 - Representação esquemática de um STA com RO online

Elementos da instalação eléctrica:

- Alimentação/consumo dos equipamentos;
- Quadro eléctrico de potência e comando.

A manutenção da integridade microbiológica da água armazenada no tanque de água tratada implica a instalação de uma de duas alternativas: uma unidade de ultrafiltração (figura 2) ou uma unidade de osmose inversa online (figura 3).

2.3 Descrição de funcionamento dos equipamentos de um STA

O sistema de tratamento de água engloba 3 etapas:

- Pré-tratamento;
- Tratamento primário (Osmose Inversa);
- Pós-tratamento.

Fig. 4 - Filtro de grelha auto-limpante

2.3.1 - Pré-tratamento

O pré-tratamento destina-se a obter água com características compatíveis com a alimentação da unidade de osmose inversa (RO).

O número de equipamentos, a disposição e suas especificações dependem das necessidades da referida unidade e da qualidade da água fornecida pela rede de abastecimento.

2.3.1.1 - Filtro de grelha auto-limpante

Trata-se de um filtro de grelha metálica para retenção de partículas de dimensões superiores a 105/135 µm, de modo a salvaguardar a integridade dos equipamentos localizados a jusante.

Este filtro possui uma válvula de lavagem que deve ser accionada pelo menos uma vez por dia.

2.3.1.2 - Filtro de sedimentos

O filtro de sedimentos consiste num tanque hermeticamente fechado, com areia de granulometria específica numa determinada distribuição. No fundo do tanque existe um sistema de drenagem que se destina a recolher a água filtrada.

O seu principal objectivo é a remoção de partículas em suspensão maiores de 30 µm, lamas e óleos. Pode ainda ser um elemento importante na remoção do ferro e manganês. O tipo de areia usada não deve conter quaisquer impurezas e deve ser resistente à erosão.

Com o uso, o filtro de areia acaba por perder a eficácia, sendo necessário proceder à sua lavagem. Na maior parte dos casos a lavagem é realizada por contracorrente (por inversão do fluxo de água), com um caudal capaz de assegurar uma expansão adequada para o meio filtrante, permitindo a eliminação das impurezas anteriormente retidas para o esgoto.

2.3.1.3 - Descalcificador

Sistema de redução de dureza da água por troca iónica com regeneração automática.

A redução da dureza é conseguida através de tratamento especial, que consiste na remoção dos compostos de cálcio e magnésio. Denomina-se frequentemente como descalcificação, amolecimento ou desendurecimento.

O interior do tanque fechado, a que passaremos a chamar descalcificador, possui um volume calculado de resinas permutadoras de iões. Estas têm a capacidade de substituir os iões de cálcio e magnésio em circulação na água por iões de sódio existentes nas resinas, numa proporção de 1 para 2. Quando as resinas têm a sua capacidade de permuta esgotada, é necessário proceder-se à sua regeneração, através da passagem duma solução concentrada de cloreto de sódio (sal). Em contacto com a salmoura, as resinas fazem nova troca iónica, retendo novamente o sódio e libertando cloretos de

Fig. 5 - Descalcificador

Fig. 6 - Filtro de sedimentos

Fig. 7 - Sistema de injecção de cloro

cálcio e de magnésio na água de lavagem, que é eliminada para o dreno. Assim, ao sair dos descalcificadores, a água apresenta uma dureza praticamente nula.

Os descalcificadores utilizados são de fluxo descendente, construídos como os filtros de pressão.

O descalcificador possui uma entrada para a água bruta (água com dureza), uma saída para a água descalcificada, uma saída de água para o dreno da água da lavagem e um conjunto de entrada/saída para o depósito de salmoura.

Para o funcionamento adequado do descalcificador, é importante garantir que o depósito de salmoura se apresente a mais de 50% da sua capacidade.

2.3.1.4 - Sistema de injecção de cloro

Trata-se de um sistema para correcção/ /afinação do teor de cloro residual existente na água, constituído por uma bomba injectora e um tanque, de modo a garantir que a água apresente, pelo menos, um ambiente bacteriostático. A injecção de cloro tem igualmente um papel importante na eliminação (por precipitação) do ferro.

2.3.1.5 - Armazenamento de segurança

A reserva de água de uma unidade de hemodiálise deve legalmente corresponder ao consumo de, pelo menos, um turno de funcionamento.

O tanque deve ser construído em material inerte, de modo a não alterar as características da água. O fundo deve ser inclinado, equipado com válvula de fundo, de modo a dirigir os sedimentos para a zona de despejo e a tomada de água deve ser realizada a 20-30 cm acima do fundo (nível de sedimentação). Devem ser igualmente instalados dispositivos de comando para controlar o nível de enchimento, o nível de alarme e o nível de fundo.

2.3.1.6 - Pressurização de água não tratada

Sistema constituído por uma ou duas electrobombas em aço inox, de funcionamento alternado, com dispositivo de comando por pressão e/ou caudal, de modo a garantir a pressão necessária ao funcionamento dos equipamentos que alimenta.

Fig. 8 - Pressurização de água não tratada

2.3.1.7 - Filtro de carvão activado

Sistema de remoção de cloro, cloraminas e matéria orgânica da água com lavagem automática.

O carvão activado (que constitui o filtro) pode ser obtido a partir de praticamente qualquer sólido orgânico (ex.: lenhite, madeira, casca de coco, turfa).

O carvão activado é muito poroso e tem muitos átomos de carbono com valências livres. Pode ser obtido com diversos nomes comerciais, sob a forma de grânulos de vários tamanhos, ou sob a forma de um pó fino. O carvão desempenha a sua função graças às propriedades adsorventes, uma vez que a sua estrutura altamente porosa e grande área superficial permitem-lhe remover e reter muitas das impurezas contidas na água.

Fig. 9 - Filtro de carvão

No processo de adsorção é garantida a remoção de matéria orgânica, compostos halogenados (ex.: cloro), removendo-se ainda a turvação, cor e cheiros que a água possa conter. O grau de eficiência da reacção de adsorção depende do pH, temperatura, concentração inicial de matéria orgânica, assim como do seu peso, tamanho, estrutura molecular e tempo de contacto.

Nos filtros de carvão activado habitualmente usados nas unidades de diálise a lavagem é realizada por contracorrente (por inversão do fluxo de água), com um caudal capaz de assegurar uma expansão adequada do carvão activado, permitindo a eliminação das impurezas para o esgoto, assim como os caminhos preferenciais que a água vai abrindo na sua passagem. Com o decorrer do tempo, o carvão atinge o limite do seu poder adsorvente e deve ser substituído.

2.3.1.8 - Filtro de Partículas (filtração em profundidade)

Trata-se de um sistema de remoção de partículas em suspensão (>5µm e >1µm) por filtração perpendicular. Este filtro deve ser substituído mensalmente ou quando exista, em pleno funcionamento, uma diferença de pressão antes e depois do filtro superior a 1 Bar.

A filtração consiste na passagem da água através de um material poroso permeável, selectivo ao tamanho, isto é, retendo as partículas de dimensão superior à dos poros do filtro, apenas passando a água e as partículas de dimensão inferior. Existem diversos tipos de filtros com diversas dimensões de poros, consoante o objectivo da sua utilização. No caso das clínicas de hemodiálise, o objectivo é a remoção de partículas com dimensões superiores a 5 e 1µm, uma vez que estas podem danificar o equipamento localizado a jusante, nomeadamente as membranas de osmose inversa. Fabricados em material poroso, os filtros utilizados retêm as partículas de dimensão superior a 5µm e a 1µm, conforme o tipo de filtro escolhido.

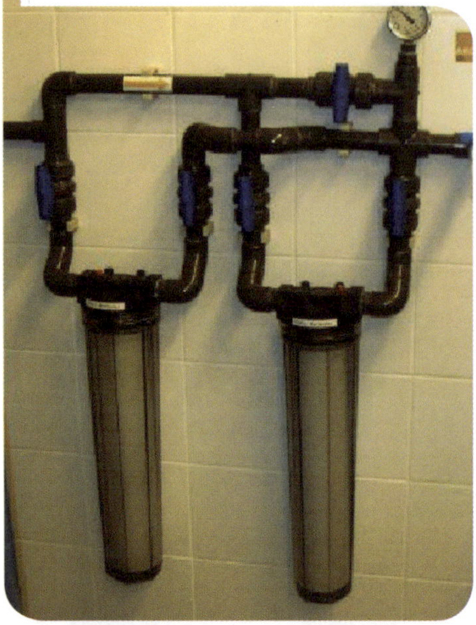

Fig. 10 - Filtro de Partículas

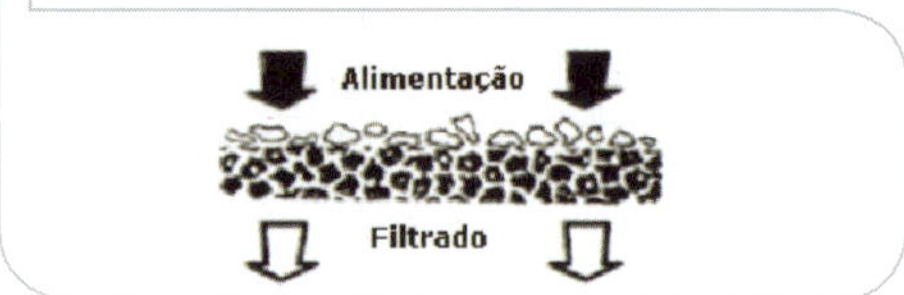

Fig. 11 - Filtração Perpendicular

Em termos de cuidados a prestar a este tipo de filtros apenas há a referir a visualização periódica. Sempre que se observe a sua colmatação (obstrução dos poros do filtro), deve--se proceder à sua substituição.

2.3.2 - Tratamento Primário (Osmose Inversa)

Trata-se do "rim" do tratamento de água, sendo o principal elemento da cascata de purificação, garantindo a remoção dos principais contaminantes presentes na água e não removidos pelas anteriores etapas (suspensos, dissolvidos e coloidais).

A osmose inversa (RO) consiste na passagem da água através de uma membrana semipermeável, selectiva para determinadas concentrações de sais dissolvidos, à qual é aplicada uma determinada pressão. Para se compreender melhor o funcionamento da osmose inversa, abordaremos de seguida o mecanismo de osmose/difusão.

Num fenómeno de osmose, a água flui através da membrana semipermeável, da zona que contém menor concentração de sais dissolvidos para a zona que os contém em maior concentração, com tendência para igualar os respectivos gradientes de concentração.
Se for aplicada uma pressão na zona de maior concentração de sais, este fluxo vai parar. A pressão necessária para se realizar a paragem de fluxo de água é a denominada pressão osmótica.

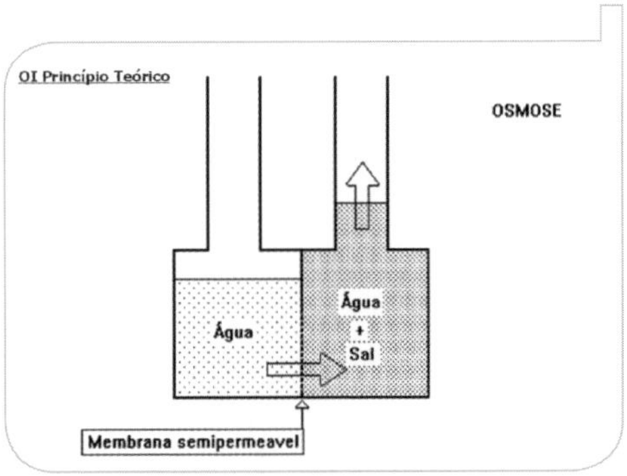

Fig. 12 - Osmose - RO Princípio Prático

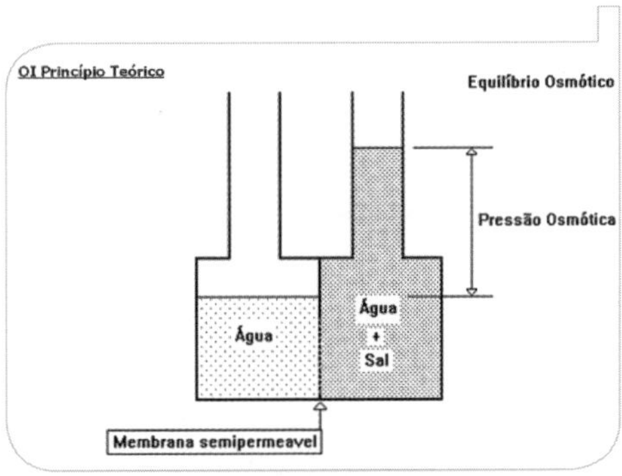

Fig. 13 - Equilíbrio Osmótico - RO Princípio Prático

Se for aplicada uma pressão superior à da pressão osmótica, a direcção natural do fluxo será exactamente oposta, ou seja, a água irá fluir das concentrações mais altas para as mais baixas.

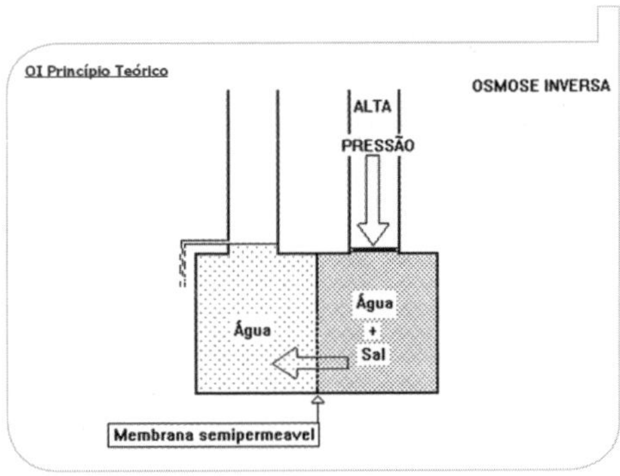

Fig. 14 - Osmose Inversa - RO Princípio Prático

Este é, de um modo simplificado, o mecanismo base da osmose inversa, verificando-se ainda outros mecanismos que não serão abordados neste documento. Enquanto que na filtração convencional o líquido atinge o meio filtrante na perpendicular, conforme já foi descrito, na filtração através de membranas, o líquido atinge a membrana tangencialmente, constituindo a "cross-flow filtration" ou filtração tangencial da terminologia anglo-saxónica, permitindo simultaneamente um certo grau de arraste das partículas que se aglomeram à superfície da membrana semipermeável, dando origem a duas linhas de efluentes: o concentrado e o permeado.

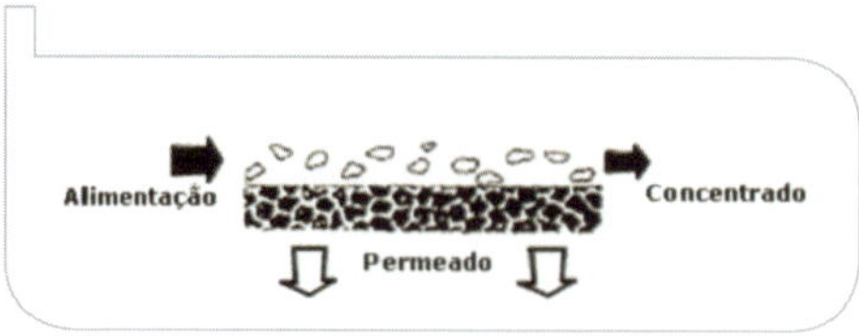

Fig. 15 - Filtração Tangencial

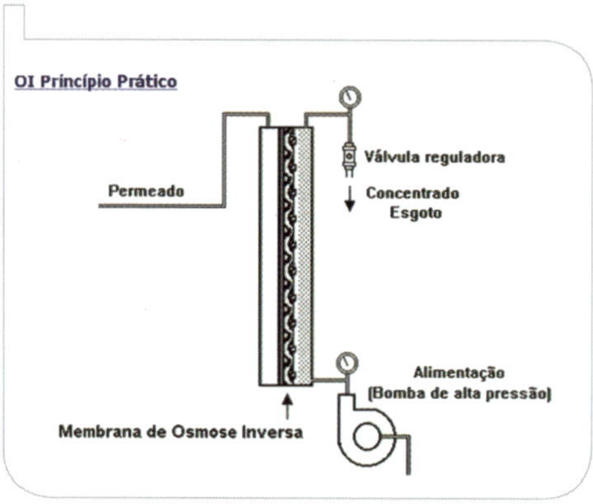

Fig. 16 - Filtração Tangencial - RO Princípio Prático

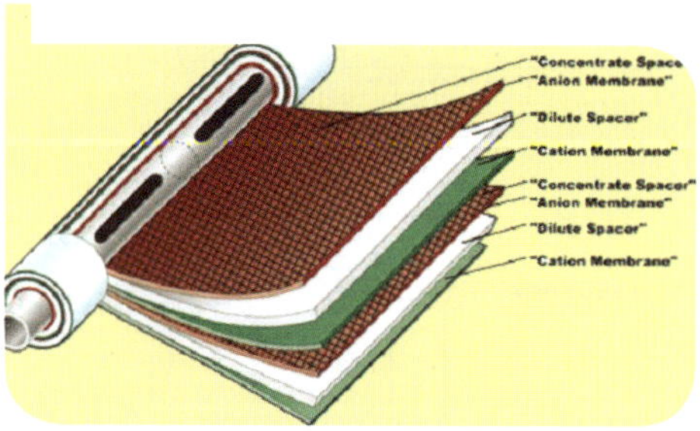

Fig. 17 - Membrana semipermeável

À medida que a água passa através da membrana semipermeável, as partículas de dimensão superior à dimensão dos poros são rejeitadas, constituindo-se o concentrado. Os solutos com dimensão inferior à dimensão dos poros da membrana continuam na solução que atravessa a membrana, formando o permeado.

Componentes da RO

Os componentes da RO consistem numa ou mais membranas de osmose inversa, uma estrutura de suporte e uma electro-bomba de pressão. Estes equipamentos apresentam um caudal nominal de produção da ordem de 50–80% do consumo **(taxa de recuperação)**. Por outro lado, os modelos utilizados apresentam uma eficiência de remoção de sais geralmente superior a 95%, conforme a quantidade de sais existente na água e o tipo de membranas utilizado **(taxa de rejeição)**.

Os instrumentos que fazem parte do equipamento da RO são um condutivímetro no permeado, dois caudalímetros nas condutas de água tratada e rejeitada, um termómetro e vários manómetros.

A membrana semipermeável

As unidades de osmose inversa normalmente utilizadas nas unidades de diálise utilizam membranas enroladas. Nesta técnica, a membrana enrolada consiste numa "sandwich" enrolada em espiral, que contém duas camadas de membranas (poliamida e polissulfona) coladas entre si pelas extremidades mas separadas por um material poroso (espaçador).

A água a tratar, sob pressão, passa longitudinalmente através do rolo em espiral, ao longo de uma malha que separa os leitos e promove o movimento do fluxo. O permeado percorre um trajecto em espiral, através do material, até um tubo perfurado, de onde irá progredir para um tanque de água tratada ou directamente para a sala de hemodiálise.

Uma vantagem significativa deste tipo de membranas é a sua elevada área de superfície de membrana por unidade de volume de água a tratar, quando comparada com outras configurações de membranas.

Fig. 18 - Armazenamento de água tratada

2.3.3 - Pós-tratamento

2.3.3.1 - Armazenamento de água tratada (opcional)

É efectuado em tanque(s) de polietileno de alta densidade com topo e fundo cónico, saída para dreno e porta de visita estanque. Deve(m) possuir um filtro absoluto para o ar, de modo a permitir o respiro do tanque, salvaguardando eventuais contaminações exógenas decorrentes deste processo.

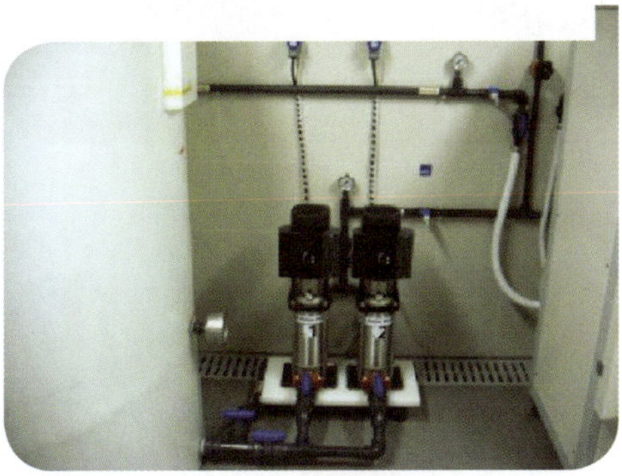

Fig. 19 - Pressurização de água tratada

2.3.3.2 - Pressurização de água tratada

Sistema constituído por electrobombas em aço inox, com variador de velocidade incorporado (recomendável caso se trate de alimentação a uma unidade de UF), de modo a garantir a pressão e caudal necessários ao funcionamento dos equipamentos que alimenta.

2.3.3.3 - Filtração de segurança

2.3.3.3.1 - Ultrafiltração (UF)

Sistema activo de remoção de contaminantes microbiológicos (tipicamente com peso molecular> 20 kDa). Trata-se de um sistema de filtração similar ao das unidades de osmose inversa, embora apenas eficaz para contaminantes orgânicos/microbiológicos.

Osmose inversa N.° II

Sistema activo de remoção de contaminantes respeitando os padrões de qualidade de água para hemodiálise estabelecidos (para mais pormenores ver 3.3.2).

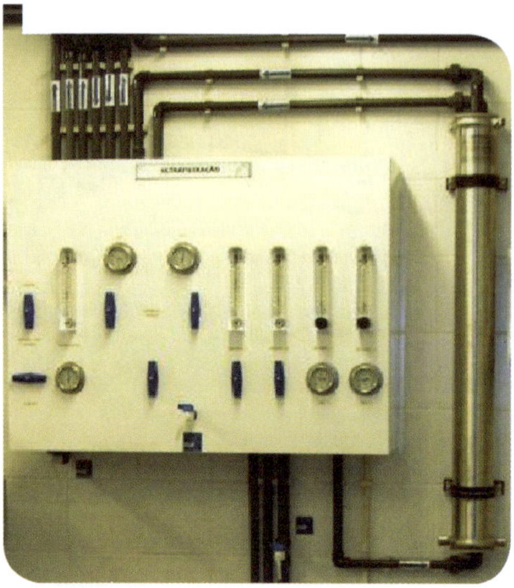

Fig. 20 - Ultrafiltração (UF)

2.3.3.4 – Circuito de distribuição

Sistema constituído por tubagem, acessórios para água tratada (ex.: PEX) e painéis dedicados para alimentação das máquinas de hemodiálise.

Conclusão:

O tratamento de água engloba três etapas:

- Pré-tratamento
- Tratamento primário (osmose inversa)
- Pós-tratamento

Designa-se por água tratada o resultado de todo o processo a que é sujeita a água desde a entrada na clínica até à máquina de hemodiálise.

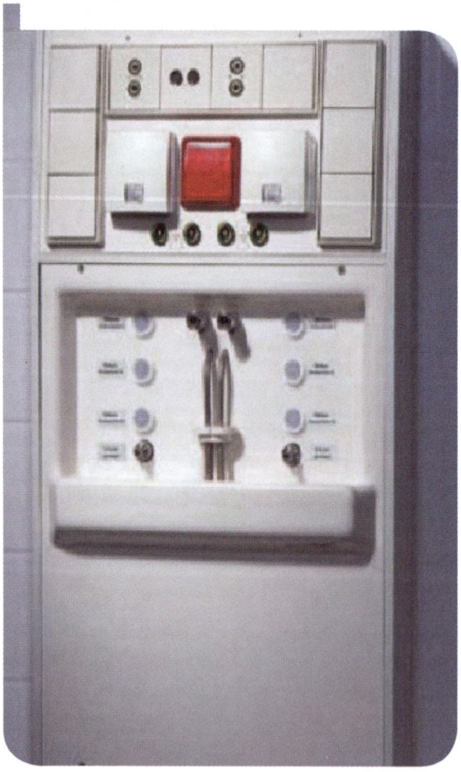

Fig. 21 - Painel Técnico (MSC)

3 - CENTRAL DE DISTRIBUIÇÃO DE SOLUTOS (CDS)

3.1 - Aspectos a considerar em sistemas de CDS

Na instalação de novas unidades de diálise ou na ampliação ou alteração das existentes, é tida sempre em consideração a importância do projecto do CDS.

Objectivo geral:

- Produção de concentrado "ácido" obedecendo aos critérios de qualidade previstos (densidade e pH);
- Aprovisionamento de concentrado "ácido" em contentores próprios, mantendo as características originais;
- Distribuição directa do concentrado "ácido" a cada máquina de hemodiálise, respeitando os requisitos de caudal e pressão estabelecidos para as máquinas de diálise.

Critérios de qualidade:

- Especificações técnicas dos equipamentos;
- Eficiência;
- Fiabilidade.

Critérios de segurança:

- Garantia de funcionamento sem interrupções.

Critérios normativos:

- *Concentrates for haemodialysis and related therapies*. ISO 13958: 2009;
- Monografias da Farmacopeia Europeia.

Critérios de manutenção

- Equipamentos e forma de interligação com fácil manutenção.

Traçados os objectivos e critérios do projecto, chega o momento de verificar as necessidades e as condições existentes. Enumeram-se de seguida alguns aspectos a considerar na elaboração do projecto:

- Número de postos de tratamento;
- Tipologia de concentrado ácido;
- Consumo de cada máquina;
- Pressão de água tratada para abastecimento do misturador;
- Número de produções diárias;

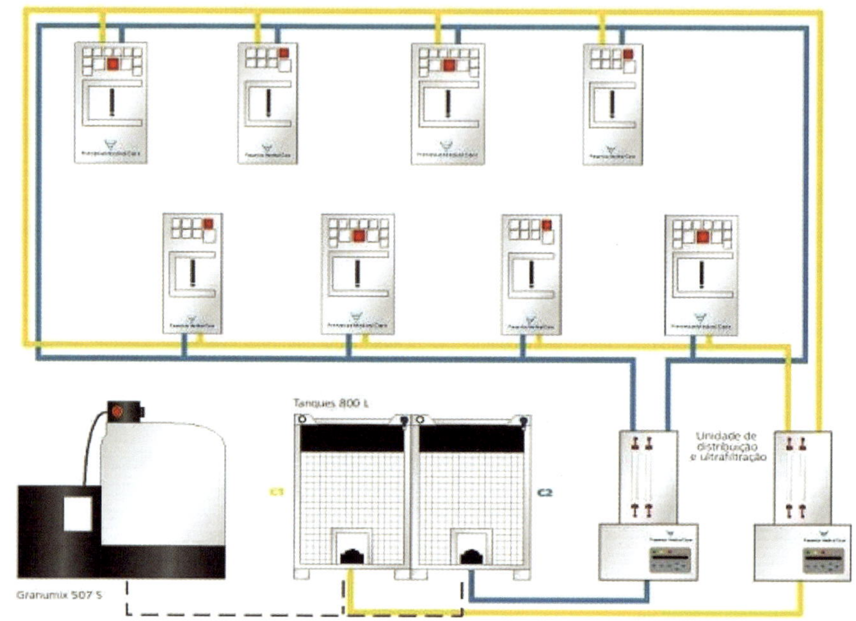

Fig. 22 - Central de distribuição de solutos (CDS)

- Reserva de concentrado disponível;
- Área prevista para implantação da central;
- Acesso restrito;
- Climatização e ventilação;
- Capacidade de drenagem.

3.2 - Configuração CDS

Numa unidade de diálise, sempre que é possível, é instalada uma central que assegura a produção e distribuição de concentrados "ácidos" líquidos a partir de granulado e água tratada. Este sistema é composto por:

- Uma misturadora;
- Um ou mais tanques (habitualmente de 800 litros);
- Um ou mais equipamentos de distribuição.

3.3 - Descrição de funcionamento de equipamentos CDS

O Sistema CDS engloba 3 etapas:
- Produção
- Armazenagem
- Distribuição

Fig. 23 - Produção

3.3.1 - Produção

O misturador é o equipamento que assegura a mistura volumétrica do granulado com volume de água tratada, de modo a obter a solução de concentrado "ácido" pretendida.

Após a realização do processo de diluição, é necessário proceder a um processo de validação da solução obtida, habitualmente com duas medições, a verificação da densidade e a leitura do pH. Este procedimento deve ser realizado em conformidade com as instruções do fabricante.

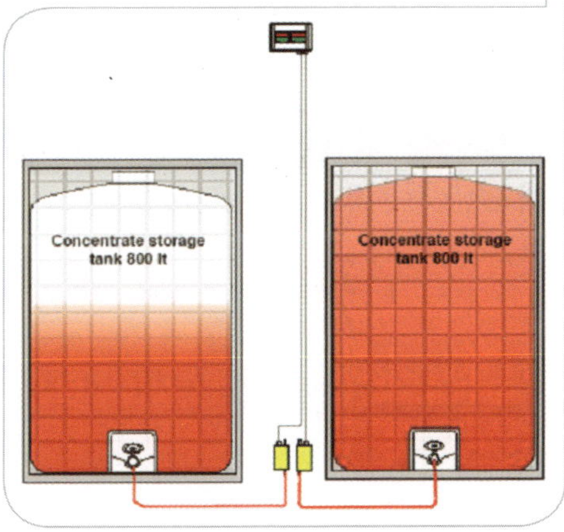

Fig. 24 - Armazenamento

3.3.2 - Armazenamento

Após a produção, o concentrado ácido é armazenado em tanques dedicados. A capacidade de cada tanque varia entre 250 litros para o Granustrore® e 350 ou 800 para o Concentrate Tank®.

A capacidade máxima de armazenamento de concentrado ácido numa unidade de diálise é feita pela associação de tanques, sempre de modelo igual. Numa clínica, se for projectada uma capacidade de 2.400 litros, são emparelhados 3 tanques de 800 litros.

Seja qual for o tipo de reservatório utilizado, a qualidade do produto é mantida através de mecanismos que permitem assegurar a ausência de contaminantes. No caso do Granustore®, o soluto é preservado dentro de sacos de plástico que se moldam à quantidade de produto existente. No Concentrate Tank®, é usado um filtro bacteriológico hidrofóbico.

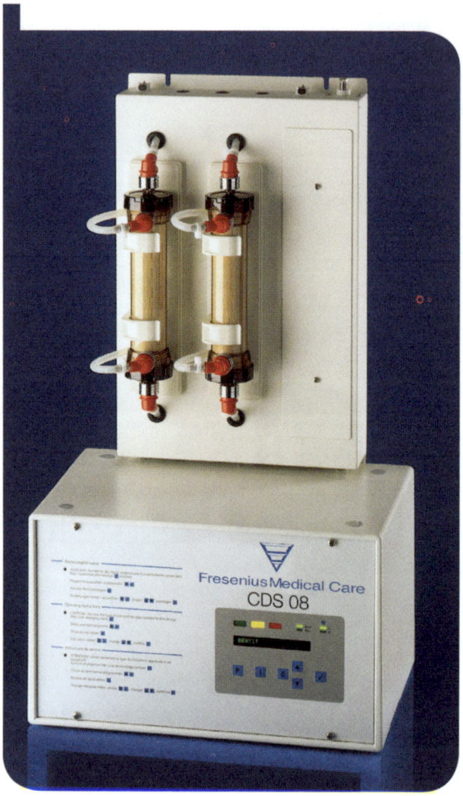

Fig. 25 - Central de distribuição de solução

3.3.3 - Distribuição

A distribuição é assegurada por equipamentos CDS08®, que pressurizam o concentrado pelo circuito de distribuição e são ligados directamente à máquina de hemodiálise. Possuem sistemas de segurança que actuam automaticamente caso algum parâmetro considerado relevante na segurança dos tratamentos (ex.: temperatura, condutividade, pressão) esteja fora dos valores esperados.

Numa unidade de hemodiálise, pode ser necessário fornecer 2 ou mais tipos de ácido de diferente composição. Neste caso, é instalada uma unidade CDS08® e um anel de distribuição dedicado a cada tipo de ácido.

As linhas de distribuição de solutos ácidos às salas de diálise são fabricadas em material PE, com especificações técnicas indicadas para este objectivo (ø12mm) e, sempre que possível, coincidindo com os traçados do permeado (água tratada), de modo a facilitar futuras intervenções.

4 - ASPECTOS TÉCNICOS DE MANUTENÇÃO E CONTROLO DA QUALIDADE

4.1 - Sistema de tratamento e distribuição de água

4.1.1 - Procedimentos para a vigilância diária do STA para hemodiálise

Tal como foi referido, a qualidade da água de diálise é de vital importância e está dependente do bom funcionamento de todos os equipamentos existentes no STA. Deve ser implementado um Sistema de Garantia da Qualidade, com procedimentos, instruções de trabalho e respectivos registos que regulamentem este processo.

É fundamental que exista uma vigilância rigorosa em períodos distintos durante os turnos de tratamento. Apresenta-se de seguida um conjunto de determinações que deverão ser realizadas neste âmbito:

A1°T (antes do primeiro turno) – Antes da conexão dos doentes. Durante a noite, ocorrem vários processos de regeneração e lavagem dos descalcificadores e dos filtros de areia e carvão activado. Devem ser realizados testes e leituras em pontos-chave do sistema, sendo possível verificar eventuais alterações ocorridas durante a noite, bem como possibilitar a conexão dos doentes em condições de segurança.

D1°T (durante o primeiro turno) – Os testes efectuados durante o 1° turno de tratamento, são dos três realizados durante o dia os mais completos e englobam a avaliação de maior número de parâmetros. São efectuadas praticamente todas as leituras ao STA. Com estes resultados, é possível obter uma imagem do funcionamento global do STA

DUT (durante o último turno) – São efectuados testes e leituras que permitem verificar o funcionamento do STA ao longo do dia.

Descrição dos pontos de leitura:
EA = Entrada de Água
DFAI = Depois do Filtro de Areia I
DFAII = Depois do Filtro de Areia II
DB = Depois da(s) electrobomba(s) de pressurização
DDI = Depois do Descalcificador I
DDII = Depois do Descalcificador II
DDIII = Depois do Descalcificador III
DFCI = Depois do Filtro de Carvão I
DFCII = Depois do Filtro de Carvão II
ARO = Antes da Osmose Inversa
ROI = Osmose Inversa I
ROII = Osmose Inversa II
ROIII = Osmose Inversa III
BROI = Bomba da Osmose Inversa I
BROII = Bomba da Osmose Inversa II
BROIII = Bomba da Osmose Inversa III
DROI = Depois da Osmose Inversa I
DROII = Depois da Osmose Inversa II
DROIII = Depois da Osmose Inversa III
RROI = Rejeitado da Osmose Inversa I

RROII = Rejeitado da Osmose Inversa II
RROIII = Rejeitado da Osmose Inversa III
Salas = Salas de Tratamento
RAD = Retorno do Anel de Distribuição
DCL = Depósito de Cloro
RAB = Reserva de Água Bruta
RAT = Reserva de Água Tratada
D NaCl = Depósito de Salmoura
D ESP = Depósito de Corrector de Contaminantes
Sala TA = Sala do Tratamento de Água

Nota: Os testes e leituras do STA têm a tendência para serem constantes ao longo do tempo. Esta situação não deve contudo fazer diminuir a nossa atenção nem negligenciar a realização da vigilância do STA.

4.1.2 - Testes para a vigilância diária do STA para hemodiálise

De acordo com o período do dia em que está a ser efectuada a vigilância diária do STA, devem ser realizados os testes e leituras indicados na instrução de trabalho, que incluem verificações, determinações, registos e comparações com os valores de referência indicados.

Os testes a realizar incluem:

Níveis

Verificação, registo e comparação com os valores de referência nos seguintes pontos:

- Depósito de Hipoclorito de Sódio (DCl);
- Reserva de Água Bruta (RAB);
- Reserva de Água Tratada (RAT);
- Cuba de Sal dos Descalcificadores N.° I, II e III (D NaCl);
- Depósitos para Correcção de Contaminantes – quando existirem – (e.g. SiO2 ou Nitratos – D ESP).

Anualmente, devem ser totalmente esvaziados e limpos todos os reservatórios sendo esta operação indicada no referido registo em observações.

Pressões

Verificação, registo e comparação com os valores de referência, com a osmose inversa em funcionamento, nos seguintes pontos:

- Entrada de Água (EA);
- Depois do Filtro de Areia N° I (DFAI);
- Depois do Filtro de Areia N.° II (DFAII);

- Depois do Descalcificador N.º I (DDI);
- Depois das Bombas de Pressurização (DB);
- Depois do Descalcificador N.º II (DDII);
- Depois do Descalcificador N.º III (DDIII);
- Depois do Filtro de Carvão N.º I (DFC I);
- Depois do Filtro de Carvão N.º II (DFC II);
- Antes da(s) Unidade(s) de Osmose Inversa (ARO);
- Bomba da Osmose Inversa N.º I, II e III (BRO I / BRO II/ BROIII);
- Alimentação da Sala(s) de Diálise (Salas).

Caudais

Verificação, registo e comparação com os valores de referência, com a osmose inversa em funcionamento, nos seguintes pontos:

- Permeado da Osmose Inversa N.º I, II e III (DRO I / DRO II / DROIII);
- Rejeitado da Osmose N.º I, II e III (RRO I / RRO II / RRO III).

Temperatura da água

Verificação, registo e comparação com os valores de referência, nos seguintes pontos:

- Antes das Unidades de Osmose Inversa (ARO);
- Retorno(s) do Anel de Distribuição (RAD).

Temperatura e humidade relativa (ambiental)

Verificação, registo e comparação com os valores de referência, através de leitura por termohigrómetro, da sala de tratamento de água (Sala TA).

Cloro residual total

Determinação, registo e comparação com os valores de referência, nos seguintes pontos:

- Entrada de Água (EA);
- Antes do Filtro de Carvão N.º I (AFC I);
- Depois do Filtro de Carvão N.º I (DFC I);
- Depois do Filtro de Carvão N.º II (DFC II);
- Retorno(s) do Anel de Distribuição (RAD).

Dureza total (CaCO3)

Determinação, registo e comparação com os valores de referência, nos seguintes pontos:

- Entrada de Água (EA);
- Depois do Descalcificador N.º I (DDI);
- Depois do Descalcificador N.º II (DDII);
- Depois do Descalcificador N.º III (DDIII);
- Antes da(s) Unidade(s) de Osmose Inversa (ARO).

Condutividade (µS/cm)

Determinação, registo e comparação com os valores de referência, nos seguintes pontos:

- Entrada de Água (EA);
- Antes da(s) Unidade(s) de Osmose Inversa (ARO);
- Depois da Osmose Inversa N.° I, II e III (DRO I/DRO II/DRO III);
- Retorno(s) do Anel de Distribuição (RAD).

pH

Determinação, registo e comparação com os valores de referência, nos seguintes pontos:

- Entrada de Água (EA);
- Antes da(s) Unidade(s) de Osmose Inversa (ARO);
- Depois da Osmose Inversa N.° I, II e III (DRO I/DRO II/DRO III);
- Retorno(s) do Anel de Distribuição (RAD).

Métodos, reagentes e equipamentos de medida

Para a realização da vigilância do STA deverão ser utilizados os métodos, reagentes e equipamentos de medida que garantam maior eficiência e acuidade nas determinações.

A explicação do modo de utilização dos diversos equipamentos, reagentes e instrumentos é habitualmente efectuada através de uma acção de formação específica, devendo estes elementos constar de procedimento/instrução de trabalho.

Qualquer valor fora dos parâmetros indicados no registo, ou uma variação superior a 20% em relação aos valores habitualmente verificados, deve originar de imediato uma acção de alerta.

Em resumo:

a) Os procedimentos, instruções de trabalho e respectivos registos da vigilância do STA deverão estar documentados no sistema de gestão da qualidade;

b) A vigilância diária do sistema de tratamento de água deve ser realizada em três ocasiões:
- Antes do 1° Turno;
- Durante o 1° Turno;
- Durante o Último Turno;

c) Os desvios dos parâmetros indicados, superiores a 20% do valor habitual, devem desencadear acções de alerta.

4.1.3 - Desinfecção do STA

A desinfecção do sistema de tratamento de água deve ser realizada numa das seguintes condições:

a) Por planeamento (ex.: frequência mensal);
b) Por contaminação microbiológica (após verificação dos resultados do controlo laboratorial);
c) Por anomalia mecânica dum equipamento ou circuito de água tratada.

Em qualquer das situações, a desinfecção eficaz do STA é um dos temas mais importantes no âmbito do controlo da qualidade microbiológica em águas e fluidos de diálise. Este tema reveste-se ainda de maior premência com a implementação de novas técnicas dialíticas mais convectivas (ex.: Alto Fluxo e Hemodiafiltração) e pelo facto de serem referidos na bibliografia internacional alguns casos de bacteriemias, septicemias e endotoxemias durante as sessões de diálise, directamente relacionados com contaminações microbiológicas deste tipo de fluidos.

Assim sendo, torna-se imperativo promover mecanismos que garantam não apenas a eficácia das desinfecções realizadas, mas sobretudo que se traduzam numa abordagem preventiva e custo-efectiva.

Este aspecto culminou na necessidade de realizar desinfecções periódicas da(s) unidade(s) de osmose inversa e sistema de distribuição de água tratada incluindo o armazenamento de água tratada, pressurização de água tratada, filtração de segurança e anel de distribuição.

As referidas desinfecções têm por norma uma periodicidade mínima mensal ou, caso se justifique tecnicamente, em intervalos mais curtos.
Estas desinfecções são tipicamente asseguradas por pessoal da Unidade de Diálise, uma vez garantida a sua formação, que deverá utilizar os Equipamentos de Protecção Individual (EPI) adequados.

4.2 - Centrais de distribuição de solutos

As CDS devem ser inspeccionadas visualmente no momento da produção dos concentrados. Qualquer situação estranha, tal como a presença de fugas ou de sinais de oxidação, deve ser reportada.

Deve-se proceder à validação de cada produção efectuada utilizando um registo próprio para esse efeito.

4.3 - Controlo da qualidade da água e fluidos para hemodiálise

Com o objectivo de garantir que a produção de água tratada satisfaz as exigências e recomendações técnicas, bem como os pressupostos legalmente exigidos (Decreto-Lei n.º 505/99, de 20 de Novembro, complementado, em matéria de garantia da qualidade das actividades desenvolvidas nas unidades de diálise, pelo Despacho n.º 14391/2001, de 10 de Julho, que aprovou o Manual de Boas Práticas de Hemodiálise), deverão ser realizadas as seguintes actividades:

- Definição do protocolo laboratorial;
- Elaboração do mapa de colheitas periódicas/extraordinárias e recolha e entrega das mesmas em laboratório de análises devidamente homologado e que cumpra os requisitos técnicos exigíveis;
- Coordenação, com o referido laboratório, indicando as datas de colheita e o tipo de determinações analíticas a realizar e acompanhamento do processo analítico no laboratório;
- Interpretação dos resultados e elaboração de relatório de análises de águas e fluidos de hemodiálise;
- Análise de tendências e processamento estatístico dos resultados.

REFERÊNCIAS BIBLIOGRÁFICAS:

1. Cappelli, G.; Ballestri, M.; Perrone, S.; Ciuffreda, A.; Inguaggiato, P.; Albertazzi, A. - Biofilms invade nephrology: Effects in haemodialysis. Blood Purif, 2000.
2. Cappelli, G. – Water Treatment for Hemodialysis. In Ronco, C.; La Greca, G. – Hemodialysis Technology. Basel: Karger, 2002.
3. Decreto-Lei N.º 505/99, de 20 de Novembro - Aprova o regime de licenciamento e fiscalização do exercício da actividades das unidades de diálise.
4. Despacho N.º 14 391/2001, de 24 de Maio – Manual de Boas Práticas de Hemodiálise.
5. European Best Practice Guidelines. Nephrol Dial Transplant 2002; 17 (suppl 7): 55-59.
6. Flemming, HC. - Biofouling in water systems – cases, causes and countermeasures. Appl Microbiol Biotechnol, 2002.
7. Grassman, A.; Uhlenbusch-Körwer, I.; Bonnie-Schorn, E.; Vienken, J. - Composition and management of hemodialysis fluids. Pabst Science Publishers, 2000.
8. Hoenich, NA.; Ronco, C.; Levin, R. - The importance of water quality and haemodialysis fluid composition. Blood Purif 2006;
9. International Organization for Standardization: Water for Haemodialysis and Related Therapies. ISO 13959: 2009
10. International Organization for Standardization: Quality of dialysis fluid for haemodialysis and related therapies. ISO 11663: 2009.
11. International Organization for Standardization: Concentrates for haemodialysis and related therapies. ISO 13958: 2009.
12. International Organization for Standardization: Water treatment equipment for haemodialysis applications and related therapies. ISO 26722:2009.
13. Klein, E. – Microbial and endotoxin contamination in water and dialysate in the Central United States. Artificial Organs, 1990.
14. Kulander, L. – Occurrence of endotoxin in dialysis fluid from 39 dialysis units. Journal of Hospital Infection, 1993.
15. Laurence, R.A.; Lapierre, S.T. – Quality of hemodialysis water: a 7 year multicenter study. American Journal of Kidney Diseases, 1995.
16. Lonnemann, G. - Should ultra-pure dialysate be mandatory? Nephrol Dial Transplant, 2000.
17. Lucena, R. - Removal of endotoxins from dialysis water by ultrafiltration. Nephrology Dialysis Transplantation, 2002.
18. Lucena, R. – Como optimizar a minha unidade de tratamento de água. XVIII Congresso Português de Nefrologia. Lisboa: CCB, 2004.
19. Rahmati, MA.; Homel, P.; Hoenich, NA. - The role of improved water quality on inflammatory markers in patients undergoing regular dialysis. Int J Artif Organs, 2004.
20. Uhlenbusch-Körwer, I.; Bonnie-Schorn, E.; Grassman, A.; Vienken, J. - Understanding membranes and dialysers. Pabst Science Publishers, 2004.
21. Ward, RA. - Water processing for hemodialysis. Part I: A historical perspective. Semin Dial, 1997.

ACESSOS VASCULARES

CO-AUTORES:

ENF. TELMO FERNANDES DE CARVALHO - Enfermeiro na Clínica NephroCare Lumiar e na Unidade de Cuidados Intensivos do Centro Hospitalar Norte - Hospital Pulido Valente. Licenciatura em Enfermagem e Pós-graduação em Gestão de Serviços de Saúde (INDEG/ISCTE).

DR. PEDRO PONCE - Director Médico Nacional da Fresenius Medical Care. Director na UCI no hospital CUF. Especialista em Nefrologia e em Medicina Intensiva.

ENFª. GIRALDINA LOURENÇO JORGE - Enfermeira na Clínica NephroCare CUF. Licenciatura em Enfermagem.

ENF. LUÍS DROGA VIDEIRA - Enfermeiro na Clínica NephroCare CUF. Licenciatura em Enfermagem.

ENFª. ALEXANDRINA DOS SANTOS
Enfermeira Instrumentista e Circulante no Centro Cirúrgica de Acessos Vasculares NephroCare. Enfermeira Graduada no Centro Regional de Sangue de Lisboa. Licenciatura em Enfermagem e Pós-Graduação em Gestão Estratégica de Eventos.

DR. JOSÉ DE ARAGÃO MORAIS
Cirurgião. Especialista de Angiologia e Cirurgia Vascular.

CAPÍTULO VII - ACESSOS VASCULARES

O acesso à circulação sanguínea é vital em muitos ramos da Medicina. Na maioria dos casos, é apenas necessário um acesso venoso temporário para administração de fluidos e medicamentos ou, mais raramente, um acesso venoso central para alimentação parentérica ou quimioterapia.

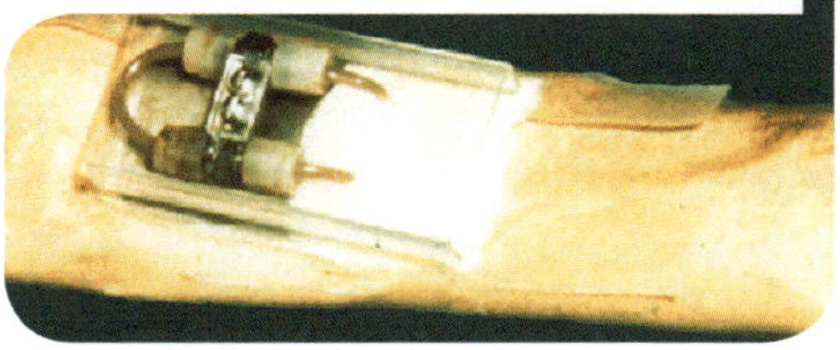

Fig. 1 - *Shunt* de Scribner

No entanto, nos doentes com indicação para hemofiltração, hemodiafiltração e hemodiálise (HD), é necessário a extracção e reinfusão de uma grande quantidade de sangue, com alto débito (mais de 200 ml/ /min) e numa base periódica (3 vezes por semana).

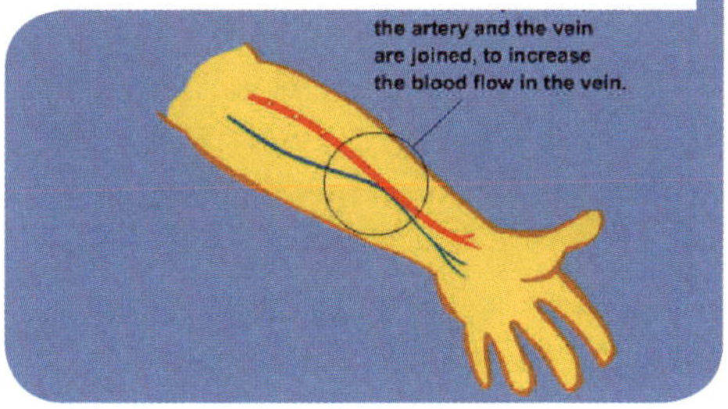

Fig. 2 - Fístula arteriovenosa ao nível do punho

Nesta perspectiva, o acesso à circulação para tratamento dialítico de repetição é um dos aspectos mais importantes da HD crónica em doentes com insuficiência renal crónica terminal (IRCT), até porque as complicações relacionadas com o acesso vascular para hemodiálise (AVH) são responsáveis por 25% dos internamentos e por 50% dos custos hospitalares neste grupo de doentes.

Desde os primórdios da HD que tem sido dificil obter um AVH de fácil construção, prático de usar, durável, livre de complicações e resistente à infecção.

A primeira tentativa data de 1960 com o *shunt* de Scribner (fig.1), de uso externo, ao nível da artéria e veia radial, que rapidamente foi abandonado devido a múltiplas complicações tais como a trombose e a infecção.

Em 1966, foi concebida a fístula arteriovenosa (FAV) localizada no punho, por Brescia e Cimino, através da anastomose directa da artéria radial a uma veia adjacente que, uma vez arterializada, podia ser puncionada em cada sessão de HD (figura 2). A fístula radiocefálica é ainda hoje considerada como o *gold standard* pela eficácia, óptima permeabilidade e poucas complicações.

Infelizmente, muitos doentes não têm uma veia cefálica anatomicamente adequada ou então está trombosada e/ou fibrosada após as múltiplas punções em anteriores intervenções. Nestes casos, tem sido utilizada nos últimos 20 anos a prótese de PTFE (Politetrafluoretileno), com resultados razoáveis mas taxas de permeabilidade muito inferiores às fístulas nativas (15 *versus* 60 meses) e com maior número de complicações.

O principal objectivo do AVH é proporcionar um tratamento eficiente, com conforto para o doente. As veias do membro superior não-dominante são as preferidas seguindo-se o membro superior dominante e os membros inferiores. As veias distais são sempre utilizadas como primeira opção, o que permite dispor de maior comprimento de veia e simultaneamente preservar as veias proximais para futuras intervenções.

O recurso aos meios não-invasivos de avaliação vascular, nomeadamente o eco-Doppler arterial e venoso, veio facilitar a avaliação estratégica pré-operatória e contribuir para o diagnóstico do AVH em falência bem como das suas complicações. Por outro lado, o recurso à angiografia também é frequente, quando subsistem dúvidas após o eco-Doppler, ou como fazendo parte dos procedimentos terapêuticos endovasculares.

O momento ideal para a construção do AVH é definido pelo Nefrologista, com base na evolução da doença, nos valores laboratoriais e tendo em conta o período de maturação do AVH pós-cirurgia.

A cirurgia dos AVH implica uma técnica minuciosa e faz apelo à constante criatividade e sentido de improvisação do cirurgião vascular, nomeadamente quando é necessário resolver as suas complicações. A margem de manobra entre o sucesso e o insucesso é mínima e normalmente devido ao esgotamento do capital vascular do doente, que é obviamente limitado.

As *guidelines* NKF-DOQI (*National Kidney Foundation Dialysis Outcomes Quality Initiative* - 2006) na área dos AVH preconizam a construção preferencial de FAV em detrimento das próteses vasculares, a vigilância e diagnóstico do AVH em falência previamente à trombose e a restrição máxima no uso de cateteres de longa duração.

Os médicos e enfermeiros, bem como os doentes, devem ser formados sobre a necessidade de proteger as veias do membro superior (incluindo a veia subclávia), no qual está localizado o AVH, que não devem ser puncionadas ou cateterizadas, preferindo-se as veias do membro oposto ou, no limite, as veias do dorso da mão do membro com AVH.

Uma equipa multidisciplinar, que inclui nefrologista, cirurgião e enfermeiros da sala de diálise, será responsável pelo ensino dos doentes sobre as particularidades da IRC, opções de acesso vascular e sua vigilância. Idealmente, a coordenação desta equipa deve ficar a cargo de um Enfermeiro coordenador, motivado, pró-activo e conhecedor dos problemas diagnósticos, terapêuticos e psicossociais que envolvem estes doentes. Desta forma, a melhoria na qualidade e continuidade dos cuidados de saúde contribui seguramente para a longevidade do AVH.

1 - TIPOS DE ACESSO VASCULAR

Um dos factores que contribui decisivamente para a eficiência da HD prende-se com o débito sanguíneo utilizado durante o tratamento, que está directamente relacionado com a qualidade do AVH. Assim, um dos primeiros passos para o futuro tratamento dos doentes em IRCT é a construção ou implantação de um AV e sua manutenção.

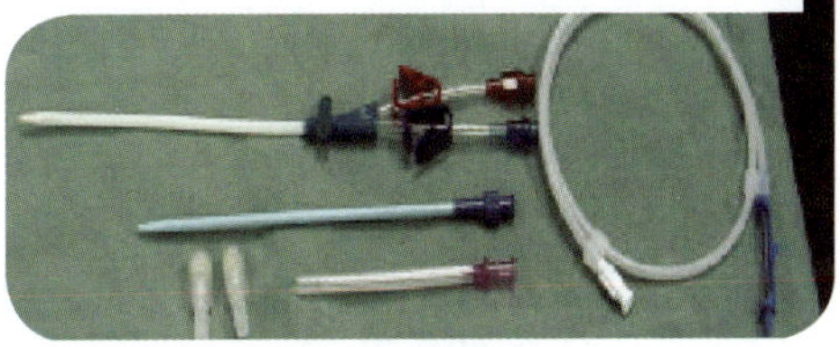

Fig. 3 - Acesso vascular temporário (CVC)

O acesso para hemodiálise pode ser classificado em duas categorias:

- Acesso Vascular Temporário;
- Acesso Vascular Longa Duração.

1.1 - Acesso vascular temporário

O acesso vascular temporário é sinónimo de cateter provisório. Quem decide se o doente vai iniciar tratamento de hemodiálise é o nefrologista. A hemodiálise é praticamente o único recurso quando se impõe a necessidade de tratamento substitutivo renal urgente. Na verdade, devido à implantação percutânea relativamente fácil numa veia central e à segurança que oferece ao doente, os cateteres vasculares centrais vieram dar uma contribuição importante na tratamento dos doentes em insuficiência renal, sendo um cateter venoso central de duplo lúmen um excelente acesso vascular temporário (figura 3). Preferencialmente, a sua colocação deve ser feita na veia jugular interna direita.

1.2 - Acessos vasculares permanentes

Relativamente aos acessos permanentes estes podem ser dos seguintes tipos:

- Cateter venoso central de longa duração;
- Fístula arteriovenosa - FAV;
- Prótese arteriovenosa- prótese de PTFE.

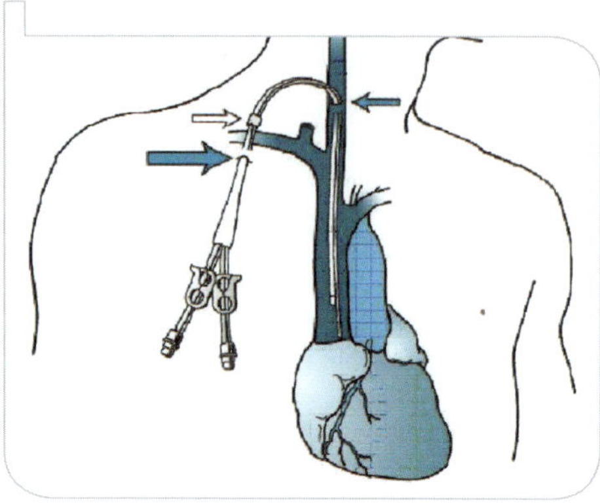

Fig. 4 - Cateter venoso central de longa duração

1.2.1 - Cateter de longa duração

O cateter venoso central de longa duração, fabricado em material biocompatível, com *cuff* em Dacron, é desenhado e desenvolvido para permanecer colocado por longo período de tempo. Os locais de implante mais comuns são por ordem de preferência as veias jugular, subclávia, femoral e, menos frequentemente, a veia cava inferior, por implante percutâneo translombar.

Nos casos específicos em que a FAV ou prótese de PTFE entrou em falência, e os vasos periféricos são inadequados para se tentar uma primeira ou nova construção, o cateter venoso central de longa duração (figura 4) deve ser inserido como acesso permanente, através de um túnel subcutâneo que é criado para assegurar a colocação ideal do cateter, facilitar a sua fixação e ajudar a reduzir a taxa de infecção.

Os CVC de longa duração são colocadas normalmente por nefrologistas.

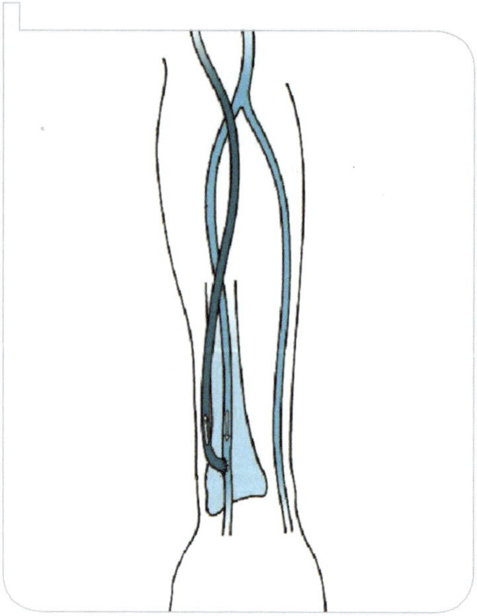

Fig. 5 - Fístula arteriovenosa (FAV)

1.2.2 - FAV

Relativamente à construção da FAV, a escolha de eleição recai na localização rádiocefálica no membro superior não-dominante do doente, obtendo-se um bom frémito em cerca de 80% dos casos (figura 5). Seguem-se, como segunda escolha, as veias superficiais do antebraço proximal ou do braço. Nos membros inferiores, os AVH apresentam uma maior taxa de complicações tais como trombose ou infecção, entre outras, quando comparadas com outras localizações. Deve permitir-se que a FAV sofra um processo de maturação de pelo menos 6 semanas, antes de se tentar efectuar a primeira punção, para permitir algum desenvolvimento da veia.

1.2.2.1 - FAV - Fístula arteriovenosa no antebraço

O melhor acesso vascular para hemodiálise, como já foi referido, é a FAV de Brescia--Cimino, construída ao nível do punho, e que resulta da anastomose entre a artéria radial e a veia cefálica. Em alternativa, existe a FAV na tabaqueira anatómica, que tem a vantagem de disponibilizar maior comprimento de veia puncionável.

1.2.2.2 - FAV – Fístula arteriovenosa na fossa antecubital

Diversas veias podem ser usadas para a construção de uma FAV nesta região, dependendo da anatomia local:

- Anastomose latero-terminal entre a artéria umeral e a veia cefálica;
- Anastomose latero-terminal entre a artéria umeral e a veia perfurante;
- Anastomose latero-lateral entre a artéria umeral e a veia mediana.

A primeira é a mais frequente e a que apresenta melhores resultados de permeabilidade:

- Permite o alto fluxo da FAV;
- Possibilita a punção de qualquer das veias superficiais que drenam a FAV.

1.2.2.3 - Superficialização/transposição da veia basílica no braço

A veia basílica, pela sua posição na face postero–interna do braço, é geralmente poupada a grandes agressões. A veia pode ser dissecada ao longo de toda a sua extensão, sendo depois superficializada ou, em alternativa, transposta para a face anterior do braço num túnel subcutâneo, e anastomosada à artéria umeral.

1.2.2.4 - Ponte de safena

Com baixa probabilidade de sucesso, a veia safena transplantada não resiste bem às alterações histológicas que se seguem ao transplante, nem às punções repetidas necessárias para hemodiálise. Se não for possível usar veias autólogas do membro superior, é preferível optar por uma prótese arteriovenosa.

1.2.3 - Prótese arteriovenosa sintética de PTFE

Se os vasos periféricos não são adequados para a construção de uma FAV, o cirurgião vascular pode decidir implantar um enxerto, entre uma artéria e uma veia, com utilização de material sintético – prótese de PTFE (figura 6).

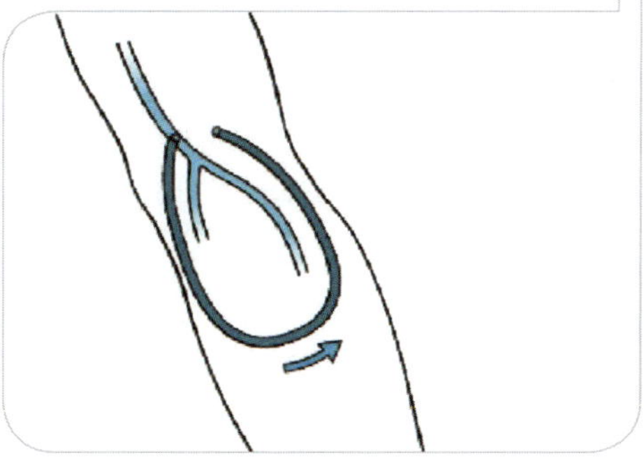

Fig. 6 - Prótese sintética de PTFE

As próteses sintéticas são uma opção razoável, podendo ser configuradas em linha recta ou em ansa. As regiões habitualmente seleccionadas para implantar um enxerto arteriovenoso sintético em território subcutâneo, que vai sofrer punções repetidas, são a região anterior do antebraço e braço, a região anterior da coxa e a parede torácica. Preferencialmente, devem aguardar-se 4 semanas, antes de se iniciar a punção de uma prótese sintética, tempo necessário para se dar a sua incorporação nos tecidos adjacentes.

2 - TÉCNICA DE PUNÇÃO

2.1 - Técnica da punção de acesso vascular arteriovenoso para hemodiálise

Os procedimentos técnicos para punção da FAV e da prótese de PTFE, respeitando as regras de assepsia e as precauções padrão, incluem:

1. Observar e palpar o acesso para avaliar o seu funcionamento e escolher o local da punção com agulha para hemodiálise;
2. Desinfectar a pele com solução antisséptica, deixando actuar de acordo com indicação do fabricante, limpando em seguida com compressa esterilizada, em movimento circular do centro para a periferia;
3. Não voltar a palpar os locais de punção depois de realizada a assepsia da pele;
4. Usar luvas descartáveis e trocá-las, se existir suspeita de contaminação durante o procedimento;
5. Usar novas luvas na abordagem a outro doente, após higienizar as mãos.

PROCEDIMENTO	COMENTÁRIO
• Aplicar ligeira pressão a montante quando o acesso é uma FAV - fístula arteriovenosa. • Escolher a agulha para punção: calibre 14G, 15G, 16G ou 17G. • Após preparação, exercer tracção na pele no sentido oposto à inserção da agulha.	- Facilita a turgência do vaso. - Comprime terminações nervosas entre epiderme e derme, reduzindo a dor. - Permite incisões mais pequenas e menor área de contacto da agulha ao perfurar a superfície da pele. - Agulhas maiores favorecem o fluxo de sangue em acessos com bom débito. - Assegura a estabilidade do vaso ou enxerto ao ser puncionado.
• Abordar a FAV com a agulha, de modo a formar um ângulo de 25 graus e com a prótese PTFE formando um ângulo de 45 graus, tendo em atenção que o limite mínimo recomendado para afastar a agulha arterial da agulha venosa é de 5 cm.	- Ângulos menores aumentam o risco de destruição das estruturas superficiais do acesso; ângulos maiores aumentam o risco de perfuração das estruturas profundas do acesso, pelo bisel da agulha.

PROCEDIMENTO	COMENTÁRIO
• Existem 3 modelos de punção, descritos por *Kronung* (1984): 1 - Punção em escada de corda. 2 - Punção de área. 3 - Punção em casa de botão.	1. Resulta de punções afastadas aproximadamente 2cm ao longo de todo o acesso e que adquirem carácter rotativo de punção para punção. 2. Resulta da utilização regular de 2 áreas de punção, podendo levar à formação de um aneurisma e que adquirem carácter rotativo de punção para punção. 3. Denominada técnica de botoeira, resulta da punção, exclusivamente em FAV, com o bisel para cima, repetindo com exactidão no mesmo ângulo e no mesmo local, em cada sessão, depois de removidas as crostas. Tem sido sugerido que provoca menos aneurismas. Com o tempo, desenvolve-se tecido de cicatrização cilíndrico, que orienta a agulha para a posição certa relativamente ao lúmen do vaso.
• Após a punção, podem adoptar-se 3 métodos, conforme as características do acesso: 1 - Progredir a agulha com o bisel para cima, sem rotação. 2 - Rodar de imediato o bisel da agulha 180 graus e progredir lentamente. 3 - Progredir a agulha até à posição desejada e rodar 180 graus.	- Ter em conta que a manipulação pode causar lesão da íntima do vaso. - Se for necessário rodar o bisel, fixar bem a agulha, efectuar a manobra com as asas de borboleta fixas com adesivo.
• Fixar bem a agulha à superfície da pele no melhor ângulo de inserção. • Proteger com material estéril o local de inserção da agulha.	- Confirmar a orientação da agulha dentro do acesso, na posição desejada, centrada no lúmen do vaso.
• Remover a agulha do acesso no mesmo ângulo ou semelhante ao da inserção, não exercer pressão enquanto a agulha permanecer inserida. Pressionar para hemostase só quando a agulha estiver completamente exteriorizada.	- Evita traumatismo do revestimento interno do acesso e da pele em redor do local de inserção, reduzindo o risco de hematoma e hemorragia.

2.2 - Técnica de manuseamento de cateter venoso central para hemodiálise

Procedimentos:

1. A manipulação para uso do cateter só deve ser efectuada pela equipa de enfermagem da Unidade de Hemodiálise;
2. Abordar o cateter com técnica asséptica cirúrgica, não quebrando regras de segurança individual, durante todo o procedimento;
3. Cada unidade deve possuir um protocolo de conexão e desconexão de cateteres;
4. O penso do cateter deve ser substituído no início de cada tratamento ou segundo protocolo da unidade, no entanto sempre em tempo útil para eventual intervenção terapêutica;

5. O local de inserção percutânea do cateter deve ser examinado antes de efectuar penso seco, em que deve ser realizada assepsia da pele com solução alcoólica de clorhexidina a 2% ou outro antiséptico indicado para o efeito;
6. O ramo arterial e o ramo venoso devem ser protegidos por bolsa auto-adesiva em material de penso.

A preservação do património vascular dos doentes com insuficiência renal crónica estadio V, submetidos a terapêutica hemodialítica de substituição da função renal, constitui hoje uma das principais preocupações da equipa de saúde. Cada elemento da equipa, na sua área específica de actuação, deve utilizar o AV de forma competente, centrado no doente, com a missão de assegurar o tratamento mais eficaz possível, melhorando assim a qualidade de vida dos doentes.

PROCEDIMENTO	COMENTÁRIO
• A equipa de enfermagem é responsável pela manutenção e viabilidade do cateter na sala de hemodiálise. • Usar campo esterilizado para assegurar ambiente estéril no cateter durante o período de tratamento. • Fazer desinfecção dos pontos de conexão do cateter sempre que haja manipulação.	- Efectuar ensino ao doente portador de cateter para prevenção de complicações. - Assegurar que os ramos do cateter são sempre manipulados com assepsia. - Realizar a conexão e desconexão das linhas utilizando máscara cirúrgica. - Nunca deixar as pontas dos ramos do cateter destapadas em contacto com o ar.
• Remover tampas *luer-lock* das pontas do ramo arterial e ramo venoso do cateter. • Adaptar seringa 10cc descartável e fazer refluir sangue, aspirando de cada ramo (uma seringa para cada ramo).	- É prudente aspirar no mínimo 5cc do conteúdo que preenche o lúmen de cada ramo do cateter para assegurar a remoção total, do anticoagulante previamente colocada para garantir permeabilidade do cateter, como de eventuais coágulos formados desde a última sessão de hemodiálise.
• Adaptar seringas, previamente preenchida com soro fisiológico a 0,9%, e injectar para lavar cada ramo do cateter.	- No decorrer deste procedimento, deve alternar-se o procedimento de injectar com o de aspirar. Ao injectar, testa-se a permeabilidade do ramo para o fluxo; ao aspirar, testa-se a permeabilidade do ramo para o refluxo.
• Conectar as linhas ao cateter para tratamento.	- Garantir sessão sem incidentes.
• Procedimento final ao desconectar o doente: - Lavar cada ramo do cateter central com soro fisiológico a 0,9%. Em seguida, preencher com bólus de anticoagulante igual ao volume do lúmen de cada ramo.	- Para manter a permeabilidade do cateter entre sessões de hemodiálise.

3 - VIGILÂNCIA E AVALIAÇÃO DO ACESSO VASCULAR

As complicações dos acessos vasculares constituem uma das causas importantes de morbilidade dos doentes em programa de hemodiálise, sendo responsáveis por uma elevada percentagem no custo do tratamento da doença renal terminal.

Um acesso vascular com bom débito é um pré–requisito essencial para a realização de um tratamento hemodialítico eficaz.

O planeamento atempado na construção do acesso vascular permanente antes do início do programa de hemodiálise é, por isso, essencial. Contudo, em alguns casos, o início do tratamento acontece em situação de urgência, sendo necessário recorrer à colocação de um cateter venoso central de carácter provisório. Esta técnica pode ter como complicações: hemorragia, traumatismo vascular, pneumotórax, disfunção, obstrução, infecção, estenose ou oclusão da veia central.

Uma vez estabelecido o acesso vascular (provisório ou permanente), torna-se necessário definir uma estratégia de vigilância. Este processo deve envolver a equipa médica, de enfermagem, o doente e, se necessário, um familiar de referência. O objectivo é a identificação precoce de problemas relacionados com o acesso vascular, de modo a reduzir a morbilidade associada e promover a sua longevidade e utilização prolongada.

É consensual a ideia de que recai na equipa de enfermagem uma responsabilidade acrescida na organização e execução deste processo de vigilância. A responsabilidade do enfermeiro inclui os períodos de pré-tratamento, tratamento e pós-tratamento.

Na prática clínica do enfermeiro, a concepção do modelo de informação referente à tomada de decisão deve englobar quatro etapas:

- Apreciação inicial;
- Diagnósticos de enfermagem;
- Intervenções de enfermagem;
- Avaliação sistemática dos resultados.

A equipa de enfermagem deve definir, na metodologia orientadora da prática dos cuidados, quais os aspectos particulares do plano de vigilância do acesso vascular, referenciando o doente e/ou familiar neste processo. Este plano deve ser implementado na fase de integração do doente no programa de hemodiálise e realizado de acordo com o tipo de acesso vascular que o doente possui.

Nas fístulas arteriovenosas e nas próteses, a intervenção do enfermeiro deve ser desenvolvida para:

- Orientação e ensino do doente sobre a caracterização e finalidade do acesso vascular;
- Dar a conhecer sinais de alerta das várias complicações;
- Enfatizar a importância da colaboração do doente na preservação do seu acesso vascular.

Outro aspecto fundamental diz respeito à integração do processo de avaliação sistematizado e pró-activo no plano de cuidados de enfermagem, a partir do momento em que o acesso vascular é puncionado pela primeira vez.

É importante referir alguns aspectos/cuidados essenciais na preparação e execução da técnica da punção do acesso:

- Identificar o tipo de acesso;
- Palpar o trajecto de forma a avaliar o frémito e auscultar o sopro de modo a seleccionar o melhor local a puncionar;
- Proceder à desinfecção alargada dos locais a puncionar e utilizar agulhas de calibre adequado;
- Ter presente que este momento se reveste de grande receio e expectativa por parte do doente e de responsabilidade para o enfermeiro. Deste modo, é necessário utilizar uma estratégia comunicacional que evidencie receptividade, disponibilidade e transmita confiança.

No caso do acesso venoso central (cateter temporário ou permanente), a intervenção do enfermeiro deve respeitar a técnica asséptica na manipulação do cateter:

- Avaliar a temperatura corporal no início e depois da sessão dialítica;
- Despistar sinais e sintomas de infecção do local de inserção;
- Verificar a permeabilidade dos ramos (arterial e venoso);
- Informar o doente sobre os cuidados e precauções a ter com este tipo de acesso.

Iniciado o tratamento, e de acordo com os diferentes tipos de acessos, importa que estes sejam avaliados do ponto de vista funcional, devendo o enfermeiro estar particularmente atento à alteração do débito do acesso (diminuição do débito/diminuição da eficácia dialítica).

A avaliação da pressão venosa dinâmica e da pressão arterial pode permitir diagnosticar a presença de possíveis complicações do acesso, em particular a identificação de estenoses venosas e de estenoses arteriovenosas, respectivamente.

O enfermeiro deve estar atento à eventualidade de surgirem outras complicações directas (por exemplo: hematomas, com influência directa no acesso vascular), bem como à monitorização constante dos sinais vitais (pressão arterial e pulso), indicadores importantes na prevenção de algumas complicações indirectas sobre o acesso vascular.

Após a sessão, deve ser dada particular atenção à hemostase, que é realizada com pressão moderada para não comprometer o fluxo sanguíneo do acesso. Todas as hemostases prolongadas, de acordo com o padrão habitual para o doente em avaliação (não havendo alteração de outros padrões prescritos, como a dose de manutenção de anticoagulante), devem ser sujeitas a monitorização do tempo de hemostase, para identificar as possíveis causas.

A estabilidade hemodinâmica do doente no final da sessão reveste-se de uma importância fundamental para a manutenção do bom funcionamento do acesso.

Os resultados da avaliação dos aspectos abordados devem ser registados, actualizados e disponíveis para consulta médica e de enfermagem. Esta informação é fundamental para a tomada de decisão clínica e deve ser utilizada na criação de indicadores de morbilidade.

Deste modo, torna-se necessário passar de um modelo de prestação fragmentada de cuidados (voltado para a doença como episódio isolado) para um modelo que conceba a prestação como uma cadeia de cuidados, uma vez que é desejável que os doentes tenham cuidados apropriados em tempo oportuno e que se obtenham os melhores resultados, o que dificilmente se poderá conseguir apenas através de um somatório de intervenções mais ou menos interligadas.

No plano da responsabilização pessoal, os profissionais, sobretudo os da área da prestação de cuidados, devem orientar tendencialmente o seu trabalho por normas de boa prática (*guidelines*), de forma a dar resposta à necessidade de melhoria contínua no processo de prestação de cuidados e no próprio desempenho. Este é o desafio de mudança na prestação de cuidados de saúde ao doente em insuficiência renal, determinado pela necessidade de dar novas respostas a uma população para quem o progresso tecnológico, biotecnológico e clínico promete maior qualidade de vida e longevidade.

4 - COMPLICAÇÕES DOS ACESSOS

Os doentes com insuficiência renal crónica (IRC) dependem de um acesso vascular (provisório ou definitivo) adequado para a realização de um tratamento eficaz. A qualidade e longevidade do acesso vascular dependem da identificação e resolução precoce das complicações. Estas são responsáveis por cerca de 25% dos internamentos hospitalares neste grupo de doentes, representando a maior causa de morbilidade. As mais frequentes são:

- Trombose;
- Infecção;
- Estenose;
- Síndrome de Roubo;
- Aneurismas e Pseudoaneurismas;
- Hipertensão Venosa;
- Neuropatia Isquémica Monomélica.

Trombose

A prevenção de episódios trombóticos em doentes submetidos a tratamentos dialíticos é realizada de forma empírica, através da administração de anticoagulantes orais ou de anti-agregantes plaquetários, como forma de contrariar os factores de risco. Alguns destes factores incluem:

- Níveis elevados de fibrinogénio;
- Diminuição dos níveis de proteína S ou C;
- Mutação do factor V de Leiden;
- Elevação do hematócrito associada à realização de terapêutica com estimulantes da eritropoietina, não estando ainda comprovada a relação directa entre estes factores e a trombose dos acessos vasculares permanentes.

Esta estratégia exige uma vigilância permanente de sinais e sintomas hemorrágicos. A trombose das FAV ocorre frequentemente em acessos de construção recente (inferior a 1 mês), principalmente devido a defeito técnico cirúrgico ou má qualidade dos vasos.

Nos acessos com duração superior a 3 meses, o processo de formação de trombos ocorre essencialmente como consequência de hipotensões graves (diminuição grave do débito sanguíneo), factores de hipercoagulabilidade e hiperplasia da íntima na anastomose venosa da prótese de PTFE. Em qualquer dos casos, a existência de trombos ao nível do acesso exige revisão cirúrgica imediata. A remoção cirúrgica do trombo e a realização de trombólise, através da administração de fármacos trombolíticos representa a linha de actuação nas próteses PTFE.

A recorrência de episódios de trombose deve alertar a equipa de saúde para a necessidade de efectuar um diagnóstico sobre a causa que leva a esta situação e planear precocemente a intervenção terapêutica a realizar, que pode incluir a programação da construção de um acesso alternativo.

Infecção

O processo infeccioso do acesso vascular pode ser identificado pela presença de sinais inflamatórios como a elevação da temperatura local, rubor, edema, dor, febre e exsudado purulento. A principal etiologia é a deficiente assepsia/higiene no manuseamento dos acessos vasculares. Na infecção dos acessos com prótese ou cateter venoso central, o microrganismo mais frequentemente envolvido é o *Staphylococcus aureus*.

Mais de 30% dos doentes com insuficiência renal crónica iniciam o tratamento por cateter e, nestes casos, a infecção é a complicação mais frequente, levando muitas vezes à perda do acesso. A evolução para sépsis ocorre em cerca de 10% dos casos, diagnosticados através de hemoculturas quantitativas, com isolamento do mesmo microrganismo num dos ramos do cateter. A prevenção é feita através de:

- Respeito da assépsia em todos os procedimentos;
- Construção precoce de um acesso permanente (FAV ou prótese);
- Vigilância e despiste precoce de sinais e sintomas de infecção.

Nas próteses, FAV's e cateteres centrais é fundamental a promoção dos cuidados adequados de higiene e assepsia na prevenção da infecção.

Estenose

A estenose de um acesso vascular provoca uma diminuição significativa do seu débito sanguíneo, com consequente diminuição da eficácia do tratamento dialítico e aumento do risco de trombose do acesso.

A etiologia das estenoses é diferente consoante se trata de uma prótese de PTFE ou uma FAV. Nas próteses de PTFE, a hiperplasia da íntima na anastomose venosa é o factor mais comum de desenvolvimento de estenoses. Nas FAV, estes factores são mais numerosos, incluindo a fibrose (resultante de punções frequentes no mesmo local), o desenvolvimento de abcessos e pseudoaneurismas, o fluxo em turbilhão provocado por agulhas de lúmen reduzido (aumento da pressão de entrada de sangue proveniente do circuito extracorporal no acesso).

Os sinais clínicos que podem traduzir a presença de estenose incluem: coagulação do circuito extracorporal (CEC) mais de duas vezes por mês, dificuldade na punção do acesso, dificuldade na hemostase, edema do membro onde se localiza o acesso e diminuição do Kt/V. As características do acesso (pulso, frémito e deformações anatómicas) devem ser frequentemente avaliadas numa perspectiva de despiste precoce de estenoses. A perda de frémito contínuo e a consequente instalação de pulso traduz geralmente compromisso circulatório ao nível do acesso. O débito sanguíneo por minuto e o risco de trombose associado à diminuição do débito são diferentes consoante o tipo de acesso: nas FAV com débito médio sanguíneo entre 500 a 800 ml/min, o risco de aparecimento de coágulos acentua-se quando os débitos são inferiores a 200 ml/min. Nas próteses de PTFE, o risco aumenta para débitos entre 600 a 800 ml/min, uma vez que o débito médio neste tipo de acessos se situa na ordem dos 1.000 a 3.000 ml/min.

A avaliação do fluxo sanguíneo no acesso vascular pode ser realizada de forma directa ou indirecta: os métodos de diluição (térmica, solução salina ou solução contraste) e a monitorização da circulação extracorporal são métodos de avaliação directa. A avaliação indirecta do débito sanguíneo do acesso está directamente relacionada com a sua pressão interna e a relação inversa com a pressão arterial média (P_{IA}/PAM). Este indicador é o mais adequado para a avaliação do fluxo no caso das próteses de PTFE. Os valores de P_{IA} superiores a 50% da PAM são reveladores de compromisso circulatório. A monitorização da pressão venosa (PV) também representa um indicador indirecto. Pode ser avaliada do ponto de vista estático (pressão da câmara venosa do CEC), em que o aumento do seu valor pode ser indicador de situações de estenose. A avaliação dinâmica da PV é realizada através da monitorização das pressões intradialíticas. Este processo revela lacunas motivadas por resistência ao diâmetro das agulhas utilizadas, fenómenos de recirculação provocados por métodos incorrectos de punção – proximidade entre os dois locais de punção e utilização inversa. A recirculação pode ser um indicador da diminuição do fluxo sanguíneo, sendo avaliada por exemplo através de um módulo existente nas máquinas Fresenius, modelo 5008, denominado *Blood Temperature Monitor* (BTM), cujo modo de funcionamento tem por base as diferenças térmicas. O eco-Doppler, a flebografia e a angio-ressonância magnética fornecem, de uma forma não invasiva, padrões que traduzem o débito sanguíneo do acesso e a localização de estenoses e aneurismas. As intervenções endovasculares como a angioplastia transluminal percutânea (PTCA), ou a intervenção cirúrgica no local da estenose estão indicados no caso de compromissos circulatórios superiores a 50%, associados a irregularidades físicas no trajecto do acesso, episódios recorrentes de trombose, diminuição do fluxo sanguíneo e elevação da pressão estática. Torna-se hoje fundamental a vigilância imediata do débito do acesso após a intervenção, cirúrgica ou endovascular.

Isquémia para Síndrome de roubo

A síndrome de roubo sintomática está relacionada com a hipoperfusão a jusante do acesso vascular, verificando-se uma maior incidência em indivíduos idosos, com predomínio em doentes do sexo feminino. A diabetes e a insuficiência vascular periférica são factores que predispõem a esta síndrome.

As lesões obstrutivas aumentam a resistência distal, com a consequente diminuição da pressão, potenciando o desvio de sangue do *shunt* vascular pela via de menor resistência, provocando um aumento do fenómeno de "roubo". Esta complicação é grave, embora pouco frequente, podendo mesmo levar à amputação do membro, se não existir uma vigilância do acesso que atempadamente detecte o problema e leve ao seu encaminhamento. A incidência deste síndrome aumenta nos acessos de construção proximal.

Os sintomas incluem:

- Dor em repouso que se torna mais intensa durante as sessões de hemodiálise;
- Arrefecimento e cianose da extremidade do membro;
- Lesão trófica, podendo evoluir para úlcera necrótica.

O diagnóstico diferencial através de angiografia pode evitar o encerramento do acesso. O tratamento tem como objectivo a resolução do fenómeno isquémico e manutenção do acesso com recurso às seguintes técnicas:

- **Bandagem ou plicatura (técnica de *banding*)** através de um segmento de PTFE, ou com a realização de uma sutura longitudinal na veia logo após a anastomose arterial, com o objectivo de reduzir o seu diâmetro em 20 a 25%.
- **Técnica de *Distal Revascularization Interval Ligation* (DRIL)** que se trata de uma técnica de revascularização distal com laqueação da artéria a jusante da anastomose arterial. A técnica de DRIL é hoje o tratamento de eleição para a resolução da síndrome de roubo sintomática.
- **Laqueação do acesso**, que elimina imediatamente a sintomatologia. É apenas utilizada quando as anteriores técnicas são ineficazes ou quando exista doença arterial periférica grave, geralmente relacionada com diabetes, evitando a necrose dos dedos e eventual amputação.

Após a intervenção cirúrgica, deve ser implementado um programa de reabilitação para a reparação funcional da atrofia muscular e das complicações neurológicas resultantes da isquemia provocada pela síndrome de roubo.

Aneurisma e pseudo-aneurisma

O aneurisma caracteriza-se por uma dilatação segmentar de um vaso sanguíneo envolvendo toda a parede vascular, desenvolvendo-se frequentemente em artérias ou veias "arterializadas" para hemodiálise. Os pseudo-aneurismas são dilatações vasculares constituídas por um hematoma cavitado, cuja parede é constituída por tecido fibroso dos tecidos circundantes, surgindo com frequência nas próteses de PTFE.

Hipertensão venosa

É uma complicação resultante da estenose no território de drenagem do acesso. Pode ser periférica ou central (que é o mais habitual).

A estenose central é uma complicação dos cateteres centrais (25%) com mais de 15 dias de permanência, para a qual todos os profissionais devem estar alertados. Logo que o membro comece a edemaciar, o doente deve fazer uma flebografia para localização da estenose.

O tratamento é a dilatação com ou sem colocação de *stent* ou *bypass* cirúrgico. Não se deve esperar pela celulite (inflamação/infecção) do membro para iniciar o tratamento.

Neuropatia isquémica monomélica

Trata-se de uma entidade rara, que só surge em doentes diabéticos com acesso proximal. É mais frequente no sexo feminino e é altamente incapacitante. O sintoma principal é a dor intensa no pós-operatório. O quadro de paresia da mão, uma vez estabelecido, (>24 horas) não é recuperável. Deste modo, o diagnóstico precoce com a laqueação do acesso nas primeiras 6-12 horas é fundamental. Todo o doente diabético deve ser alertado para esta complicação e os profissionais de saúde que lidam com estes doentes devem estar sensibilizados para o encaminhamento precoce do doente para o cirurgião, para avaliação/laqueação do acesso.

5 - ANGIOGRAFIA DE INTERVENÇÃO NO DIAGNÓSTICO E TERAPÊUTICA DA MÁ FUNÇÃO DO ACESSO VASCULAR

O AVH é actualmente o principal problema da terapêutica dialítica. A vida média de uma prótese de PTFE construída de novo é inferior a 6 meses, chegando apenas aos 2 anos no caso da FAV e os problemas relacionados com a sua má função são a principal causa de internamento dos doentes, associada a um custo económico e um consumo de recursos muito elevados.

Vigilância do acesso

Sendo consensual que é necessário estar atento a sinais precoces de má função do acesso e intervir preventivamente para evitar a falência (trombose) do AVH, evitando assim a implantação de cateteres centrais ou perda de tratamentos, não está ainda esclarecido qual é a técnica preferida de monitorização, ou a melhor resposta terapêutica. Presentemente, consideramos como sinais de alarme na observação do AVH:

- Baixa do débito do acesso, que pode ser medida utilizando o módulo BTM;
- Pressões venosas elevadas (>150 mmHg, medidas com o débito de sangue a 200 ml/min e agulhas 15G);
- Aumento da recirculação;
- Edema progressivo do membro;
- Dor no acesso durante a diálise;
- Hemostases muito prolongadas;
- Perda de frémito contínuo do acesso, que fica pulsátil.

Nas unidades que utilizem regularmente medições do débito do acesso pelo módulo BTM, considerada como a técnica de vigilância de AVHs mais aceitável, deve usar-se como sinal de alarme para encaminhamento para angiografia:

- Débito <600 ml/min na prótese de PTFE ou 200 ml/min na FAV;
- Uma diminuição superior a 25% do débito em 2 medições mensais consecutivas.

Devido ao maior número de complicações e falência das próteses de PTFE, as unidades devem concentrar os seus esforços de vigilância do AV nos doentes com próteses.

- Indicações para angiografia

A angiografia de intervenção permite estabelecer o diagnóstico da causa da má função do AVH e tentar proceder de imediato à sua correcção por via endovascular. As alterações mais frequentemente encontradas na angiografia incluem:

1. Estenose do trajecto do acesso;
2. Estenose da artéria que alimenta o acesso;
3. Estenose ou oclusão total do território venoso central de drenagem do membro do acesso;
4. Trombose do acesso;
5. Aneurisma ou ruptura do acesso.

As indicações mais pertinentes para intervenção endovascular incluem:

1. Trombose do acesso (em pelo menos 95% dos casos, é detectada uma ou mais estenoses próximo da anastomose arteriovenosa na FAV, ou à volta da anastomose venosa na prótese de PTFE);
2. Edema do membro do acesso, em geral por estenose nas veias centrais;
3. Falta de débito do acesso para o circuito, com consequente inadequação de diálise;
4. Pressão elevada na prótese de PTFE, quase sempre por estenose peri-anastomose venosa;
5. Dor no acesso durante o tratamento.

- Técnicas

O conjunto de técnicas realizadas regularmente na sala de angiografia engloba:

- Angioplastia transluminal percutânea em que se identifica a presença de estenose, para dilatação do vaso, com cateter de balão;
- Trombólise fármaco-mecânica, em que são utilizados medicamentos trombolíticos associados à técnica de angioplastia percutânea;
- Colocação de *stents* auto-expansíveis, centrais e periféricos, em estenoses que recidivam, que não se conseguem dilatar com balão, ou nas rupturas de próteses de PTFE;
- Colocação de cateteres tunelizados em vasos considerados difíceis de cateterizar, sem visão radioscópica.

- Recomendações gerais de prevenção

- Deve realizar-se monitorização regular da função do AV, de preferência medindo o seu débito;
- Na suspeita de estenose do acesso, deve intervir-se preventivamente por via percutânea (angiografia);
- A trombose do AV deve ser tratada de imediato, por cirurgia ou através de angiografia, consoante a disponibilidade, a experiência e os resultados de cada centro.

REFERÊNCIAS BIBLIOGRÁFICAS:

- THOMAS, Nicola - *Renal Nursing.* 2ª Edição, Edimburgo: Baillière Tindall, 2002.
- DAUGIRDAS, John T. – *Handbook of Dialysis.* 4ª Edição, Lippincott Williams & Wilkins.
- WILSON, S. – *Vascular Access: principles and pratice.* 3ª Edição, Mosby, 1996.

REFERÊNCIAS WEB:

- KDOQI – Access Guidelines 2005-2006: http://www.Kidney.org
- SBACV – Revista 1992-2001: http://www.sbacvrj.com.br

MÁQUINAS DE HEMODIÁLISE

CO-AUTORES:

ENF. PAULO MARQUES BATISTA - Enfermeiro na Clínica NephroCare Braga. Enfermeiro especialista em saúde Materna e Obstétrica no Hospital de Braga. Pós-graduação em Gestão e Direcção de Serviços de Saúde pela FEP.

ENF. ALFREDO BARROSO PEIXOTO - Enfermeiro-Chefe Adjunto na Clínica NephroCare Braga. Membro da AESOP e formador na área da Saúde no Trabalho e Primeiros Socorros.

ENF. IVO DIAS RIBEIRO - Enfermeiro na Clínica NephroCare Braga e no Serviço de Urgência do Centro Hospitalar do Médio Ave. Formação em cuidados Intensivos pelo IFE e em suporte avançado de vida pelo American Heart Association.

ENFª. MARIA MANUELA FONSECA - Enfermeira-Chefe na Clínica NephroCare Fafe. Pós-Graduação em Enfermagem de Emergência e Pós-Graduação em Gestão de Serviços de Saúde.

ENFª. MARIA MADALENA LOUREIRO GONÇALVES - Enfermeira-Chefe Adjunta na Clínica NephroCare Fafe. Pós-Graduação em Gestão dos Serviços de Saúde.

Com participação especial do Eng. Sérgio Neto e Engª. Joana Neves

CAPÍTULO VIII - MÁQUINAS DE HEMODIÁLISE

As máquinas de hemodiálise permitem efectuar de forma automática a remoção de toxinas, electrólitos e excesso de líquido no sangue. Através de um circuito extracorporal, o sangue do doente é submetido a um processo de filtração através de uma membrana semipermeável e submetido a processos de ultrafiltração, difusão e convecção quando em contacto com o dialisante através de uma membrana semipermeável, por processos difusivos ou convectivos. As máquinas de hemodiálise são usados em ambiente hospitalar, clínicas ou no domicílio, em doentes com insuficiência renal crónica ou aguda que necessitam de substituição da função renal.

1 - EVOLUÇÃO DAS MÁQUINAS DE HEMODIÁLISE

A utilização de um sistema extracorporal de tubos semipermeáveis para trocas de substâncias por difusão foi descrita experimentalmente em 1913 por John J. Abel. O aparelho consistia num conjunto de tubos de colódio inseridos numa cápsula de vidro semelhante aos dialisadores capilares dos nossos dias. O processo envolvia a retirada fraccionada de um determinado volume de sangue, expondo-o a uma solução de diálise e posteriormente efectuava o seu retorno. Em 1926, foi efectuado na Alemanha o primeiro tratamento de diálise em seres humanos, por Georg Hass.

Em 1940, na Holanda, foi construída a primeira máquina de diálise para uso clínico, usando um longo tubo de celofane enrolado helicoidalmente sobre um cilindro de madeira, para onde o sangue era impulsionado por gravidade e pela rotação do cilindro. O banho de diálise estava estagnado no depósito que envolvia parcialmente o cilindro, sendo mudado periodicamente quando saturado. Esta primeira máquina de diálise construída por Willem Kolff, foi aperfeiçoada em diversos países da Europa e nos EUA até se tornar num equipamento de hemodiálise clinicamente utilizável e comercialmente disponível. A partir de 1960, assistiu-se a um permanente aperfeiçoamento técnico das máquinas de hemodiálise, aumentando a fiabilidade e automatização das mesmas.

2 - FUNÇÕES BÁSICAS DA MÁQUINA DE HEMODIÁLISE

2.1 - Produção e processamento do dialisante

As máquinas de hemodiálise integram um circuito hidráulico que efectua automaticamente a preparação do dialisante a partir de concentrados ácidos e de bicarbonato, disponibilizando ainda uma ampla gama de concentrações de sódio e de percentagem de bicarbonato.

De modo a assegurar a correcta concentração de electrólitos, a condutividade do dialisante é permanentemente monitorizada dentro de intervalos pré-definidos. Uma célula de condutividade localizada no circuito de dialisante assegura a correcta concentração ácido/base.

O sistema hidráulico das máquinas de hemodiálise controla ainda a temperatura do dialisante, permitindo o controlo da temperatura do doente. A presença de ar no dialisante provoca uma redução da área efectiva dos dialisadores e interfere com o sistema de balanceamento do controlo da ultrafiltração. Neste sentido, durante a preparação do dialisante, é efectuada a desgaseificação do mesmo. Após a preparação, o dialisante chega ao dialisador pela conexão dos adaptadores do circuito dialisante aos conectores do dialisador.

2.2 - Remoção de fluido do doente através de ultrafiltração controlada

A utilização de dialisadores de elevada permeabilidade obriga a utilizar máquinas com ultrafiltração controlada. A remoção de fluido do doente é influenciada pela pressão transmembranária (PTM), débito e volume de sangue e é controlada pela PTM e pela taxa de ultrafiltração específica de cada dialisador. Simultaneamente, o sistema de balanceamento volumétrico assegura que o volume de fluido fornecido ao dialisador é igual ao que é removido. A taxa de ultrafiltração é ajustada de acordo com a prescrição clínica. Após cada tratamento, é efectuada uma lavagem térmica ou desinfecção química do circuito hidráulico, de forma a garantir as condições adequadas para a execução do próximo tratamento.

2.3 - Controlo e monitorização do efluente

Após a passagem do dialisante pelo dialisador, é efectuada a monitorização da presença de sangue no dialisante através de um sensor óptico, de modo a identificar uma eventual fuga de sangue no dialisador. É efectuada igualmente a desgaseificação do circuito secundário do dialisante.

2.4-Controlo e processamento do circuito extracorporal

No processamento do sangue no circuito extracorporal é efectuado por controlo volumétrico utilizando uma bomba rotativa de roletos. Simultaneamente, é efectuado o controlo da perfusão de anticoagulante, a monitorização das pressões (arterial, venosa e PTM) e da eventual presença de ar no circuito extracorporal.

3 - ESTRUTURA E COMPONENTES DA MÁQUINA DE HEMODIÁLISE

As máquinas de hemodiálise são constituídos por três elementos principais:

- Interface do utilizador;
- Circuito extracorporal;
- Circuito de dialisante.

3.1 - Interface do utilizador

O interface do utilizador engloba todos os sistemas de afixação de informação e interacção entre o utilizador e a máquina de hemodiálise, permitindo o controlo e monitorização das funções do mesmo. Nas máquinas mais recentes, a tendência passa por centralizar o interface num único ecrã táctil, conjugando simultaneamente informação e controlo.

3.2 - Circuito extracorporal

O circuito extracorporal é constituído por diferentes componentes de processamento e controlo do sangue que se encontra fora do doente:

Bomba de sangue

Bomba de sangue de roletos por oclusão, permitindo o ajuste do débito efectivo de sangue.

Máquina de pressão arterial e venosa

Monitorização permanente da pressão do acesso arterial e venoso, associado a limites de alarmes ópticos e acústicos.

Detector óptico

Detector óptico por infravermelhos, monitorizando a presença de sangue no circuito extracorporal, para controlo efectivo do tratamento.

Detector de ar

Sensor ultrassónico integrado na câmara venosa; tem por função a detecção de bolhas de ar ou a diminuição do nível de sangue na ampola venosa, reduzindo o risco de administração de ar ao doente.

Bomba de heparina

A bomba perfusora de seringa integrada na máquina de hemodiálise permite a infusão de anticoagulante de acordo com o débito programado.

***Clamps* arterial e venoso**

Os *clamps* arterial e venoso isolam o doente da máquina, nomeadamente em caso de alarme, *clampando* as respectivas linhas.

3.3-Circuito de dialisante

O circuito de dialisante é constituído por diferentes elementos. Externamente, engloba os conectores/adaptadores para os concentrados ácidos e bicarbonato, assim como adaptadores do dialisante ao filtro.

As máquinas de hemodiálise admitem simultaneamente a utilização de concentrados de bicarbonato (ex.: Bibag®) em pó ou sob a forma líquida, em bidon. O circuito de dialisante permite um ajuste do respectivo débito (na máquina 5008, a variação de débito de dialisante pode ser ajustada entre 100 e 1.000 ml/min).

4 - MÓDULOS OPCIONAIS

Para além dos componentes básicos comuns a todos as máquinas de diálise, estão disponíveis cada vez mais opções específicas que aumentam a segurança e adequação dos tratamentos, bem como o bem-estar e qualidade de vida dos doentes.

Monitor de *clearance online*

O monitor de *clearance online* (OCM®) permite a determinação *online* da *clearance* efectiva da ureia. Fornece o indicador da dose de diálise Kt/V assim como a concentração de sódio plasmático no doente. A leitura da *clearance* da ureia e do Na plasmático é determinada por variação da condutividade do dialisante, pré e pós dialisador.

Unipunção

O módulo unipunção é constituído por uma bomba de sangue adicional e permite efectuar o tratamento com apenas uma única via de acesso ao doente. O controlo do ciclo de unipunção é efectuado por pressão/pressão ou volume de sangue por ciclo.

Monitor de pressão sanguínea
O monitor de pressão sanguínea (BPM) permite efectuar a leitura não invasiva da pressão sistólica, diastólica, MAP e pulso.

As leituras podem ser efectuadas isoladamente ou programadas em intervalos de tempo regulares permitindo a definição de limites de alarmes individuais.

Monitor de temperatura corporal
O monitor de temperatura corporal (BTM) monitoriza os ganhos e perdas de calor durante a diálise. Permite controlar a temperatura do sangue do doente assim como medir a taxa de recirculação de forma automática e não invasiva pelo método de termodiluição. A temperatura do dialisante é ajustada de forma a manter a temperatura do doente dentro de limites pré-estabelecidos, contribuindo para uma maior estabilidade hemodinâmica.

Monitor de volume sanguíneo
O monitor de volume sanguíneo (BVM) permite a leitura da variação do volume de sangue relativo ao longo do tratamento. Para além disso, fornece ainda os valores do hematócrito e da hemoglobina durante o tratamento. Este módulo contribui para a avaliação do peso seco e, consequentemente, para a diminuição da frequência de hipotensões durante o tratamento. Uma nova variante com a função *biofeedback* permite o controlo da taxa de ultrafiltração em função da variação do volume sanguíneo, assegurando uma remoção de fluidos mais eficaz, com menos episódios de hipotensão.

5 - A ÚLTIMA GERAÇÃO - NOVAS PERSPECTIVAS

Os sistemas de diálise mais recentes proporcionam simultaneamente uma maior versatilidade terapêutica e optimização dos tratamentos, assim como uma redução dos custos de tratamento.

Tomando como exemplo o novo sistema de hemodiálise da Fresenius Medical Care, sistema 5008, são descritas em seguida diversas funcionalidades que proporcionam um conjunto de vantagens terapêuticas associadas a benefícios económicos e ambientais.

Sistema para hemodiafiltração e hemofiltração *online*
O sistema *ONLINEplus®* permite efectuar tratamentos convectivos *online*, nomeadamente hemodiafiltração (em pré e pós-diluição). A solução de substituição é produzida por ultrafiltração do dialisante, através de duplo filtro *DiASAFEplus®*.

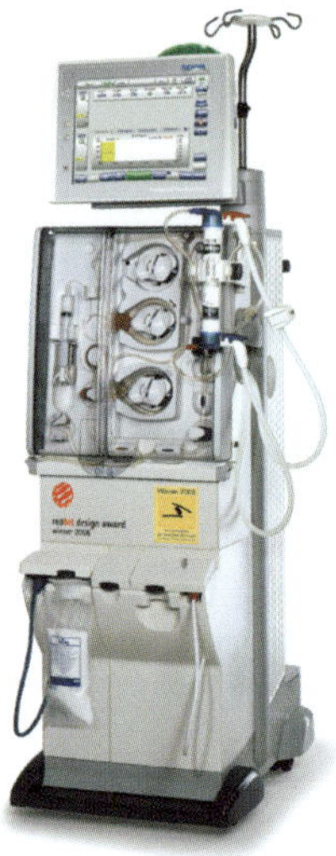

Fig. 1 - Máquina de diálise de última geração, Sistema Terapêutico 5008

Deste modo, evita-se a utilização de soro fisiológico adicional e o incómodo da substituição permanente dos sacos.

Função auto-fluxo

Permite a adaptação automática do fluxo do dialisante em função do fluxo de sangue efectivo, proporcionando uma optimização da *clearance* associada ao consumo adequado de dialisante, evitando-se o desperdício do mesmo.

Função eco-fluxo

Durante a fase de preparação, *standby* ou reinfusão, o fluxo de dialisante é ajustado automaticamente para um consumo mínimo (100 ml/min), permitindo uma redução dos consumos de bicarbonato, água e energia eléctrica.

Preenchimento *online*/bólus *online*

Permite efectuar o preenchimento e lavagem do circuito extracorporal usando o dialisante preparado pelo monitor, prescindindo da utilização adicional de soro fisiológico.

Substituição *online*

Permite efectuar técnicas convectivas utilizando o próprio dialisante como solução de substituição. É possível efectuar igualmente o ajuste automático da taxa de substituição em função do débito de sangue e do tipo de dialisador utilizado.

Gestão da informação

Os equipamentos actuais permitem a gestão informática dos parâmetros de tratamento e monitorização, com ligação a base de dados. Os modelos mais avançados permitem inclusive uma interacção *online*, funcionando como terminais de uma rede informática. A optimização conseguida através destes sistemas permite a rentabilização e o aumento da produtividade das equipas clínicas.

REFERÊNCIAS WEB:

- http://adrnp-sede.org.pt/museu.html
- http://www.fresenius-medical-care.pt/servicos/at_assistencia.html
- http://pt.wikipedia.org/wiki/hwmodi%C3%Allise

CIRCUITO EXTRACORPORAL

CO-AUTORES:

ENF. JORGE ANTUNES - Enfermeiro-Chefe na Clínica NephroCare Grândola.

ENF. NUNO COLAÇO DO CABO - Enfermeiro na Clínica NephroCare Grândola e nos Cuidados Intensivos no Hospital do Litoral Alentejano.

ENFª. LUÍSA DE ALMEIDA HILÁRIO - Enfermeira na Clínica NephroCare Grândola e na Unidade de Cuidados Pós-anestésicos no Hospital de Setúbal.

ENFª. MARIA DE FÁTIMA MORENO - Enfermeira na Clínica NephroCare Grândola.

CAPÍTULO IX - CIRCUITO EXTRACORPORAL

O circuito extracorporal (CEC) engloba uma série de componentes que permitem que o sangue do doente, ao circular nele, possa ser submetido a processos físicos ao nível do dialisador, de acordo com o tipo de tratamento prescrito pelo nefrologista.

Este circuito extracorporal deve apresentar algumas características que lhe confiram total segurança e fiabilidade, nomeadamente:

- Tem de ser estéril, sendo para isso submetido a rigorosos procedimentos de esterilização e embalagem. Os métodos de esterilização têm vindo a sofrer alterações ao longo dos tempos, de forma a conferir ao material maior qualidade com menor impacto, quer ao nível do doente quer ao nível ambiental. A esterilização com óxido de etileno tem vindo a ser substituída por outros métodos (radiação, autoclavagem e vapor), uma vez que este produto é responsável por alterações no sistema imune que podem levar, por exemplo, a reacções alérgicas.

- Tem de ser estanque, de forma a garantir que o sangue que nele circula não se perde para o exterior e para que não exista a possibilidade de contaminação microbiológica.

- Tem de ser biocompatível; para isso, os materiais de fabrico do circuito extracorporal são derivados sintéticos, que evitam a activação do sistema imune e a coagulação. O próprio *design* dos componentes do circuito extracorporal permite melhorar o desempenho e a eficiência.

No desenvolvimento deste capítulo, a descrição dos diversos aspectos do CEC baseia-se no novo Sistema Terapêutico 5008, embora o equivalente para a antiga máquina 4008 seja globalmente similar.

O Sistema Terapêutico 5008, destaca-se no universo de equipamentos que fazem substituição da função renal pelo facto de ter a filosofia *online* de série. Esta filosofia tem por base a preparação pela máquina de solução com qualidade ultra pura, e dentro dos parâmetros de exigência microbiológica, que substitui o uso de soro fisiológico. Também do ponto de vista da integridade e disposição do CEC ganham relativamente a outras máquinas e por ser mais simples e fácil realizar técnicas dialíticas diferenciadas, como a hemodiafiltração (HDF).

1 - COMPONENTES DO CIRCUITO EXTRACORPORAL

O circuito extracorporal é constituído por 5 elementos que permitem, entre si, que o sangue circule fora do corpo do doente, levando-o a passar no dialisador e fazendo-o regressar novamente ao doente, podendo dessa forma ser submetido a processos físicos (ex.: difusão, convecção), de acordo com o tipo de tratamento prescrito:

- Agulha arterial (ou ramo arterial do AV);
- Linha arterial;
- Dialisador;
- Linha venosa;
- Agulha venosa (ou ramo venoso do AV).

Estes elementos formam entre si um circuito que impede que o sangue não dialisado se misture com o sangue dialisado, à semelhança do que acontece no sistema circulatório (o sangue que é bombeado pelo coração é conduzido pelas artérias e o sangue que a ele chega é conduzido pelas veias). No método de substituição renal (ex.: hemodiálise, hemodiafiltração, hemofiltração), o sangue que sai do doente é conduzido pelo circuito arterial (sangue que ainda não foi submetido a processos físicos) e depois do dialisador até ao doente segue pelo circuito venoso (sangue que já foi dialisado).

Os cinco elementos que constituem o circuito têm a seguinte disposição: agulha/ramo arterial, linha arterial, dialisador, linha venosa e agulha/ramo venosa.

1.1. Agulha arterial e agulha venosa

As agulhas para abordagem do acesso vascular são o elo crucial entre o doente e a máquina de diálise. Por esta razão, todas as agulhas têm de obedecer a um conjunto de requisitos que vão desde a qualidade à segurança, não esquecendo aspectos de conforto, tanto na perspectiva do utilizador, como do doente:

- Perfeita geometria da incisão;
- Calibre codificado por cores;
- Geometria de fluxo optimizada;
- Biocompatibilidade;
- Elevada qualidade do produto.

Existem alguns aspectos importantes que optimizam o seu uso:

Back eye – Na agulha arterial o orifício existente na porção anterior da agulha tem por finalidade facilitar a sucção de sangue pela bomba de sangue e principalmente prevenir o efeito de "sucção" da parede vascular pela agulha. A presença de *back eye* é também importante na agulha venosa, pois em alguns casos, diminui a resistência de entrada do sangue, baixando a pressão venosa.

Fig. 1 - *Black Eye (Bionic)*

Bisel – O corte é biselado e atraumático, o que permite minimizar a dor da punção e preservar os vasos sanguíneos.

Asa giratória – Facilita o reposicionamento da agulha, quando necessário, sem que seja necessário retirar as tiras de fixação da agulha ao doente.

No caso do doente que apresenta como acesso vascular um cateter venoso central, as agulhas são substituídas por um ramo arterial e um ramo venoso, respectivamente. Em ambos os elementos, a função principal é a de aceder ao acesso vascular.

1.2 - Linhas de sangue

A Fresenius Medical Care produz sistemas de linhas de sangue há mais de vinte anos. Como resultado desta experiência, foram obtidas linhas de sangue com componentes altamente sofisticados, proporcionando facilidade de manuseamento, utilização e um funcionamento das máquinas de hemodiálise com grande segurança e eficácia. As linhas de sangue são caracterizadas pelos seguintes aspectos:

- São codificadas por cores para diferenciar o segmento arterial (vermelho) do venoso (azul);
- As câmaras arterial e venosa estão desenhadas para evitar que ocorra hemólise e diminuam os riscos de coagulação;
- Possuem *clamps* ergonómicos que facilitam e asseguram o processo de conexão e de desconexão ao doente ou à máquina;
- Sistemas de conexão ao doente (agulhas/ramos), com *design* inovador, garantindo uma conexão segura;
- Pontos de injecção com membranas isentas de látex, com códigos de cor e protecção dos dedos;
- Filtro protector do transdutor com membrana dupla e código de cor. Possui "janelas de inspecção". No caso de uma membrana romper e haver fuga de sangue, esta pode ser facilmente detectada através da janela;
- As tampas são *luer lock*, não contêm arestas vivas. sendo mais fácil a sua abertura e fecho e oferecem maior garantia de segurança;
- As linhas possuem grande flexibilidade e superfície externa ligeiramente áspera, em vez de polida/brilhante, o que evita a colagem entre tubos;
- Unidade de leitura constituída por uma membrana, para monitorização da pressão arterial;
- Volume de sangue extracorporal reduzido através da optimização do comprimento dos tubos;

- Tampas de segurança nos conectores do dialisador;
- Câmara venosa com geometria de fluxo estudada, que permite um fluxo de sangue controlado e direccionado, de modo a minimizar as interferências do ar neste circuito.

Linha arterial

A linha arterial inclui elementos com funções muito específicas, tais como:

- Prolongamento com *clamp* e ponto de infusão para administração de soros, colheita de sangue ou administração de terapêutica;
- Unidade de leitura constituída por membrana para monitorização da pressão arterial;
- Segmento de bomba;
- Tubo de prolongamento para a infusão de heparina;
- Válvula unidireccional para reposição de fluido de substituição.

O prolongamento com *clamp* e ponto de infusão permite a infusão de soros e o preenchimento do circuito extracorporal com soro fisiológico (escorvamento do circuito), para além de permitir realizar colheitas de sangue ou administração de medicamentos. Esta porção está sempre localizada antes do corpo da bomba de sangue, permitindo utilizar a pressão aspirativa que é exercida pela bomba de sangue.

A membrana para monitorização da pressão arterial, permite avaliar a maior ou menor dificuldade em atingir o débito efectivo de sangue pretendido.

O segmento da bomba é uma porção da linha arterial, normalmente com um diâmetro superior, que é introduzida na bomba de sangue e, através de dois "roletes", espreme-a de forma rotativa, fazendo com que o sangue circule. O débito de sangue é tanto mais elevado quanto maior for a velocidade da bomba de sangue.

A bomba de sangue é a fronteira que delimita a pressão negativa e a pressão positiva no circuito extracorporal. O conhecimento deste regime de pressões permite compreender a estratégia da colocação dos diversos elementos que compõem quer a linha arterial, quer a linha venosa. A porção que vai desde a via de acesso até à bomba de sangue é sujeita a uma pressão negativa devido à "sucção" que é exercida pelos "roletes" da bomba de sangue no corpo da bomba. Toda a porção do circuito extracorporal que vai desde a bomba de sangue até ao acesso vascular é sujeita a uma pressão positiva.

O ponto de infusão de heparina é o segmento através do qual o anticoagulante é infundido na porção de linha antes do corpo da bomba (5008), estando portanto sujeito a grandes variações de pressão. No entanto, com a utilização de uma bomba infusora, contrariamos essas oscilações de pressão, mantendo uma administração contínua e precisa.

O fluido de substituição é introduzido no circuito extracorporal através de uma válvula unidireccional, permitindo assim realizar HDF (pré-diluição), preenchimento/escorvamento *online* do CEC sem recurso a saco de recolha, administração de "bólus" ao doente, numa situação de hipotensão, por exemplo, e reinfusão do sangue no final de tratamento.

Linha venosa

Os elementos fundamentais da linha venosa são:

- a válvula unidireccional para administração de fluido de reposição (sistema *online*);
- ponto de infusão;
- câmara venosa junto à qual se localiza o detector de ar;
- adaptador de monitorização de pressão venosa;
- prolongamento para administração de terapêutica.

A válvula unidireccional é uma válvula igual à existente na linha arterial, com as mesmas funções, permitindo no entanto que a introdução do fluido de substituição no circuito extracorporal seja feita depois do dialisador, realizando assim HDF (pós-diluição).

A câmara venosa está situada logo após o dialisador, sendo constituída por uma câmara com um diâmetro maior que o das linhas e equipada com uma rede colocada no fundo. Esta rede tem por finalidade filtrar o sangue, impedindo que quaisquer partículas sólidas que se possam formar no CEC penetrem no doente. É também na câmara venosa onde se encontra o detector de ar; daí também ser conhecida por "caça bolhas", um dos equipamentos mais importantes da máquina.

O adaptador para a monitorização da pressão venosa está inserido no topo da câmara venosa. Tem como principal função avaliar continuamente a pressão do sangue na linha venosa. Um aumento da pressão venosa pode significar que existe um obstáculo à entrada do sangue no doente. Uma diminuição significativa da pressão venosa pode representar uma desconexão no troço terminal do circuito, ou ausência de fluxo sanguíneo.

Existe um prolongamento com *clamp* também inserido no topo da câmara de coágulos que pode ser utilizado para administração de medicação.

1.3 - Dialisador

Actualmente, os dialisadores mais utilizados são os de alto fluxo, que combinam a sua comprovada biocompatibilidade com uma estrutura optimizada da membrana, permitindo atingir níveis de performance muito próximos dos limites físicos, sendo conseguidos aumentos substanciais das *clearances*, para toda a gama de pesos moleculares. Apesar de existir um capítulo que desenvolve pormenorizadamente os dialisadores, mencionamos seguidamente alguns aspectos a reter:

- Membrana de "helixone" – produzida com recurso à nanotecnologia, permite obter uma estrutura e uma distribuição dos poros excepcionalmente bem definidas. Adicionalmente, a micro-ondulação tridimensional da "helixone", assim como a sua geometria optimizada, contribuem para um aumento significativo das *clearances* difusivas e convectivas.
- Novo design e hemodinâmica – a estrutura de pinos integrada no invólucro de polipropileno asseguram um fluxo do dialisante radial e uniforme. A entrada de sangue lateral define um fluxo homogéneo do sangue, evitando zonas de estagnação. Elimina ainda o risco de hemólise provocado por possíveis dobras acidentais nas linhas de sangue.
- Maior preservação ambiental – Os materiais utilizados na produção dos dialisadores da classe FX são compostos apenas por carbono e hidrogénio. Para além de menos densos, o que se traduz numa redução significativa do peso, a sua incineração não liberta substâncias nocivas para o ambiente.

2 - CIRCUITO EXTRACORPORAL

A efectivação do circuito extracorporal (CEC) traduz-se, em termos práticos, na realização do tratamento pretendido. Em primeiro lugar, é necessário preparar a máquina, o que inclui a desinfecção prévia, os testes, a preparação (estabilização), a preparação do circuito e o escorvamento. Em seguida, é feita a conexão do circuito ou início do tratamento, a programação e controlo do tratamento e, por fim, a desconexão ou final do tratamento. Seguidamente, fazemos uma descrição sumária de cada uma fases da realização do CEC.

2.1 - Preparação da máquina

Entende-se como preparação da máquina a sua disponibilização em condições de poder ser feita a conexão do CEC do doente e respectivo tratamento.

Desinfecção e testes

Para o início da preparação da máquina é necessário confirmar a existência de desinfecção do circuito hidráulico da máquina, realizado nas últimas 72 horas e só depois colocar a máquina em testes. Para isso, deve colocar-se BiBag® e concentrado ácido prescrito.

O equipamento 5008 ajuda a garantir esta recomendação, pois não permite a realização de diálises, após este período, aparecendo mesmo no ecrã, a informação "última desinfecção realizada à mais de 72 horas".

Montagem e escorvamento

Depois de concluído o processo de testes e das respectivas linhas preparadas, dá-se início ao escorvamento, que ocorre sem contacto com o exterior e é integralmente realizado pelo sistema automático *ONLINE*, através da infusão de líquido de substituição, pelo circuito de reposição de líquidos (SafeLine), que está conectado na extremidade da linha arterial. Este líquido percorre todo o circuito "lavando-o", sendo drenado para a porta de lavagem (esgoto) da máquina, com a ajuda de um dispositivo (conector de lavagem) que faz a união conectado à extremidade da linha venosa. Caso exista indicação para tal, o preenchimento deste circuito pode ser feito com a ajuda de um frasco/saco de soro fisiológico, conectado a um sistema de soro ao prolongamento para administração de soros da linha arterial.

Conexão do circuito (início do tratamento)

Após concluído o teste inicial e antes da colocação dos conectores nos dialisadores, deve ser feito o teste de ausência de desinfectante no dialisante. Caso este seja negativo, estão reunidas as condições para passar à fase seguinte.

Depois do doente preparado, ou seja, com a disponibilização do acesso vascular (FAV, PTFE ou cateter), pode ser dado início à conexão do circuito, seguindo as indicações dadas pela máquina. Começando com a paragem da bomba de sangue, selecciona-se "sair" na mensagem "escorvar/lavagem". Seguidamente, conecta-se a extremidade da linha arterial à agulha ou, se for utilizado um cateter, conecta-se ao respectivo ramo arterial e, em seguida, faz-se o mesmo com a extremidade da linha venosa, dando em seguida indicação à máquina para avançar para o tratamento, "confirmando" a mensagem "iniciar bomba de sangue". No caso de haver indicação médica expressa para não infundir o líquido de escorvamento do CEC, deve descartar-se este líquido para um saco. No entanto, por princípio, é aconselhável a infusão do líquido de escorvamento, uma vez que, por um lado, previne alterações hemodinâmicas associadas à perda brusca de volume e, por outro, diminui a probabilidade de contaminação do CEC, por diminuição da sua manipulação.

Programação e controlo do tratamento

Na programação da máquina para o tratamento, devem ser introduzidos os seguintes dados, de acordo com a estratégia do tratamento:

- Tipo de tratamento;
- Objectivo UF;
- Tempo de UF;
- Perfil UF (se prescrito);
- Dialisante (sódio, bicarbonato, temperatura, fluxo e perfil de sódio – se prescrito);
- Velocidade de bomba de sangue.

É importante que estes dados sejam introduzidos na máquina previamente, ou imediatamente após o início do tratamento, devem também ser confirmados, mesmo que sejam transferidos automaticamente.

Durante todo o tratamento, o enfermeiro é responsável pelo controlo destes parâmetros, mantendo-os conforme a prescrição e alterando-os de acordo com as necessidades que o estado clínico do doente aconselha em cada momento, sempre com conhecimento e concordância do médico responsável.

Desconexão do circuito (final do tratamento)
Quando terminar o tempo prescrito de tratamento, ou excepcionalmente quando houver indicação para o fazer, o circuito é desconectado. Para isso, a bomba é parada, a extremidade da linha arterial, que é desadaptada da agulha, é ligada à linha de reposição de líquido (SafeLine) e prossegue-se com indicação "OK" na mensagem reinfusão *ONLINE*. Sempre que possível é aconselhada a desconexão em circuito fechado.

Caso se pretenda desconectar com soro fisiológico, pode seguir-se de modo idêntico ao método descrito, bastando conectar a extremidade da linha arterial ao frasco/saco de soro fisiológico e em seguida confirmando "solução salina" na mensagem de reinfusão. Em alternativa, pode desligar-se com o frasco/saco de soro fisiológico conectado ao prolongamento, para administração de soros da linha arterial. Para isso, é necessário parar em seguida a bomba de sangue, pressionar ligeiramente o balão de soro, de modo a introduzir o sangue no segmento entre o doente e a entrada do soro. Em seguida, deve *clampar-se* imediatamente abaixo do local do prolongamento da entrada do soro, permitindo assim a infusão no doente de todo o restante sangue do circuito, após o início do funcionamento da bomba, com a ajuda da entrada do soro fisiológico. Por fim, é necessário desconectar as linhas e só depois retirar as agulhas.

3 - ASPECTOS DA MANUTENÇÃO DO CIRCUITO EXTRACORPORAL

A manutenção do circuito extracorporal em condições que permitam um tratamento dialítico eficaz e sem incidentes depende de inúmeros factores, alguns dos quais serão abordados mais detalhadamente.

Um dos passos mais importantes para estabelecer adequadamente o circuito extracorporal e, portanto, para manter a sessão hemodialítica, é a sua correcta preparação e preenchimento. O desenho inovador das linhas arteriovenosas, que contêm elementos específicos para prevenir intercorrências, é um aliado para estabelecer de modo correcto e eficiente o circuito extracorporal. No entanto, uma das principais consequências de um manuseamento descuidado dos componentes do circuito extracorporal é a possível entrada de ar, devido a deficiente encerramento e conexão dos elementos do circuito arterial, por exemplo, da unidade de leitura de pressão, do prolongamento para entrada de soros, da linha ao dialisador ou desta à respectiva agulha.

O fluxo ascendente no dialisador do fluido do *priming* facilita a saída de ar, permitindo um melhor preenchimento do compartimento de sangue, o que contribui para maior eficácia dialítica, ao mesmo tempo que diminui as hipóteses de coagulação do sangue nos capilares, na fase inicial do tratamento.

Durante a sessão de diálise, são inúmeros os factores que influenciam o estabelecimento adequado do CEC, destacando-se os seguintes:

- Anticoagulação;
- Temperatura do dialisante;
- Disfunção do acesso vascular (existência de estenoses e recirculação);
- Velocidade prescrita da bomba de sangue;
- Hemoglobina e hematócrito do doente.

Quando ocorre uma situação anómala no CEC (por exemplo, coagulação do circuito), é necessário avaliar a ocorrência no seu contexto clínico, tendo em conta os aspectos da prescrição de diálise que possam exigir correcção. Por si só, o contacto do fluxo sanguíneo com o CEC extracorporal provoca a formação de coágulos, justificando a necessidade de administrar anticoagulantes, que devem normalmente ser iniciados no momento da conexão do doente, ou seja, a partir do momento em que se estabelece o circuito extracorporal. A prescrição de uma dose insuficiente de anticoagulante pode provocar a coagulação total ou parcial do circuito. Uma coagulação parcial tem como principal consequência a diminuição da eficácia dialítica, traduzida por coagulação parcial das fibras do dialisador e formação de coágulos na câmara venosa, com a consequente alteração da pressão venosa. Esta situação pode também surgir quando o acesso arteriovenoso apresenta estenoses, o que leva ao aumento da recirculação e à alteração da pressão arterial e venosa. Recomenda-se, sempre que possível, a diminuição da velocidade de bomba prescrita, para combater o aumento da recirculação, e a vigilância rigorosa do circuito para despiste de coagulação total. A coagulação total do circuito exige uma intervenção imediata por parte da equipa de enfermagem. Implica obrigatoriamente a substituição do CEC e, posteriormente, em conjunto com a equipa médica, implica identificar a etiologia do quadro de coagulação para encontrar soluções, eventualmente através da correcção do plano estratégico do tratamento ou através da avaliação e/ou recuperação do AV. Na actuação para resolução deste tipo de incidentes (coagulação do CEC), é importante tentar reinfundir o máximo de sangue possível, garantindo assim perdas mínimas. É portanto aconselhável, como forma de minimizar o problema, a substituição atempada do circuito, parcial ou total, quando começam a ser evidentes os sinais de coagulação no CEC.

A prescrição médica engloba também outro factor que pode influenciar a manutenção adequada do CEC e que se prende com a temperatura do dialisante. Uma temperatura de dialisante mais baixa, prescrita como recurso hipotensor, promove a coagulação do sangue nas fibras do dialisador devido ao diferencial térmico quando entrar em contacto com a temperatura do fluxo sanguíneo. Outro factor que aumenta o risco de possível coagulação do circuito extracorporal e saturação do dialisador resulta da hemoconcentração que surge quando os doentes em programa regular de hemodiálise apresentam valores elevados de hemoglobina e hematócrito. Nestes casos, apesar da perda de sangue poder não ser problemática para o doente, uma postura incorrecta na manutenção do CEC tem repercussão a nível económico, aumentando os custos adicionais em cada tratamento.

Como conclusão, a correcta preparação do CEC, o seu correcto preenchimento e a conexão e desconexão ao doente, representam pontos fulcrais para a manutenção de uma sessão hemodialítica adequada. Qualquer intercorrência deve ser meticulosamente avaliada e devem ser tomadas medidas para prevenir situações idênticas nas sessões de hemodiálise seguintes.

REFERÊNCIAS BIBLIOGRÁFICAS:

- Daugirdas, John T. - *Handbook of Dialysis:* Paperbanck, Cap. 4. *Review of hemodialysis for Nurses and Dialysis Personel,* Cap. 9.

ANTICOAGULAÇÃO

CO-AUTORES:

ENFª. SANDRA GONÇALVES - Enfermeira-Chefe na Clínica NephroCare Covilhã. Experiência profissional em Pneumologia e Psiquiatria.

ENFª. MARTA SARAIVA - Enfermeira na Clínica NephroCare Guarda e no Hospital Sousa Martins na Unidade de Cuidados Intensivos. Actualmente está a tirar a especialidade em Obstetricia.

ENF. RUI CRUTO - Enfermeiro-Chefe na Clínica NephroCare Guarda.

DR. ERNESTO ROCHA - Exerceu funções como Director Clínico na Clínica NephroCare Guarda.

CAPÍTULO X - ANTICOAGULAÇÃO

A utilização de anticoagulantes e/ou antitrombóticos é mandatória para prevenir a coagulação de qualquer sistema extracorporal. Não existe ainda um método ideal para prevenir a coagulação dos circuitos de hemodiálise. A administração da heparina contínua é o sistema de anticoagulação mais utilizado, apesar do risco de hemorragia que envolve. Nos doentes com alto risco de hemorragia, a utilização de baixas dosagens de heparina, apesar de exigir monitorização e ajuste da dose, confere uma suposta vantagem ao reduzir o risco de coagulação do circuito extracorporal (CEC).

Em doentes internados, com hemorragia activa ou que apresentem contraindicações para anticoagulação, deve adoptar-se a suspensão de heparina, recorrendo a métodos alternativos, como por exemplo a diálise “sem coagulação” ou anticoagulação com citrato.

O aumento do tempo de hemorragia associado à insuficiência renal crónica (IRC) parece estar relacionado com alterações qualitativas da função plaquetária, incluindo alteração da adesividade, agregação, reacção de libertação e outros factores de coagulação como a proteína C e proteína S. A melhoria parcial destas alterações com a diálise sugere um possível papel de determinadas toxinas urémicas, sugerindo-se ainda que o óxido nítrico pode ser responsável pela exacerbação da hemorragia na IRC. A hemorragia em doentes com IRC pode surgir nas zonas de punção do acesso, no local de inserção do cateter venoso central e espontaneamente, ao nível dos órgãos internos afectados pela própria patologia renal ou pela existência de comorbilidades. Deste modo, sempre que a utilização de heparina durante a diálise possa ser um factor desencadeante de episódios hemorrágicos, é de extrema importância evitar a sua utilização.

1 - HEPARINA

A heparina é um anticoagulante de uso parentérico com início de acção imediato, mas de curta duração. É hoje referida como heparina padrão ou heparina não fraccionada (NF). Os derivados da heparina, designados como heparinas de baixo peso molecular (HBPM), obtidos por vários métodos, têm pesos moleculares entre 2.000 e 5.000 D, são heterogéneos em termos de actividade biológica e têm uma maior duração de acção. Deste modo, a forma mais adequada em indivíduos com risco hemorrágico é a heparina NF, uma vez que o seu efeito pode suspender-se quase de imediato ao suspender a infusão, para além de um custo e monitorização inferior às HBPM.

A heparina é apresentada sob a forma de um sal sódico ou de cálcio. A heparina sódica é solúvel e pode ser administrada por via S.C. ou I.V., incluindo perfusão contínua. A heparina cálcica só pode ser administrada por via S. C.

A administração contínua de heparina em doses terapêuticas aumenta o tempo de coagulação, o tempo de trombina e a primeira fase do tempo de protrombina. O aumento do tempo de coagulação é proporcional à dose administrada em doses terapêuticas; o tempo de hemorragia não é normalmente afectado. Na maioria dos casos, o tempo de coagulação não sofre alterações apreciáveis com baixas doses de heparina. A heparina evita também a formação de um coágulo de fibrina estável por inibição da activação do factor estabilizador da fibrina.

Quando se administra heparina sódica em quantidade terapêuticas, a dose deve ajustar-se consoante o resultado dos estudos de coagulação. A presença de tempo de coagulação prolongado ou a presença de hemorragia são indicações para suspender imediatamente o fármaco.

A heparina está indicada na profilaxia e tratamento das afecções trombo-embólicas e embolia pulmonar em doentes de alto risco, como adjuvante da terapêutica fibrinolítica, como precursor da terapêutica anticoagulante oral, na hemodiálise e outros procedimentos de circulação extracorporal e para prevenir a coagulação do sangue para transfusões e de amostras para diversos doseamentos (análises laboratoriais). A heparina não atravessa a placenta nem é teratogénica.

Está contraindicada nos doentes com hipersensibilidade estabelecida à heparina e também quando os valores das análises específicas da coagulação do sangue (tempo de coagulação, tempo de tromboplastina parcial) não podem ser realizados nos intervalos estabelecidos. Está igualmente contraindicada em estados de hemorragia activa não controlada, com excepção da coagulação intravascular disseminada.

A principal reacção adversa da terapêutica com heparina é a hemorragia, que pode estar relacionada com a dose e é mediada pelo efeito directo sobre as plaquetas. Os sinais de sobredosagem podem incluir episódios ligeiros de epistaxe, aparecimento ocasional de hematúria, petéquias ou equimoses. Outro efeito colateral pode ser a osteoporose, quando usada em doses altas por períodos prolongados.

A hemorragia ligeira devido a sobredosagem pode tratar-se apenas com a suspensão do fármaco. Uma hemorragia profusa pode ser reduzida com a administração de um antagonista da heparina, a protamina, sendo o efeito da heparina imediatamente anulado pela aplicação intravenosa de uma solução de sulfato de protamina a 1%. Este fármaco deve ser administrado lentamente (1 a 3 minutos). A quantidade de protamina necessária para a neutralização diminui rapidamente em função do tempo decorrido após a administração da heparina. Se a protamina for administrada antes de decorridos 15 min após a injecção da heparina, 1.000 unidades daquela neutralizam 1.000 unidades de heparina.

É importante evitar a sobredosagem do sulfato de protamina, porque também tem propriedades anticoagulantes. A dose não deve exceder o equivalente a 50 mg de sulfato de protamina num período de 10 minutos. A injecção endovenosa de protamina pode provocar hipotensão, bradicardia, dispneia e rubor transitório, que podem ser evitados suspendendo ou diminuindo a administração.

2 - HIPERCOAGULAÇÃO

Alguns doentes em hemodiálise podem apresentar tromboses repetidas dos acessos vasculares e trombose venosa e arterial sistémica.

Na maioria dos casos, identifica-se um défice funcional adquirido de proteína C ou a presença de anticorpos antiplaquetários induzidos pela administração de heparina. O aumento da utilização de eritropoietina (EPO) sem controlo eficaz pode originar um aumento de complicações trombóticas, uma vez que provoca um encurtamento do tempo de hemorragia, aumento da agregação plaquetária e do fibrinogénio.

3 - MECANISMOS DE COAGULAÇÃO NOS CIRCUITOS EXTRACORPORAIS DE HEMODIÁLISE

Quando o sangue entra em contacto com a superfície do circuito extracorporal, activam-se as vias da coagulação e consequentemente da formação de trombos. A primeira é a via intrínseca da coagulação, que se inicia com os factores de activação de contacto e que conduz, através da amplificação de uma série de reacções enzimáticas, à produção de trombina e coágulos de fibrina. A segunda via, a via extrínseca, consiste na activação e adesão plaquetária e constitui o outro mecanismo que activa a cascata da coagulação. Nenhuma destas vias se considera quantitativamente importante na diálise. No entanto, é conhecida a estimulação das células endoteliais durante o tratamento, que leva à activação de uma terceira via, a via do sistema fibrinolítico, implicada na hemostase.

Os factores relacionados com o tratamento dialitico e que que favorecem a coagulação de um circuito extracorporal incluem o baixo fluxo de sangue, o hematócrito elevado, a recirculação no acesso de sangue, a administração interdialítica de alguns fármacos, o preenchimento incorrecto do circuito, o alto coeficiente de ultrafiltração e a turbulência, formação de bolhas e exposição ao ar nas câmaras do sistema.

Os sinais de coagulação no circuito de HD incluem a visualização da cor demasiado escura do sangue, fibras escurecidas do dialisador, formação de coágulos nas ampolas e sobretudo a alteração das pressões (arterial, venosa e transmembranar).

4 - TROMBOSE DOS ACESSOS VASCULARES

Tanto as FAVs como os cateteres e enxertos de PTFE utilizados como acessos vasculares em HD estão sujeitos ao risco de trombose recorrente.

Para recuperar a permeabilidade dos cateteres vasculares recorrendo à fibrinólise, preconiza-se a trombólise local com medicamentos antitrombolíticos. Quando existem tromboses no acesso de PTFE, recorre-se à trombólise farmacológica associada a angioplastia. Nas FAV e nas próteses, recomenda-se a utilização de antiagregantes plaquetários para prevenir tromboses recorrentes.

Nos cateteres venosos centrais (temporários ou permanentes), recomenda-se que a quantidade de heparina ou de outro anticoagulante utilizada para preencher, no final do tratamento e após a lavagem de ambos os ramos do cateter com soro fisiológico, seja a recomendada pelo fabricante, de acordo com o tipo e comprimento do cateter, ou segundo o protocolo da unidade.

5 - IMPLICAÇÃO DO TIPO DE DIALISADOR NA COAGULAÇÃO

Uma melhor configuração do fluxo laminar no fabrico dos novos dialisadores reduz substancialmente a probabilidade de coagulação. Nos últimos anos, foram descobertas novas membranas de material biocompatível com menor capacidade trombogénica, ainda que não exista nenhum material totalmente antitrombogénico para os circuitos de diálise.

Nos casos mais graves de alterações da coagulação, recorrendo a vários protocolos de não anticoagulação, realizando lavagens periódicas do dialisador com soro fisiológico, a percentagem de coagulação do circuito situa-se nestas situações nos 9%.

6 - TESTES DE MONITORIZAÇÃO DE ANTICOAGULAÇÃO

A anticoagulação com heparina é monitorizada pelo tempo de coagulação total (método Lee-White) ou pelo tempo activado de coagulação, bem como pelo tempo de tromboplastina parcial (aPTT). A monitorização da anticoagulação com heparina de baixo peso molecular requer a medição da actividade anti-Xa.

7 - MÉTODOS DE ANTICOAGULAÇÃO COM HEPARINA EM HD

7.1 – Heparinização convencional

A administração em forma de bólus inicial, seguida de uma dose de manutenção em perfusão é o método clássico de anticoagulação com heparina. Embora exista uma grande variedade de doses de heparina a utilizar, a prática universal consiste numa dose inicial intravenosa de 2.500 a 5.000 unidades (ou 50 unidades por quilo de peso corporal), seguida de uma perfusão contínua de 1.000 a 1.500 unidades/hora, suspendendo a perfusão 15 a 60 minutos antes do final do tratamento. Sendo verdade que a maioria da literatura recomenda o que acaba de descrever-se, a experiência diz-nos que na maior parte dos doentes é suficiente utilizar 2.500 unidades iniciais de heparina com uma dose de manutenção de 500 unidades/hora em perfusão contínua, desligada cerca de 30 minutos antes do tratamento terminar.

A monitorização da dose apropriada que cada doente necessita de um determinado circuito extracorporal pode ser efectuada, nas diálises iniciais, pela avaliação do tempo de coagulação total em cada hora e, posteriormente, com uma periodicidade mensal ou trimestral.

7.2 - Dose baixa de heparina

Em doentes com risco de hemorragia, é comum a utilização de baixas doses de heparina, sendo frequente a administração de 5 a 10 unidades de heparina por quilo de peso e hora, com modificações para manter o tempo de coagulação duas ou três vezes acima do valor basal. Se o tempo de coagulação pré-diálise for 1,2 vezes superior ao valor normal, em doentes com alto risco de hemorragia, utiliza-se a diálise sem heparina e simultaneamente monitoriza-se com frequência o tempo de coagulação. Na prática, fazem-se lavagens com soro fisiológico vigiando o circuito extracorporal verificando as pressões venosas e a permeabilidade do sistema.

7.3 - Anticoagulação regional com heparina e protamina

Hoje em dia, a heparinização regional com protamina é rara em hemodiálise. A heparina é administrada na linha arterial antes do dialisador e a protamina no segmento venoso, na proporção adequada (1.000 unidades de protamina neutralizam 1.000 unidades de heparina).

7.4 - Heparina de baixo peso molecular

A heparina de baixo peso molecular é proposta como alternativa à heparina padrão, atendendo ao menor risco de hemorragia que envolve. Este heparinóide tem um efeito antitrombótico constante, com um mínimo efeito anticoagulante, menor risco de hemorragia do que a heparina sódica, tem um tempo de semi-vida que é o dobro da heparina e a dose a utilizar é independente do peso do doente. Normalmente, é utilizada em dose única administrada no início do tratamento.

8 - MÉTODOS DE ANTICOAGULAÇÃO SEM HEPARINA NA HEMODIÁLISE

Para evitar qualquer tipo de anticoagulação sistémica em doentes com risco grave de hemorragia, utilizam-se protocolos de hemodiálise sem heparina ou com citrato.

8.1 - Hemodiálise sem anticoagulação

Este protocolo consiste em realizar o *priming* do circuito com um litro de soro fisiológico (SF) contendo 2.500 a 5.000 unidades de heparina. Este soro é eliminado das linhas do circuito antes de conectar o doente, sendo por vezes necessário um reforço de SF para eliminar a heparina residual. Devem manter-se altos fluxos de sangue, efectuando lavagens com 20 a 30 ml de SF a cada 15/30 minutos de tratamento. Ao utilizar esta técnica, é necessária maior vigilância dos sinais de coagulação do sistema e das pressões, podendo haver a necessidade de converter para uma dose baixa de heparina ou até para suspender o tratamento.

8.2 - Hemodiálise com citrato

A anticoagulação com citrato consiste na perfusão contínua de uma solução de citrato trisódico isosmótico (102 mmol/l) na linha arterial. A redução da concentração de cálcio livre plasmático, induzida pela união ao citrato, é o mecanismo responsável pela actividade anticoagulante, por bloqueio na progressão do sistema de cascata da coagulação. O complexo citrato-cálcio é eliminado pelo dialisador, sendo imperativo utilizar um dialisante sem cálcio. É ajustada a perfusão de citrato para manter o tempo de coagulação na linha arterial acima dos 200 segundos. Esta metodologia fica completa com a administração em perfusão, na linha venosa, de uma solução de 5% de cloreto de cálcio, numa dose de 0,5 ml/minuto. As doses ajustam-se em função da concentração de cálcio plasmático, para prevenir a hipocalcemia ou a hipercalcemia, que são os maiores problemas associados à sua utilização, assim como a hipernatremia (devido à solução hipertónica de citrato de sódio) e a alcalose metabólica durante o metabolismo do citrato.

9 - COAGULAÇÃO DO CIRCUITO EXTRACORPORAL

Em determinadas circunstâncias, por alteração de qualquer dos factores já referidos e que podem interferir nesta dinâmica, podem formar-se microtrombos nalgumas zonas do circuito extracorporal,que originam coagulacão parcial ou total do mesmo, ao provocar a activação da via intrínseca da coagulação. As causas mais frequentes incluem:

- Disfunção do acesso (estenose a montante ou jusante, trombos);
- Insuficiente heparinização;
- Falta de fluxo sanguíneo em máquinas sem detector de pressão arterial ou com detector não conectado. Quando se programa um determinado fluxo de sangue e surge uma diminuição deste (por falha do acesso vascular, por alteração da posição da agulha, por dobra da linha) e o detector de pressão arterial não transmite este facto, o circuito coagula com grande facilidade, devido à sucção que a bomba de sangue provoca;
- Fluxo de sangue baixo, tanto por programação inadequada como por fluxo insuficiente do acesso vascular. Também pode ocorrer que, com qualquer manobra de correcção de uma intercorrência, o fluxo seja reduzido, sem que se retome a reprogramação do fluxo prescrito;
- Sessões com heparina mínima;
- Alterações dos tempos de coagulacão do doente associadas à presença de hipertermia, etc.;
- Depósitos de fibrina no circuito;
- Falhas mecânicas na bomba de heparina, quando se utiliza heparinização contínua;
- Prenchimento incorrecto do dialisador, circuito com excesso de ar.

É imprescindível a prevenção e a previsão de intercorrências por parte do Enfermeiro porque dessa atitude depende em grande medida a sua actuação e os resultados para o doente. Deve existir uma especial atenção para:

- Realizar uma técnica de preenchimento do CEC correcta, seguindo as recomendações do fabricante para cada dialisador;
- Administrar doses de anticoagulantes ajustadas às necessidades do doente;
- Ajustar e controlar os alarmes de pressão venosa, arterial e PTM.

Actuação perante uma coagulação evidente:

- Lavar o circuito com SF a 0,9% (poderá ser utilizada heparina diluída, na proporção de 5.000 UI/1.000 ml de SF), observando desse modo a extensão da coagulação e comprovando a permeabilidade do circuito;
- Se a coagulação for parcial, é necessário identificar qual o elemento do circuito extracorporal coagulado, avaliando a sua possível recuperação;
- Quando existem coágulos na câmara venosa, o mais aconselhável é mudar a linha venosa porque, ainda que se recupere momentaneamente, acabará por obstruir;
- Se a coagulação afectar o dialisador, é necessário avaliar a parte afectada deste depois de lavado. Se é um quadro ligeiro, a diálise pode prosseguir mas, se existir uma grande quantidade de capilares coagulados, é necessário a sua substituição;
- Se a coagulação for total, deve ser desconectada a linha arterial e venosa das agulhas ou cateter e comprovada a permeabilidade das mesmas. Se não estiverem coaguladas, é aconselhável lavá-las com SF heparinizado. Caso contrário, as mesmas devem ser substituídas. Depois de retirado todo o circuito, coloca-se um outro novo, realizando um preenchimento óptimo no menor tempo possível, para depois prosseguir a HD;
- Deve registar-se o incidente e a mudança do circuito, solicitando para a seguinte diálise uma atenção especial;
- Pode ser necessário solicitar um hematócrito para avaliar a indicação para uma eventual transfusão, de acordo com o critério clínico.

REFERÊNCIAS BIBLIOGRÁFICAS:

- Daugirdas, John T. - *Handbook of Dialysis: Paperback,* Cap. 12.

TERAPÊUTICA PERI-DIALÍTICA

CO-AUTORES:

DR. ILÍDIO RODRIGUES - Director Clínico na Clínica
NephroCare Barreiro.

ENFª. FÁTIMA AMBRÓSIO - Enfermeira-Chefe na Clínica
NephroCare Barreiro

ENFª. VERA DUARTE - Enfermeira na Clínica
NephroCare SAMS.

ENF. CARLOS RIBEIRO - Enfermeiro na Clínica
NephroCare SAMS.

CAPÍTULO XI - TERAPÊUTICA PERI-DIALÍTICA

Os doentes em diálise tomam habitualmente numerosos medicamentos (quadro 1) e as reacções adversas a estes fármacos podem ser até três vezes mais frequentes do que as observadas na população em geral.

QUADRO 1 - MEDICAÇÃO MAIS UTILIZADA NOS DOENTES EM DIÁLISE

MEDICAÇÃO	
Anti-hipertensores	Antagonistas do cálcio
	ARAs - IECAs
	Agonistas centrais alfa 2
	Beta-bloqueantes
	Outros
Medicação cardiovascular	Nitratos
	Amiodarona
Hipolipemiantes	
Medicação metabolismo mineral	Quelantes do P
	Cálcio
	Vitamina D
	Cinacalcet
Tratamento da anemia	Estimulantes de eritropoiese
	Ferro
Medicação Gastrintestinal	Anti-H2
	Reguladores da motilidade
Analgésicos	
Anti-inflamatórios	
Antipiréticos	
Anticoagulantes e antiagregantes	
Insulina (diabéticos)	
Antidepressivos	
Benzodiazepinas	
Multivitamínicos	
Antibióticos	
Antihistamínicos	
Laxantes e/ou reguladores da mobilidade intestinal	
Mucolíticos	

Os profissionais de saúde e, nomeadamente, os enfermeiros, devem estar preparados para o uso adequado dos medicamentos, reconhecer os problemas associados, saber prevenir e tratar os efeitos secundários.

Sendo o rim um órgão que recebe cerca de um quarto do fluxo sanguíneo humano, é fundamental na eliminação dos medicamentos mas, também por isso, é um alvo importante na toxicidade observada com a administração dos medicamentos. A nefrotoxicidade induzida por fármacos varia entre 1% na população em geral, até cerca de 90% em doentes de alto risco, provocando lesão renal aguda. A existência de insuficiência renal, nomeadamente em estadios avançados, pode alterar a resposta aos fármacos, alterando a sua farmacodinâmica e farmacocinética, assim como originando limitações na sua eliminação, sendo necessário com frequência adequar a dosagem e a posologia.

O quadro 2 descreve os vários problemas observados, associados à medicação, bem como os cuidados a ter em doentes em diálise. Trata-se de uma área muito complexa, envolvendo diversos factores, que incluem as características dos doentes (gravidade da insuficiência renal, carácter agudo ou crónico da mesma, idade, estado nutricional, comorbilidades), características dos fármacos (farmacocinética, farmacodinâmica, dose, via de administração) e da diálise (tipo, equipamento, duração).

QUADRO 2

PROBLEMAS	CUIDADOS
Medicamentos nefrotóxicos	Monitorizar a função renal em doentes em tratamento com fármacos nefrotóxicos. Identificar doentes de alto risco de insuficiência renal associada a nefrotóxicos. Evitar ou usar com extremo cuidado estes medicamentos em doentes de alto risco, com doenças renais pré-existentes. Iniciar hidratação ou outras medidas para minimizar a nefrotoxicidade.
Medicamentos cujo perfil farmacológico é alterado devido a insuficiência renal.	Ajustar dosagem para compensar as alterações farmocodinâmicas e farmacocinéticas. Monitorizar a terapêutica, seus efeitos adversos e toxicidade. Antecipar efeitos adversos em doentes com má função renal.
A quantidade de medicamentos removidos durante a diálise depende das características do medicamento e do tipo de diálise.	Usar referências e fórmulas para determinar a quantidade do medicamento que é removido durante a diálise. Ajustar a dosagem do medicamento e/ /ou suplementos pós-diálise. Monitorizar a resposta clínica para calcular a dose e alterar a dose indicada.
Alguns medicamentos podem ser total ou parcialmente removidos pela diálise.	Saber quais os medicamentos que podem ser removidos pelos vários tipos de diálise. Implementar diálise para tratar as sobredosagens ou *overdoses*, fazendo um tratamento de suporte e monitorizando o processo.
A medicação pode aumentar os riscos associados com a diálise.	Saber quais os medicamentos que o doente está a tomar. Monitorizar, excluindo efeitos adversos da medicação.

1 - MEDICAÇÃO

1.1 - Tratamento da anemia

A maioria dos doentes com doença renal em estadio 5 ou em terapêutica substitutiva da função renal apresenta anemia, que está fundamentalmente associada à baixa produção de eritropoietina, embora possa ser agravada por outros factores (ferropenia, défice de vitamina B12, défice de ácido fólico, etc).

Factores estimulantes da eritropoiese

A eritropoietina humana recombinante (epoietina alfa, epoietina beta e darbopoietina) é bastante eficaz no tratamento da anemia associada à IRC (insuficiência renal crónica). A dosagem deve ser ajustada com a monitorização periódica do hematócrito e da hemoglobina, de modo a manter os níveis de hemoglobina entre 11 e 12,5 g/dl.

Via de administração: A - endovenosa pós-hemodiálise, na linha venosa do circuito extracorporal; B – subcutânea; neste caso, alternam-se os locais de punção, nas pernas, braços (não no braço da FAV) e parede abdominal. Contudo, a maioria dos doentes prefere a via endovenosa devido ao desconforto provocado pela injecção subcutânea.

As complicações mais frequentes estão relacionadas com o aumento de hematócrito para valores muito elevados causando hipertensão, aumento de viscosidade sanguínea e trombose do acesso vascular. Foram descritos casos de aplasia medular associados à administração de eritropoietina.

Ferro

O ferro é utilizado no tratamento da anemia, garantido assim uma maior resposta ao tratamento com eritropoietina.

A administração de ferro deve ser orientada de forma a manter a ferritina sérica acima de 200 mcg/l e 800 mcg/l e a saturação da transferrina entre 20% e 40%. Em doentes em HD, o tratamento com ferro deve ser preferencialmente realizado por via I.V., dado que a via oral é mal tolerada e a absorção é aleatória.

O ferro é administrado durante ou no final da hemodiálise na dose e de acordo com o protocolo da unidade. Para além do sabor metálico, podem surgir raramente náuseas, vómitos e diarreia. As reacções adversas graves são extremamente raras.

2- DOENÇA ÓSSEA RENAL

A insuficiência renal crónica é com frequência acompanhada de alterações do metabolismo do fósforo/cálcio.

As principais alterações incluem défice de produção de 1.25 vitamina D3, retenção de fósforo e alterações da secreção e produção da paratormona. Em casos excepcionais, a acumulação no organismo de substâncias que podem interferir na remodelação óssea normal (como por exemplo o alumínio) podem ser factores de agravamento desta patologia.

Derivado de vitamina D
Alfacalcidol/Calcitriol/Paracalcitol/Colecalciferol

São utilizados para o tratamento do hiperparatiroidismo secundário à Insuficiência Renal Crónica.

Via de administração: endovenosa, administrados pós-hemodiálise na linha venosa do circuito extracorporal, em forma de bólus e lentamente; via oral, para utilização em ambulatório.

Complicações: hipercalcemia, hiperfosfatemia. Devem controlar-se regularmente os níveis de cálcio e fósforo para evitar calcificações, ajustando as doses dos quelantes de fósforo contendo cálcio e suspendendo o tratamento com análogos da vitamina D quando se detectam hipercalcemias e hiperfosfatemias muito elevadas.

Cinacalcet

Actua bloqueando os receptores de cálcio ao nível da glândula paratiróide. É eficaz para o tratamento do hiperparatiroidismo secundário e, ao contrário, da vitamina D, tem um efeito hipocalcemiante e reduz os níveis de fósforo sérico. É administrado por via oral e a dose deve ser ajustada de acordo com os valores séricos do cálcio e PTH.

Agentes quelantes do fósforo

Para controlo da hiperfosfatemia, são utilizadas substâncias que realizam a troca de fósforo por outros elementos ao nível do tubo digestivo, limitando assim a sua absorção.

Carbonato de cálcio

Agente quelante muito utilizado, nomeadamente após a limitação da administração de hidróxido de alumínio. É moderadamente eficaz, devendo ser utilizado na dose máxima de 1,5 g/dia. A utilização de doses elevadas pode associar-se a hipercalcemia e calcificações vasculares.

Acetato de cálcio/Carbonato de magnésio
Com menor conteúdo de cálcio, com efeitos semelhantes ao carbonato de cálcio.

Carbonato de Lantânio
Ainda não utilizado em Portugal.

Hidróxido de alumínio
É um excelente quelante do fósforo, mas a absorção de alumínio pelo tubo digestivo e consequente aumento dos níveis de alumínio do organismo podem provocar patologia significativa (osteomalacia, anemia, alterações do SNC).

Sevelamer
É um polímero não absorvível de policlorodrato de alilamina. É um quelante do fósforo não absorvível, com capacidade semelhante ao carbonato de cálcio. A dose utilizada varia em função dos níveis de fósforo, podendo ir até 7,2 g/dia. São referidos com alguma frequência queixas gastrintestinais (náuseas, vómitos, dor abdominal, obstipação ou diarreia) e cefaleias, que condicionam a adesão dos doentes.

3 - ANTI-HIPERTENSORES

A insuficiência renal grave é acompanhada na maior parte das vezes por hipertensão arterial. Em doentes em diálise, apesar de uma ultrafiltração adequada, é frequentemente necessária a utilização de fármacos anti-hipertensores.

- Diuréticos
Os diuréticos, em doentes em terapêutica substitutiva da função renal, são excepcionalmente utilizados, dado não serem eficazes e provocarem um risco acrescido de toxicidade.

- Inibidores da enzima de conversão/bloqueadores dos receptores da angiotensina
Estes medicamentos, pelo seu efeito anti-hipertensor e potencial efeito de protecção vascular, são com frequência utilizados nestes doentes, não sendo geralmente necessários ajustes da dose na insuficiência renal crónica.

- Beta-bloqueantes

Os beta-bloqueantes são medicamentos cujo mecanismo de acção é exercido ao nível do sistema nervoso e com efeitos ao nível do coração e artérias. É uma classe de fármacos variada, e alguns fármacos são significativamente afectados na sua duração de acção pela insuficiência renal, sendo portanto necessário o ajuste da posologia (atenolol).

- Antagonistas do cálcio

Interferem com os receptores dos canais de cálcio nas paredes celulares, nomeadamente ao nível do coração e vasos sanguíneos. São utilizados com frequência, não obrigando geralmente a grandes ajustes posológicos.

4 - MEDICAÇÃO CARDIOVASCULAR

Em geral, a medicação com amiodarona, nitratos, dopamina, dobutamina, lidocaína, não sofre ajustes posológicos em doentes com insuficiência renal. A digoxina é eliminada principalmente por via renal e a sua semi-vida está muito aumentada, sendo necessário efectuar doseamentos séricos para adequar a administração.

5 - ANALGÉSICOS E ANTI-INFLAMATÓRIOS

O metabolismo destes fármacos é fundamentalmente hepático, não sendo geralmente necessário ajuste posológico; não obstante, devem ser administrados com precaução, devido aos efeitos sobre a função renal e à maior frequência de efeitos secundários, nomeadamente a hemorragia digestiva. São administrados por via oral ou endovenosa, em bólus, lentamente, na linha venosa do circuito extracorporal, ou diluídos em 100 ml de soro fisiológico, em perfusão, na linha arterial do circuito.

6 - ANTIDEPRESSIVOS E HIPNÓTICOS

A grande maioria destes fármacos é metabolizada a nível hepático, não sendo necessário ajustes de dose. No entanto, a utilização dos sais de lítio, dado serem eficazmente dialisados, deverá sofrer ajuste significativo da dose, sendo recomendado efectuar monitorização dos níveis séricos.

7 - CITOSTÁTICOS

Este grupo muito variado de fármacos exige na grande maioria dos casos importantes ajustes da dosagem, sendo os efeitos mielossupressores geralmente mais acentuados nos doentes com insuficiência renal.

8 - ANTIBIÓTICOS

Os doentes com insuficiência renal em terapêutica substitutiva apresentam alterações do sistema imune. A uremia é com frequência acompanhada de alterações da imunidade celular, provocando alterações da susceptibilidade aos microrganismos, aumentando a ocorrência de infecções bacterianas e virais, o que implica um adequado diagnóstico e tratamento expedito das mesmas. A utilização de antibióticos deve ser criteriosa, sendo especialmente relevante uma dosagem e posologia adequadas, tendo em atenção os efeitos do tipo de diálise e do tipo de dialisadores sobre o medicamento, nomeadamente a concentração sérica dos mesmos. Devem ser administrados por via endovenosa nos últimos 30 minutos da diálise, em perfusão, diluídos em 100 ml de soro fisiológico ou em bólus, diluídos em 10 ml de soro fisiológico, na linha venosa do circuito extracorporal (ex.: gentamicina). No caso de antibióticos que possam provocar reacções adversas, como o caso da vancomicina, devem ser administrados 1 hora antes do final da diálise e em diluições em 250 ml de soro fisiológico. O quadro 3 descreve algumas características dos antibióticos mais frequentemente utilizados, comparando-as em doentes com e sem insuficiência renal.

QUADRO 3

MEDICAMENTO	DOSAGEM HABITUAL	SEMI-VIDA (H) DOENTE NÃO URÉMICO	SEMI-VIDA (H) DOENTE HD	DOSAGEM DOENTES EM HD	SUPLEMENTO PÓS HD
Amicacina	5 -7,5 mg/kg 12/12h	3,1	86	200 mg/d ou 500 mg pós-HD	SIM
Gentamicina	1,5 mg/kg 8/8h	3,1	60	80 mg pós-HD	SIM
Netilmicina	1,3-2,2 mg/kg 8/8h	2,7	40	150-200 mg/d	SIM
Ceftriaxone	1-2 g/d	8,0	15	1g/d	SIM
Cefazolina	0,5-1,5 g 8/8h	1,8	35	1-1,5 g/d	SIM
Cefuroxima	0,75-1,5 g 8/8h	1,7	17	750-1.500 mg/d	SIM
Eritromicina	500mg 6/6h	1,6	4.5	500mg 6/6h	NÃO
Claritromicina	250-500 mg 12/12h	3 – 7	3 – 7	250-500 mg 12/12h	NÃO
Vancomicina	1g 12/12h	5,6	200	1 g 5 a 7 dias 500 mg pós HD se Alto fluxo ou HDF	NÃO - SIM se HDF ou Alto fluxo
Ciprofloxacina	0,5 – 0,75 g 12/12h	3,6	6 – 17	0,25–0,5 g/d	NÃO

9 - DESFERROXAMINA (DFO)

É uma molécula com capacidade quelante, inicialmente usada no tratamento da sobrecarga de ferro é também utilizada, nos doentes em diálise, para avaliar a sobrecarga de alumínio do organismo e o tratamento da sobrecarga. O teste da DFO é efectuado habitualmente com uma dose de 5 mg/Kg, devendo ser diluída em 150 ml de soro fisiológico e administrada na linha venosa, nos últimos 60 minutos de diálise. O tratamento da intoxicação alumínica inclui, para além de outras medidas, a administração semanal de DFO, geralmente nas mesmas doses acima referidas. Pode surgir hipotensão, nomeadamente se a perfusão for rápida. Em casos excepcionais em que existam níveis séricos elevados, pode surgir encefalopatia. Em caso de tratamento prolongado foram descritas infecções fúngicas graves.

10 - ADMINISTRAÇÃO DE TERAPÊUTICA

O papel do enfermeiro no que se refere à medicação é especialmente importante na preparação, administração e controlo.

Controlo de medicamentos

O enfermeiro controla a existência da medicação necessária.

Deve controlar o prazo de validade, estado de conservação e acondicionamento da medicação.

Deve controlar a presença de antecedentes alérgicos ou reacções adversas aos medicamentos administrados a doentes da unidade de diálise.

Preparação de medicamentos

O enfermeiro assegura a existência de todo o material necessário para a administração dos medicamentos.

Informa o doente sobre a medicação que lhe vai ser administrada, para que serve, e quais os possíveis efeitos secundários.

Prepara a medicação prescrita segundo as doses e vias de administração indicadas pelo médico e seguindo o protocolo da unidade.
Antes da preparação e da administração de medicamentos, o enfermeiro deve higienizar as mãos e, se necessário, usar luvas, assegurando deste modo o controlo da infecção.

Administração

A administração de medicamentos em hemodiálise pode ser feita pré-tratamento, durante ou pós-tratamento e a via de administração pode ser oral, subcutânea ou endovenosa, em forma de bólus ou perfusão.

O enfermeiro verifica a identidade do doente antes de proceder à administração do medicamento. Mesmo assim, deve verificar na história clínica a presença de antecedentes alérgicos ou possíveis efeitos adversos a determinada medicação.

A administração de medicamentos por via endovenosa deve ser feita de forma lenta para evitar possíveis intolerâncias.

Deve suspender-se de imediato a administração do medicamento, caso se observe algum tipo de intolerância ou reacção adversa.

O material utilizado deve ser descartado em contentores apropriados.

Devem registar-se no processo do doente os medicamentos administrados, assim como o lote, a hora e a pessoa que fez a administração dos mesmos, bem como qualquer ocorrência relativa à sua administração.

REFERÊNCIAS BIBLIOGRÁFICAS:

- Daugirdas, John T.; Blake, Peter; Todd, S. - *Handbook of Dialysis.* 4ª edição, 2007.
- Kallenback, Judith Z. - *Review of hemodialysis for nurses and dialysis personel.* 7ª edição.
- Valderrabano, Fernando - *Tratado de Hemodiálisis.*

NUTRIÇÃO

CO-AUTORES:

DR. MÁRIO SILVA - Médico Nefrologista na Clínica NephroCare Santarém e no Hospital Rainha Santa Isabel de Torres Novas.

DRª. LÍDIA SANTOS - Médica Residente na Clínica NephroCare de Santarém e Interna Nefrologista no Hospital Rainha Santa Isabel Torres Novas.

DRª. CÉLIA DIAS - Dietista na Clínica NephroCare Santarém.

ENF. FRANCISCO CARDOSO - Enfermeiro-Chefe na Clínica NephroCare Santarém.

ENF. VASCO MATOS - Enfermeiro-Adjunto na Clínica NephroCare Santarém.

CAPÍTULO XII - NUTRIÇÃO

1 - ESTADO NUTRICIONAL DOS DOENTES EM HEMODIÁLISE

Nos últimos anos, apesar de ser evidente o aperfeiçoamento da técnica de hemodiálise, a mortalidade e morbilidade dos doentes submetidos a esta técnica de substituição renal mantêm-se elevadas. No sentido de modificar esta situação, têm sido realizados vários estudos para identificar os factores que contribuem para a alta morbilidade e mortalidade destes doentes.

A desnutrição, manifestada em parte pela hipoalbuminemia, é uma realidade no doente com insuficiência renal crónica, no início ou durante a hemodiálise e está relacionada com o aumento da morbilidade e mortalidade[1]. Estima-se que a prevalência de doentes desnutridos varie entre 10 e 70%[2-5]. A desnutrição calórico-proteica está associada à perda da massa muscular, à astenia, à dificuldade de cicatrização e à imunossupressão.

Geralmente, o aumento do tempo em diálise está relacionado com a diminuição dos parâmetros nutricionais. No entanto, antes de iniciar a diálise, o doente já pode apresentar desnutrição por redução espontânea da ingestão proteica secundária à anorexia[6]. Em alguns casos, os doentes que entram em diálise seguem, de forma errada, uma prescrição dietética pré-diálise. Salienta-se ainda o facto do estado psicológico depressivo destes doentes também poder contribuir para a anorexia. Alguns estudos sugerem que a hemodiálise[7-11] deve ser iniciada antes do doente se apresentar significativamente desnutrido.

Vários factores estão na origem da desnutrição calórico-proteica no doente em hemodiálise (Quadro 1). Estes factores podem estar ou não directamente relacionados com a hemodiálise.

A principal causa da desnutrição é a diálise inadequada, com a acumulação de toxinas urémicas, levando à anorexia, à redução da acuidade gustativa e desse modo à redução da ingestão calórico-proteica.

Não podemos esquecer que, mesmo na presença de diálise adequada, não há substituição perfeita do rim nativo, no que diz respeito à *clearance* de moléculas. Assim, a presença das médias moléculas contribui para a anorexia, provavelmente por afecção do sistema nervoso central.

QUADRO 1 – FACTORES RESPONSÁVEIS PELA DESNUTRIÇÃO NO DOENTE EM HEMODIÁLISE

Perda de aminoácidos durante a diálise Aumento do consumo energético durante a diálise
Redução da ingestão calórica e proteica Anorexia Internamentos frequentes Dose de diálise inadequada Comorbilidades (diabetes mellitus, doença gastrintestinal, doença cardíaca) Polimedicação
Catabolismo aumentado/Anabolismo diminuído Catabolismo induzido pela diálise Membranas não biocompatíveis Indução da cascata inflamatória Acidose metabólica Alterações hormonais Hiperparatiroidismo Resistência à insulina e à hormona de crescimento

Adaptado de : Malnutrition-Inflamation Complex syndrome in Dialysis Patients: Causes and Consequences. K. Kalantar-Zadeh, A. Ikizler et al, 2003, American Journal of Kidney Diseases, 42 (5), 865[12].

A perda de nutrientes e o aumento do catabolismo são factores que também contribuem para a desnutrição destes doentes. Podem ser perdidos no dialisado 4 a 8 gramas de aminoácidos por sessão de diálise[13].

Os marcadores séricos de inflamação estão elevados nos doentes com desnutrição associada à inflamação crónica e doença cardiovascular aterosclerótica[14]. As citocinas pró-inflamatórias e o *stress* oxidativo resultantes da própria insuficiência renal e da técnica de hemodiálise (exposição a membranas não bio-compatíveis, infecção do acesso vascular) parecem estar também na base da anorexia, estando a inflamação crónica associada ao hipercatabolismo proteico[15]. Parece haver uma associação entre inflamação, desnutrição e elevada mortalidade[16].

Os doentes apresentam com frequência comorbilidades (insuficiência cardíaca, diabetes mellitus, entre outras), doenças intercorrentes (neoplasias, infecções) com necessidade de internamento, que agrava o estado inflamatório, aumentando o catabolismo proteico e a deterioração do estado nutricional. A insuficiência cardíaca e a disfunção do ventrículo esquerdo diminuem o apetite e a ingestão proteica. Com alguma frequência, as infecções ocultas estão na base do agravamento do estado nutricional dos doentes, sendo difícil o diagnóstico.

Os doentes diabéticos apresentam um maior risco de desnutrição, devido às maiores restrições dietéticas, à gastroparesia que aumenta a sensação de saciedade, à proliferação bacteriana intestinal, à insuficiência pancreática e às náuseas e vómitos que muitas vezes apresentam. A hiperglicemia também é um factor que contribui para a maior degradação proteica, sendo fundamental o controlo glicémico.

A acidose metabólica induz também o catabolismo proteico e a oxidação de aminoácidos, sendo importante o seu diagnóstico e correcção[17].

O doente em insuficiência renal crónica está frequentemente polimedicado com fármacos que induzem reacções adversas gastrintestinais importantes, contribuindo também para a anorexia. Os quelantes do fósforo podem reduzir a absorção de alguns nutrientes.

A anorexia, devido à retenção e acumulação de moléculas anorexígenas (ex.: leptina), é a causa potencial da redução da ingestão dietética[4,18] e está relacionada com a quantidade de toxinas urémicas[19].

O hiperparatiroidismo secundário, tão frequente nestes doentes, está associado a anorexia e náuseas, com degradação do estado geral e desnutrição severa.

A prevalência do alcoolismo pode ser elevada nos doentes em hemodiálise e está relacionada com o agravamento da hipoalbuminémia[20].

A correcção da anemia com eritropoietina melhora o estado nutricional dos doentes, com elevação da albumina sérica, do peso e das medidas antropométricas. Por outro lado, a desnutrição reduz a resposta à eritropoietina.

É essencial a monitorização do estado nutricional do doente em hemodiálise e a prevenção da desnutrição através da ingestão de uma dieta adequada. Por vezes, a restrição da ingestão de líquidos para minimizar os ganhos interdialíticos leva à restrição calórica[21] concomitante. Assim, o diagnóstico precoce da desnutrição, a intervenção nutricional adequada, a dose de diálise adequada e o tratamento dos factores de comorbilidade são medidas importantes para aumentar a sobrevida destes doentes.

2 - AVALIAÇÃO DO ESTADO NUTRICIONAL DOS DOENTES EM HEMODIÁLISE

Não existe um parâmetro que por si só possa ser utilizado para determinar a presença de malnutrição. Assim, recomenda-se um painel de avaliações, incluindo a medição da

QUADRO 2 - MÉTODOS DE AVALIAÇÃO DA DESNUTRIÇÃO CALÓRICO-PROTEICA (PEM) NOS DOENTES EM DIÁLISE DE MANUTENÇÃO

Ingestão dietética Directos: registos e diários alimentares, questionários de frequência alimentar Indirectos: nPCR
Composição corporal IMC, peso seco Pregas cutâneas, massa muscular Potássio total corporal DEXA, BIA, NIR Ureia BUN
Avaliações subjectivas por escalas de pontuação SGA e adaptações (ex.: para doentes em diálise, MIS) Outras pontuações: Índice de prognóstico nutricional em hemodiálise
Dados bioquímicos Proteínas séricas de fase aguda, albumina, pré-albumina Lípidos: colesterol, triglicerídeos, outros lípidos e lipoproteínas Creatinina, ureia Factores de crescimento: IGF-1, leptina Contagem total de linfócitos
nPCR = Taxa Catabólica Proteica Normalizada; IMC = Índice de Massa Corporal; DEXA = *Dual energy X-ray absorptiometry*; BIA = Bioimpedância eléctrica; NIR = *Near-infrared interactance*; MIS = *Malnutrition-inflammation Score*; IGF-1 = *Insulin growth factor*-1; BUN = Balanço Nitrogenado.

Adaptado de: Malnutrition-Inflamation Complex syndrome in Dialysis Patients: Causes and Consequences. K. Kalantar-Zadeh, A. Ikizler et al,. American Journal of Kidney Diseases 2003; 42 (5): 867. European best practice guidelines on haemodialysis; D.Fouque et al, Nephrology Dialysis Transplantation, 2007, 22[Suppl2]:ii45-ii87[25]

ingestão calórica e proteica, a determinação da composição corporal, avaliações subjectivas e análise dos marcadores bioquímicos[19,22-24] (Quadro 2).

A combinação destes parâmetros fornece uma avaliação das reservas de proteínas somáticas e viscerais, massa magra, massa gorda e ingestão de nutrientes.

Avaliação da ingestão calórico-proteica

A monitorização da ingestão dietética nestes doentes pode ser realizada através de métodos como o registo alimentar (de três a sete dias) e/ou questionários retrospectivos das 24 horas antecedentes[26-27].

Os inquéritos dietéticos e registos alimentares são uma medida válida e clinicamente útil para avaliação da ingestão proteica e energética em doentes em hemodiálise[3,28,29]. Estes instrumentos fornecem não só informação quantitativa em relação à ingestão de proteínas e energia, como também de outros macro e micronutrientes, permitindo conhecer o padrão e frequência alimentar, o que pode contribuir para a identificação das causas de uma ingestão inadequada[19,30].

É possível estimar também a ingestão proteica através da determinação da taxa catabólica proteica (PCR), um método válido e clinicamente útil para medir a degradação de proteínas em hemodiálise[3], quando o doente apresenta um balanço nitrogenado neutro[25].

Uma vez que as necessidades proteicas são sobretudo determinadas pela massa magra sem edema, a PCR é habitualmente normalizada (nPCR – taxa catabólica proteica normalizada) em função do peso seco ou ajustado[25,31].

Recomenda-se que o valor de nPCR seja superior a 1,0 g/Kg de peso/dia[25].

É importante referir que a PCR é sensível às variações da ingestão proteica, podendo variar dia após dia em função da ingestão proteica, pelo que uma única medição da nPCR não reflecte a ingestão habitual[3,32,33].

Avaliação da composição corporal

A avaliação da composição corporal nos doentes com insuficiência renal crónica terminal (IRCT) é essencial para a recuperação e a manutenção do seu estado nutricional, assim como para a prevenção da possível desnutrição[34, 35].

A antropometria caracteriza-se por técnicas rápidas, não invasivas e reprodutíveis para estimar e quantificar os diversos compartimentos da massa corporal, particularmente osso, músculo e reservas lipídicas, fornecendo informações relativamente ao estado nutricional [22,24,35]. Os principais parâmetros usados em antropometria incluem peso, altura, pregas cutâneas, perímetro do braço (PB), perímetro muscular do braço (PMB) e área muscular do braço (AMB), percentagem de peso standard e índice de massa corporal (IMC).

Para a determinação do peso, recomenda-se o uso do peso seco obtido após a sessão de diálise, na medida em que este é considerado o mais adequado para a avaliação do estado nutricional[4,35]. Em doentes com peso seco inferior a 95% ou superior a 115% do peso standard aconselha-se o uso do peso ajustado[3].

As pregas cutâneas e o perímetro do braço podem ser bons indicadores de alterações da massa gorda e da massa magra[30].

A área muscular do braço e os perímetros são úteis para estimar a massa muscular e, consequentemente, a massa gorda e o conjunto de proteínas somáticas. As alterações relevantes destes parâmetros podem reflectir modificações da massa muscular e das proteínas somáticas, podendo indicar um possível comprometimento do estado nutricional[36].

A monitorização frequente dos parâmetros antropométricos pode fornecer informações importantes relativamente a alterações do estado nutricional. Os doentes com peso inferior ao percentil 50 do peso para a idade apresentam uma redução significativa da esperança de vida[35,36].

Existem outros métodos não invasivos para determinar a composição corporal destes indivíduos, que incluem técnicas antropométricas, *dual x-ray density absorptiometry* (DEXA) e bioimpedância eléctrica (BIA), que permitem monitorizar as variações da massa magra e da massa gorda e acompanhar as oscilações de peso ao longo da idade[23,30,35].

Avaliação global subjectiva

A avaliação global subjectiva (anexo I) é um método reprodutível e útil na avaliação do estado da nutrição calórico-proteica nos doentes em diálise, na medida em que se baseia em aspectos subjectivos e objectivos da história clínica e do exame objectivo.

As pontuações mais elevadas estão associadas a ingestões dietéticas mais adequadas, ausência de alterações do apetite e de complicações gastrointestinais[35].

Avaliação dos parâmetros bioquímicos

A albumina sérica é uma medida válida e clinicamente útil do estado nutricional em doentes em hemodiálise e reflecte o estado das reservas de proteínas viscerais; a hipoalbuminemia é preditiva do risco de mortalidade, quando avaliada em conjunto com outros parâmetros nutricionais[3,19,25,35,37]. Deste modo, as intervenções nutricionais que procuram manter ou aumentar as concentrações séricas de albumina podem estar associadas à melhoria da sobrevida.

Recomenda-se que o valor de albumina sérica no momento de pré-diálise seja igual ou superior a 4,0 g/dl (segundo o método laboratorial verde de promecresol)[3,25].

A pré-albumina sérica é simultaneamente utilizada como marcador do estado nutricional[3,37] sendo igualmente preditiva do prognóstico clínico[3,19].

A pré-albumina parece ser mais sensível como indicador do estado nutricional e do estado da reserva de proteínas viscerais, uma vez que apresenta uma menor semi-vida (aproximadamente 2-3 dias) do que a albumina (aproximadamente 20 dias)[3,24,34,37]. Deste modo, recomenda-se a determinação da pré-albumina para avaliar a resposta a intervenções nutricionais[19,24].

Os doentes que apresentam valores inferiores a 30 mg/dl podem ser classificados como desnutridos[3,24,25].

No entanto, os valores séricos de albumina podem não ser muito sensíveis a alterações do estado nutricional e, por essa razão, não devem ser considerados como sinónimos de malnutrição[24], uma vez que podem ser influenciados por factores não nutricionais. Alguns destes factores incluem a infecção ou inflamação, coexistência de infecção crónica devido ao acesso vascular[19], estado hídrico, perda urinária de albumina e acidemia[3,25].

A creatinina e o índice de creatinina são marcadores válidos e clinicamente úteis para a avaliação do estado nutricional em doentes em hemodiálise[3,35]. O valor sérico de pré-diálise é proporcional à ingestão dietética proteica e ao estado da massa muscular[3].

Os níveis séricos inferiores a 10 mg/dl são indicadores do estado de desnutrição, pelo que sugerem uma baixa ingestão proteica e/ou uma diminuição da massa muscular, que está associada a um aumento da mortalidade[3,35].

O colesterol sérico é um parâmetro que permite detectar um estado nutricional inadequado[3,35]; uma concentração baixa de colesterol, ou uma diminuição desta é preditiva de um aumento do risco de mortalidade[3,39].

Os níveis séricos pós-prandiais de colesterol inferiores a 150-180 mg/dl indicam um provável défice nutricional. Contudo, nos doentes em hemodiálise, os níveis de colesterol sérico podem ser afectados por factores não nutricionais, incluindo inflamação, outras condições de morbilidade[3,25,39] e hipolipemiantes (ex.: estatinas)[40].

3 - RECOMENDAÇÕES NUTRICIONAIS

Os principais objectivos da intervenção nutricional nos doentes com IRCT em hemodiálise são a minimização da toxicidade urémica e a prevenção da desnutrição[41,42].
De acordo com as recomendações, é importante assegurar uma adequada ingestão de nutrientes, de forma a prevenir a progressão para a desnutrição calórico-proteica.

As recomendações de nutrientes na hemodiálise são apresentadas nos quadros 3 e 4.

QUADRO 3 - RECOMENDAÇÕES NUTRICIONAIS EM HEMODIÁLISE

Energia (Kcal/Kg de peso/dia)	30-40 Kcal[a]
Proteínas (g/Kg de peso ideal /dia)	1,1 (50% de AVB)
Hidratos de carbono (%)	55 %
Lípidos (%)	30-35%
Proteínas (g/Kg de peso/dia)	1,1 a 1,2 (50% de AVB)
Fibras (g)	20-25
Sódio	80-100 mmol (2.000-2.300 mg Na^+ ou 5-6 g NaCl) por dia
Potássio (Kg/dia)	1 mmol (39 mg K^+)
Líquido (ml/dia)	500 ml + volume urinário de 24 horas
Fósforo (mg/dia)	800-1.000mg
Cálcio (mg/dia)	Não exceder 2.000mg/dia

Adaptado de: National Kidney Foundation: K/DOQI Clinical Practice Guidelines for Nutrition in Chronic Renal Failure; Kurtzman & Lubbock, American Journal of Kidney Diseases 2000; 35 (6): S.40, S.44 [3]; European best practice guidelines on haemodialysis; D.Fouque et al, Nephrology Dialysis Transplantation 2007, 22[Suppl2]:ii45-ii87 [25].
[a] Ajustado à idade, género e actividade física.

QUADRO 4 - SUPLEMENTOS VITAMÍNICOS EM HEMODIÁLISE

Retinol (A)	Não é recomendado
Vitamina E	400-800 UI[a]
Vitamina K	Nenhum suplemento[b]
Tiamina (B1)	1,1-1,2 mg/dia
Riboflavina (B2)	1,1 -1,3 mg/dia
Piridoxina (B6)	10 mg/dia
Vitamina (B12)	2,4 µg/dia
Vitamina C	75-90 mg/dia
Ácido Fólico	1 mg/dia
Niacina (B3)	14-16 mg/dia
Ácido Pantoténico (B5)	5 mg/dia
Biotina (B8)	30 µg/dia

Adaptado de: National Kidney Foundation: K/DOQI Clinical Practice Guidelines for Nutrition in Chronic Renal Failure; Kurtzman & Lubbock, American Journal of Kidney Diseases, 2000, 35 (6), S.40, S.44 [3]; European best practice guidelines on haemodialysis; D.Fouque et al, Nephrology Dialysis Transplantation, 2007, 22[Suppl2]:ii45-ii87 [25].
[a] Prevenção secundária cardiovascular e cãibras
[b] Excepto em doentes com tratamento prolongado com antibióticos

Energia

Para manter o balanço energético neutro, a energia ingerida deve ser similar à energia dispendida. Relativamente à ingestão calórica nos doentes em hemodiálise, verifica-se com frequência um valor inferior ao recomendado, sendo o valor médio de ingestão de 20 a 25 Kcal/Kg de peso/ dia[25].

Os valores recomendados para a ingestão calórica em doentes em hemodiálise são de 30-40 Kcal/Kg/dia, ajustada à idade, género e actividade física[25]. Em doentes obesos, o aporte calórico recomendado é de 25-30 Kcal/Kg de peso/dia[3,19,32,33].

Na presença de actividade física intensa ou desnutrição, o doente pode necessitar um aporte calórico maior, de 40 a 45 Kcal/Kg de peso/dia[3,26,27,43].

Proteínas

Diversos estudos demonstram que os doentes em hemodiálise fazem uma ingestão proteica média de 0,8 a 1,0 g de proteínas/Kg de peso/dia, existindo situações em que o consumo é inferior[2,3,5,25].

Considerando as perdas de aminoácidos e proteínas verificadas nas sessões de diálise, os valores mínimos recomendados de ingestão proteica para doentes em hemodiálise são de 1,1 g de proteínas/Kg de peso/dia, em que pelo menos 50% devem ser proteínas de alto valor biológico (AVB), com o objectivo de assegurar a ingestão adequada de aminoácidos essenciais, que existem na carne, no peixe, nos ovos, no leite e iogurtes[3,19,25-27,43]. Desta forma, é possível assegurar um balanço nitrogenado neutro ou positivo e impedir o catabolismo proteico[43,44].

Hidratos de carbono e lípidos

Uma ingestão equilibrada destes nutrientes é importante para garantir as necessidades calóricas totais. Caso contrário, as proteínas ingeridas são utilizadas como fonte de energia.

Fibras

A obstipação é comum nos doentes em hemodiálise. É causada frequentemente pela baixa ingestão de alimentos ricos em fibras, como consequência da restrição de potássio e de líquidos na dieta, pouca actividade física e por suplementação de ferro e uso de quelantes de fósforo. A recomendação de ingestão de fibras para estes doentes deve ser de 20-25g/dia.

Sódio

A recomendação da ingestão de sódio é individualizada e depende do volume e das perdas urinárias. A ingestão deste elemento pode ser mais liberal, caso exista alguma diurese. Igualmente, pode estar indicada uma maior ingestão em doentes sem manifestações clínicas de sobrecarga hídrica, com uma ingestão calórica deficiente devido à anorexia.

Em doentes em oligúria ou em anúria, a necessidade de restrição de sódio é vital, uma vez que pode levar a um maior ganho de peso interdialítico, edema, hipertensão arterial e insuficiência cardíaca.

O sódio está presente em muitos alimentos e é um dos maiores componentes do sal comum.

Os aspectos práticos para restrição de sódio numa dieta com menos de 6 g de sal incluem:

- Cozinhar com pouco sal;
- Não utilizar sal fino no prato;
- Não utilizar substitutos do sal, porque a maioria contém cloreto de potássio para simular o paladar do cloreto de sódio (sal). Para além disso, estes substitutos do sal contêm metade do sódio normal do sal de mesa, não sendo desta forma isentos de sódio;
- Evitar alimentos ricos em sódio: alimentos pré-confeccionados, aperitivos salgados, azeitonas, bacalhau seco e salgado, batata frita de pacote, bolacha de água e sal e de aveia, caldos de carne, peixe ou legumes, cereais de pequeno almoço tipo *All-bran* e *corn-flakes*, enchidos e fumados, enlatados de carne, peixe ou legumes, manteigas e margarinas com sal, molhos comerciais (maionese, ketchup, mostarda, polpa de tomate, entre outros), pickles, queijos curados, sopas de pacote.

Líquidos

A restrição de líquidos é um factor muito importante para a segurança e resultados do tratamento de diálise, para o controlo da pressão arterial e, portanto, para a prevenção de doenças cardiovasculares.

A ingestão excessiva de líquidos, com o consequente ganho de peso interdialítico, provoca alterações da tolerância das sessões de diálise, com risco de hipotensão, cãibras, náuseas, vómitos ou cefaleias. Em alguns casos, pode provocar um quadro de edema agudo do pulmão.

Consideram-se líquidos não apenas a água mas também: gelo, gelados, refrescos, sumos, bebidas alcoólicas, sopa, chá, café e leite.

Normalmente, a recomendação da quantidade diária de líquidos a ingerir é de:
Volume de urina de 24 horas + 500 ml.

A recomendação quanto ao ganho de peso interdialítico é relativa. Depende de cada doente, do seu peso seco, da diurese e sobretudo da sua situação clínica (problemas cardíacos, tolerância à sessão de diálise, hipotensão, episódios de sobrecarga hídrica, edemas e hipertensão arterial). Como norma, é recomendado um ganho de peso entre diálises nunca superior a 1,5 a 3 Kg, ou não deve exceder 4 a 4,5% do peso seco[25].

Medidas práticas para reduzir o consumo de líquidos:

- Usar um copo pequeno;
- Medir o líquido permitido e colocá-lo numa garrafa;
- Dividir esse líquido ao longo do dia;
- Usar pouco sal na confecção e não adicionar sal fino no prato;
- Utilizar cubos de gelo, que provocam maior sensação de saciedade momentânea. No entanto, posteriormente, poderá sentir mais sede (cada cubo contém +/- 30 ml);
- Lavar a boca frequentemente mas não beber esse líquido;
- Limitar as bebidas gaseificadas ricas em açúcar pois provocam sede;
- Preferir bebidas quentes, pois eliminam mais eficazmente a sensação de sede;
- Evitar comer sopa, pois esta é líquida, ou então optar por comê-la menos liquefeita;
- Tentar manter-se ocupado.

Potássio

Na insuficiência renal crónica, os rins reduzem a capacidade de excreção do potássio. O organismo, na tentativa de manter a homeostase interna, aumenta a excreção renal, utilizando a função renal residual, ou seja, os rins tornam-se mais eficientes na excreção de potássio, relativamente à função ainda remanescente. Um outro mecanismo é o aumento da excreção do potássio através das fezes.

Nos doentes em hemodiálise, com pouca ou nenhuma diurese residual, o potássio vai acumular-se, uma vez que a sua eliminação é dificultada. A restrição de potássio é necessária em doentes em oligúria e anúria, devendo ser de 1 mmol (39 mg K^+)/kg de peso/dia[27].

A hipercaliemia é uma causa potencial de morte súbita nos doentes em hemodiálise[25].

O dietista/nutricionista deve dar informações detalhadas a cada doente sobre a restrição de potássio na sua dieta. Parte do potássio pode ser obtido em hortaliças, legumes frescos, incluindo a batata. Estes alimentos devem ser colocados de molho e cozidos por duas vezes em grandes quantidades de água (sendo a primeira água desperdiçada). Contudo, as vitaminas hidrossolúveis também são removidas.

Aspectos práticos para restrição de potássio:

- Evitar alimentos com alto teor de potássio: bacalhau seco e salgado, batata frita caseira e de pacote, cacau, café instantâneo em pó, castanhas e cebola seca, coco seco e ralado, ervilhas, favas e feijão secos, farinha de soja, frutas oleaginosas, frutos secos, grão de bico e de milho, grelos de nabo, leite achocolatado, leite em pó, lentilhas, melaço, puré de batata instantâneo, soja e tomate em puré concentrado;
- Restrição de alimentos com teor médio de potássio: vegetais, fruta, batata e legumes;
- Não devem ingerir-se mais de duas peças de fruta fresca por dia (em que uma deve ser cozida). Escolher frutas com menos potássio, tais como: maçã, pêra, laranja, pêssego, ananás, abacaxi, fruta em calda (sem a calda), tangerina ou clementina;
- A água de cozer a fruta contém potássio e não deve ser aproveitada;
- Não cozer hortaliça, legumes frescos e batata em panela de pressão, a vapor nem no micro-ondas, porque estes métodos de confecção concentram o teor de potássio dos alimentos;
- Preferir arroz e massa, porque são pobres em potássio.

Fósforo

A ingestão dietética de fósforo deve ser restringida no doente em hemodiálise, uma vez que a hiperfosfatemia contribui para o hiperparatiroidismo secundário e a osteodistrofia[27]. Quando os níveis de cálcio e fósforo estão alterados, unem-se, formando depósitos de fosfato de cálcio, que podem depositar-se no coração, pulmões, vasos sanguíneos, articulações e outros tecidos moles. A ingestão recomendada deste elemento na dieta é de 800 a 1.000 mg/dia[25,27]. É importante a educação dietética para controlar o fósforo, sem comprometer a ingestão proteica. Deve restringir-se a ingestão de leite e derivados (leite, queijo e iogurtes), não deve consumir-se chocolate, cacau, nozes, amêndoas, amendoim, avelã, pistácio, castanha de caju, pinhões, leguminosas secas (grão, favas, ervilhas, lentilhas, soja e feijão), conservas de sardinha, leite em pó, vísceras (miolos, rins, coração e fígado), produtos integrais (massa integral, arroz integral, pão integral, com sementes ou passas), flocos de cereais e fibras, farinhas lácteas e deve ser controlado o consumo de pão, bolachas, bolos e tostas. Para além da restrição dietética, é importante uma diálise adequada e a utilização de quelantes de fósforo.

Cálcio

A deficiência e a resistência à acção da vitamina D a nível gastrintestinal e nos ossos aumentam as necessidades de cálcio dos doentes em hemodiálise.

Os alimentos ricos em cálcio são também ricos em fósforo (por exemplo, produtos lácteos)[27]. Por isso, a ingestão de cálcio deve ser limitada. Os suplementos de cálcio como quelantes de fósforo, ajudam a garantir as necessidades de cálcio[25].

Com a administração de vitamina D, a absorção de cálcio através dos quelantes de fósforo e dos alimentos, a ingestão de cálcio pode tornar-se excessiva, levando a hipercalcemia que pode provocar calcificações vasculares com graves complicações vasculares. Por estas razões, o total de cálcio não deve exceder 2.000 mg/dia (incluindo o cálcio obtido nos suplementos de cálcio como quelantes de fósforo)[25].

Vitaminas

Pode ser necessário um suplemento de vitaminas hidrossolúveis, devido a perdas durante a diálise e inadequada ingestão, por restrição de potássio[27].

A deficiência de vitamina B_{12}, B_6 e ácido fólico está associada a níveis séricos elevados de homocisteína, que é um potente factor aterogénico e os seus níveis plasmáticos elevados têm sido relacionados com a doença vascular precoce. A suplementação diária destas vitaminas reduz os níveis séricos de homocisteína e reduz o risco de doença cardiovascular nestes doentes[27].

As vitaminas lipossolúveis habitualmente não exigem suplementação[25,27], excepto a vitamina D, com indicação individualizada, de acordo com os níveis de fósforo e cálcio. Os suplementos de vitamina D activa estão indicados para aumentar a absorção de cálcio ao nível intestinal, para prevenir e tratar o hiperparatiroidismo e melhorar o metabolismo ósseo[45].

Prescrição, implementação e monitorização do tratamento dietético

A intervenção precoce de um dietista/nutricionista é essencial para prevenir e tratar a PEM e promover uma dieta adequada. O dietista/nutricionista deve desenvolver e implementar um plano individualizado, baseado na avaliação nutricional prévia. O objectivo é maximizar e monitorizar o estado nutricional, fornecer recomendações nutricionais ao doente, família e/ou outras pessoas envolvidas.

Nos doentes em hemodiálise estabilizados e bem nutridos deve intervir-se a cada 6 a 12 meses, ou a cada 3 meses, quando o doente tem idade superior a 50 anos ou faz hemodiálise há mais de 5 anos[25].

REFERÊNCIAS BIBLIOGRÁFICAS:

1. Pifer T.B.; McCullough K.P.; Port F. K. - Mortality risk in hemodialysis patients and changes in nutritional indicators. Kidney Int 2002; 62:2238.
2. Bergstrom, J. - Why are Dialysis Patients Malnourished? *American Journal of Kidney Diseases* 1995; 26 (1): 229-241.
3. Kurtzman, N.A.; Lubbock, MD. National Kidney Foundation: K/DOQI Clinical Practice Guidelines for Nutrition in Chronic Renal Failure; *American Journal of Kidney Diseases* 2000; 35 (6): S1-S140 (Suppl.2).
4. Bossola, M.; Tazza, L.; Panocchia, N.; Cicciarelli, A.; Liberatori, M.; Luciani, G. - Malnutrition in hemodialysis patients. *Rivista Italiana di Nutrizione Parenterale ed Enterale* 2001;19 (1): 1-11.
5. Burrowes, J.; Cockram, D.; Dwyer, J.; Larive, B.; Paranandi, L.; Bergen, C.; Poole, D.; Hemodialysis (HEMO) Study Group. Cross-sectional relationship between dietary protein and energy intake, nutritional status, functional status, and comorbidity in older versus younger hemodialysis patients. *Journal of Renal Nutrition* 2002; 12 (2): 87-95.
6. Ikizler T. A.; Greene J. H.; Wingard R. L. - Spontaneous dietary protein intake during progression of chronic renal failure. J Am Soc Nephrol 1995; 6:1386-1391.
7. Bossola M.; Muscaritoli M.; Tazza L. - Malnutrition in hemodialysis patients: What terapy? Am J Kidney Dis 2005; 46:371.
8. Bossola M.; Tazza L.; Giungi S. - Anorexia in hemodialysis patients: An update. Kidney Int 2006; 70: 417.
9. Chazot C.: Laurent G., Charra B. - Malnutrition in long-term hemodialysis survivors. Nephrol Dial Transplant 2001; 16:61.
10. Mitch W. E.; Maroni B. J. - Factors causing malnutrition in patients with chronic uremia. Am J Kidney Dis 1999; 33:176.
11. Riella M. C. - Malnutrition in dialysis: malnourishment or uremic inflammatory response? Kidney Int 2000; 57:1211.
12. Kalantar-Zadeh, K.; Ikizler, A. - Malnutrition-Inflamation Complex syndrome in Dialysis Patients: Causes and Consequences. *American Journal of Kidney Diseases* 2003; 42 (5): 865.
13. Ikizler, T. A.; Flakoll, P. J.; Parker, R. A.; Hakim, R. M. - Amino acid albumin losses during hemodialysis. *Kidney International* 1994; 46: 830 – 837.
14. Neves, F.; Luz-Rodrigues, H.; Carvalho, A. - Em doentes em hemodiálise a dimetilarginina assimétrica (ADMA) parece estar principalmente dependente da dimetilaminohidrolase (DDAH). Rev. Portuguesa Nefrol Hipert 2006; 20 (4): 327-334.
15. Gutierrez, A.; Alvestrand, A.; Wahren, J. - Effect of in vivo contact between blood and dialysis membranes on protein catabolism in humans. Kidney Int 1990;38: 487.
16. Fernández-Reyes, M.; Álvarez-Ude, F.; Sánchez, R.; Mon, C.; Iglesias, P.; Díez, J. - Inflammation and malnutrition as predictors of mortality in patients on hemodialysis.

Journal of Nephrology 2002; 15: 136-143.

17. Graham, K. A.; Reaich, D.; Channon, S. M. - Correction of acidosis in hemodialysis decreases whole-body protein degradation. J Am Soc Nephrol 1997; 8:632-637.
18. Kalantar-Zadeh, K.; Block, G.; McAllister, C.; Humphreys, M.; Kopple, J. - Appetite and inflammation, nutrition, anemia, and clinical outcome in hemodialysis patients. *American Journal of Clinical Nutrition* 2004; 80: 299-307.
19. Wolfson, M. - Management of Protein and Energy Intake in Dialysis Patients. Journal of the *American Society of Nephrology* 1999; 10: 2244-2247.
20. Hedge, A.; Veis, J.; Seidman, A. - High prevalence of alcoholism in dialysis patients. Am J Kidney Dis 2000; 35:1030-1043.
21. Sherman, R. A.; Cody, R. P.; Rogers, M. E. - Intradialytic weight gain and nutritional parameters in chronic hemodialysis patients. Am J Kidney Dis, 1995; 25: 579.
22. Chumlea, W. - Anthropometric and body composition assessment in dialysis patients. *Seminars in Dialysis* 2004; 17 (6): 466-470.
23. Kamimura, M. A.; Majchrzak, K.; Cuppari, L.; Pupim, L. - Protein and energy depletion in chronic hemodialysis patients: clinical applicability of diagnostic tools. *Nutrition in Clinical Pratice* 2005; 20 (2): 162-175.
24. Wolfson, M. - Assessment of nutritional status in end-stage renal disease. Consultado em 20 através de http://UpToDate® 'Assessment of nutritional status in end-stage renal disease. 2005.
25. Fouque, D.; Vennegoor, M.; Ter Wee P. - *Nephrology Dialysis Transplantation*, 2007; 22[Suppl2]:ii45-ii87.
26. Locatelli, F.; Fouque, D.; Heimburger, O.; Drucke, T. B.; Cananata-Andía, J. B.; Horl, W. H. - Nutritional status in dialysis patients: a European consensus. Nephrology Dialysis Transplantation 2002 ; 17 (4) : 563-572.
27. Fouque, D.; Passlick-Deetjen, J. - *Management of Renal Patient: Clinical Algorithms on Nutritrional Status and Nutritional Status and its Relationship to Inflammation* (Appendix III, p. 56). Zagreb: Fresenius Medical Care, 2003.
28. Hu, F.; Rimm, E.; Smith-Warner, S.; Feskanich, D.; Stampfer, M.; Ascherio, W. - Reproducibility and validity of dietary patterns assessed with a food-frequency questionnaire. *American Journal of Clinical Nutrition* 1999; 69 (2): 243-249.
29. Kalantar-Zadeh, K.; Kopple, J.; Deepak, S.; Block, D.; Block, G. - Food intake characteristics of hemodialysis patients as obtained by food frequency questionnaire. *Journal of Renal Nutrition* 2002; 12 (1): 17-31.
30. Kamimura, M. A.; Santos, N.; Avesani, M.; Canziani, M. E.; Draibe, S. A.; Cuppari, L. - Comparison of three methods for the determination of body fat in patients on long-term hemodialysis therapy. *Journal of the American Dietetic Association* 2003; 103(2): 195-199.
31. Kloppenburg, W.; Stegeman, C.; Jong, P.; Huisman, R. - Relating protein intake to nutritional status in haemodialysis patients: how to normalize the protein equivalent of total nitrogen appearance (PNA). *Nephrol Dial Transplant* 1999; 14: 2165-2172.

32. Martins, C.; Riella, M. - Avaliação e Monitorização do Estado Nutricional em Pacientes Renais. In M. C. Riella & C. Martins (Eds.), *Nutrição e Rim* (pp. 83-88). Rio de Janeiro: Guanabara Koogan, 2001.
33. Martins, C.; Riella, M. - Nutrição e Hemodiálise. In M. C. Riella & C. Martins (Eds.), *Nutrição e Rim* (pp. 114-131). Rio de Janeiro: Guanabara Koogan, 2001.
34. Kato, A.; Odamaki, M.; Yamamoto, T.; Yonemura, K.; Maruyama, Y.; Kumagai, H. - Influence of body composition on 5 year mortality in patients on regular haemodialysis. *Nephrol Dial Transplant* 2003; 18: 333-340.
35. Saxena, A.; Sharma, R. K. - An Update on methods of assessment of nutritional status in maintenance dialysis patients. Consultado em Janeiro 20, 2005, http://www.ijnephrol.com/aprjun2004/20.htm. 2004.
36. Kopple, J.; Zhu, X.; Lew, N.; Lowrie, E. - Body weight-for-height relationships predict mortality in maintenance hemodialysis patients. *Kidney International* 1999; 56: 1136.
37. Santos, N.; Draibe, S.; Kamimura, M. A.; Cuppari, L. - Albumina sérica como marcador nutricional de pacientes em hemodiálise. *Revista de Nutrição* 2004; 17 (3): 339-349.
38. Avram, M. Prealbumin – a nutritional marker – predicts survival in dialysis patients. *Dialysis Times* 2001; 8 (1): 1-8.
39. Liu, Y.; Coresh, J.; Eustace, J.; Longenecker, J.; Jaar, B.; Fink, N. - Association between Cholesterol level and Mortality in Dialysis Patients. *JAMA 2005; 291* (4): 451-459.
40. Junc, E.; Verde, E. - Hiperlipidemia y arteriosclerosis. In F. Llach, F. Valderrábano (Eds.), *Insuficiencia Renal Crónica Diálisis y Transplante Renal* (Vol. 1, pp. 652,653). Madrid: Edicções Norma, 1997.
41. Toigo, G.; Aparício, M.; Attman, P.; Cano, N.; Cianciaruso, B.; Engel, B. - Expert working group report on nutrition in adult patients with renal insufficiency (part 1 of 2). *Clinical Nutrition* 2000; 19 (3): 197-207.
42. Toigo, G.; Aparício, M.; Attman, P.; Cano, N.; Cianciaruso, B.; Engel, B. - Expert working group report on nutrition in adult patients with renal insufficiency (part 2 of 2). *Clinical Nutrition* 2000; 19 (4): 281-291.
43. Mehrotra, R.; Kopple, J. - Nutritional Management of Maintenance Dialysis Patients: Why aren´t we doing better? *Annu. Rev. Nutr 2001* ; 21 : 343-379.
44. Rao, M.; Sharma, M.; Juneja, R.; Jacob, S.; Korula, C. - Calculated nitrogen balance in hemodialysis patients: influence of protein intake. *Kidney International* 2000; 58: 336.
45. K/DOQI clinical practice guidelines for bone metabolism and disease in chronic kidney disease. *Am J Kidney Dis* 2003;42 [4 Suppl 3]:S1-S201

A. HISTORY	RATING						
	Severe		Mild-moderate			Normal	
1. WEIGHT CHANGES over past 6 months over past 2 weeks ___ <5% weight change (or gain) ___ increasing weight ___ 5 to 10% weight lost ___ stable weight ___ > 10% weight lost ___ ongoing weight lost	1	2	3	4	5	6	7
2. FOOD INTAKE overall: ___ usual intake ___ < usual and decreasing duration: ___ weeks type of change ___ suboptimal foods ___ full liquid intake ___ hypocaloric fluids ___ unable to eat	1	2	3	4	5	6	7
3. GASTROINTESTINAL SYMPTOMS ___ none ___ anorexia ___ nausea ___ vomiting ___ diarrhea duration: ___ weeks	1	2	3	4	5	6	7

B. PHYSICAL EXAMINATION	RATING						
	Severe		Mild-moderate			Normal	
1. LOSS OF SUBCUTANEOUS FAT	1	2	3	4	5	6	7
2. MUSCLE WASTING	1	2	3	4	5	6	7

C. OVERALL EXAMINATION	FINAL RATING
1. NORMAL OR WELL NOURISHED Rating of 6 to 7 in most categories or significant and sustained improvement	
2. MILD TO MODERATELY NOURISHED 3 to 5 rating indicates in most categories	
3. SEVERELY MALNOURISHED 1 to 2 ratings in most categories	

Fouque, D., & Passlick-Deetjen, J (2003). Management of Renal Patient: Clinical Algorithms on Nutritrional Status and Nutritional Status and its Relationship to Inflammation, 56.

Para a avaliação do SGA, utilizou-se a escala de sete pontos, sendo a pontuação classificada de acordo com as DOQI Guidelines: desnutrição grave (SGA – 1 a 2), desnutrição moderada e ligeira (SGA – 3 a 5) e sem desnutrição (SGA – 6 a 7).

LISTA DE ABREVIATURAS

AMB – Área Muscular do Braço
AVB – Alto Valor Biológico
BIA – Bioimpedância Eléctrica
BUN - Balanço Nitrogenado
DEXA – Dual Energy X-ray Absorptiometry
IGF-1 – Insulin-like Growth Factor
IMC – Índice de Massa Corporal
IRCT – Insuficiência Renal Crónica Terminal
MIS - Malnutrition-inflammation Score
NIR – Near-infrared interactance
nPCR – Taxa Catabólica Proteica Normalizada
PB – Perímetro do Braço
PCR – Taxa Catabólica Proteica
PCT – Prega Cutânea Tricipital
PEM – Malnutrição calórico-proteica (protein-energy malnutrition)
PMB – Perímetro Muscular do Braço
SGA – Avaliação Global Subjectiva

ADEQUAÇÃO DO TRATAMENTO

CO-AUTORES:

ENFª. FERNANDA GOMES - Enfermeira-Chefe na Clínica NephroCare Vila Franca de Xira.

DRª. PATRÍCIA MATIAS - Coordenadora na Clínica NephroCare Vila Franca de Xira e Nefrologista no Hospital de Santa Cruz.

ENFª. NATÁLIA GONÇALVES - Enfermeira-Chefe na Clínica NephroCare Alverca.

DRª. CARINA FERREIRA - Nefrologista Coordenadora na Clínica NephroCare Alverca. Interna do último ano do internato complementar de Nefrologia no Hospital Curry Cabral.

CAPÍTULO XIII - ADEQUAÇÃO DO TRATAMENTO

A hemodiálise contribui para a melhoria do estado funcional e para aumentar a sobrevida do doente, devendo ser tido em conta que para atingir estes objectivos é fundamental a administração da dose adequada de diálise.

Numerosos estudos mostram uma correlação negativa entre a dose de diálise e a morbilidade e mortalidade do doente com IRC em estadio 5. Neste sentido, a dose de diálise deve ser medida e monitorizada por rotina, para assegurar que o doente recebe a dose adequada.

Uma das moléculas cuja remoção é utilizada com mais frequência para a avaliação da eficácia dialítica é a ureia (concentração sérica).

Durante o processo hemodialítico, ocorre uma diminuição brusca da concentração sérica da ureia, seguida de um aumento gradual, durante o período interdialítico. A diminuição da concentração da ureia durante a diálise é determinada por três factores principais:

- *clearance* (ou depuração) da ureia pelo dialisador (K)
- tempo de tratamento (t)
- volume de distribuição da ureia (V) no doente

A *clearance* da ureia do dialisador (K) é influenciada pelas características da membrana de diálise, pelo fluxo de sangue (Qb), pelo fluxo do dialisante (Qd) e pelo fluxo convectivo da ureia que ocorre durante a ultrafiltração.

O aumento gradual da concentração da ureia, durante o período interdialítico, depende da taxa de produção da ureia (que nos indivíduos em estado não catabólico reflecte a ingestão proteica da dieta), do volume de distribuição da ureia e da presença ou ausência de função renal residual.

Para medir e monitorizar a dose de diálise, existem duas fórmulas de cálculo que podem ser utilizadas e que orientam a prescrição do tratamento: o Kt/V e o URR.

Kt/V

O cálculo do Kt/V é o método que melhor determina a quantidade de diálise que deve ser administrada a um doente. O Kt/V é um valor não unitário indicativo da dose de diálise, sendo descrito como a *clearance* fraccionada da ureia em função do seu volume de distribuição. A *clearance* fraccionada é definida pelo produto da *clearance* do dialisador (K)

pelo tempo de tratamento (t).
Kt/V = (K x t) / V

K – *clearance* da ureia do dialisador (em ml /minuto)
t – duração da sessão (em minutos)
V – volume de água do organismo (em ml)

As recomendações sugerem que o Kt/V pode ser determinado formalmente pelo modelo da cinética da ureia (utilizando o computador) ou pela fórmula do logaritmo natural do Kt/V.
Kt/V = - ln (R – 0,008 x t) + (4 – 3,5 x R) x UF/ W

ln = logaritmo natural
R = ureia pós-diálise /ureia pré-diálise
t = tempo (em horas)
UF = volume de ultrafiltração (em litros)
W = peso pós-diálise (em Kg)

Factores que influenciam o Kt/V:

***Clearance* do dialisador (K)** – A *clearance* dialítica de qualquer soluto é obtida pelo somatório da remoção difusiva e da remoção convectiva desse soluto através do dialisador.

A difusão de um soluto depende do produto área x permeabilidade do dialisador (KoA) ao soluto, bem como do Qb (fluxo de sangue) e Qd (fluxo do dialisante).

O KoA é um coeficiente de transferência de massa, ou seja, a *clearance* máxima possível de um dado dialisador, para fluxos de sangue e de dialisante com um valor infinito, e que representa a capacidade ou a eficiência desse determinado dialisador em remover um determinado soluto.

A convecção é determinada pela taxa de ultrafiltração. Assim, a *clearance* do dialisador é dada pelo somatório:
Ktotal = *clearance* difusiva (Kd) + *clearance* convectiva (Kc)

Normalmente, este valor é fornecido pelo fabricante, embora seja necessário ter presente que a K in vivo é frequentemente 20% mais baixa do que aquela que nos é fornecida, existindo várias causas que contribuem para este facto:

- fluxos de sangue ou de dialisante baixos – ocorrem mais frequentemente com o uso de cateteres;

- coagulação nos capilares do dialisador – reduz a área de superfície disponível para a diálise;
- mesma direcção de fluxo de sangue e de dialisante – não utilizando direcções em contracorrente (fluxo concorrente);
- recirculação do acesso – que é descrita mais adiante.

Por esta razão, é recomendável avaliar o K de um dialisador para determinado soluto, utilizando a fórmula:
Ku = Qb x (Au – Vu /Au)
Ku = *clearance* de ureia
Au, Vu = concentração da ureia nas linhas arterial e venosa, respectivamente.

Não devemos esquecer que esta fórmula nos dá a *clearance* instantânea, num determinado momento da sessão, e que esta pode ser diferente na mesma sessão e de sessão para sessão de diálise. Por esta razão, deve ser determinada frequentemente.

Coeficiente de ultrafiltração (Kuf) – É definido como a permeabilidade da membrana do dialisador à água, sendo uma função da espessura da membrana e do tamanho dos poros da membrana. Pode ser calculado obtendo-se o número de ml de líquido por hora que é transferido através da membrana, por mmHg de gradiente de pressão transmembranária (PTM = pressão no compartimento de sangue menos a pressão no compartimento de dialisante).

O coeficiente de ultrafiltração é, portanto, utilizado para comparar a capacidade de ultrafiltração dos diferentes dialisadores, mas também para calcular a pressão necessária que deve ser exercida através da membrana, para produzir um determinado volume de ultrafiltrado.

As novas máquinas apresentam um sistema de ultrafiltração controlada, pelo que se pode e deve usar um coeficiente de filtração elevado (Kuf >6 ml/mmHg/h), sendo apenas necessário introduzir no dialisador a perda de volume necessária, permitindo que a perda de peso (volume) seja realizada de forma linear.

Se não for possível uma ultrafiltração controlada, e usando um dialisador com coeficiente de ultrafiltração baixo, é necessário uma pressão transmembranária (PTM) elevada para remover o excesso de volume requerido. Em termos práticos, e como regra, quando não dispomos de ultrafiltração controlada, o coeficiente de ultrafiltração *in vivo* deve ser cerca de 4 vezes a taxa de remoção de volume (litros por hora).

A pressão total (P net) através da membrana é a soma da pressão osmótica, hidráulica e oncótica:
P net = P osmótica + P hidráulica + P oncótica

A pressão hidráulica é a diferença entre as pressões do sangue e do dialisante:
P hidráulica= P sangue – P dialisante

Como a pressão hidráulica é significativamente maior que a osmótica e a oncótica, na prática, o gradiente de pressão é a diferença entre a pressão do sangue e do dialisante:
P net = P sangue – P dialisante
= (Pse + Pss)/2 – (Pde - Pds)/2

Pse = pressão do sangue na entrada
Pss = pressão do sangue na saída
Pde = pressão do dialisante na entrada
Pds = pressão do dialisante na saída

A pressão transmembranária (PTM) é também a pressão efectiva requerida para atingir uma determinada perda de peso intradialítica e pode ser calculada da seguinte forma:
PTM = perda de peso desejada / (Kuf x tempo de diálise).

Como exemplo, para um doente com um aumento de peso intradialítico de 2,0 Kg, que faz uma sessão de hemodiálise de 4 horas, com um dialisador com Kuf de 4 ml/mmHg/h, a PTM deve ser de cerca de 125 mmHg para se conseguir os 2.000 ml de perda de volume.

PTM = perda de peso desejada / (Kuf x tempo diálise)
= 2.000 / (4x4) = 125 mmHg

Se houver necessidade de maior remoção de volume, a pressão negativa deve ser aumentada. Os dialisadores actualmente usados permitem PTM elevadas (> 500 mmHg).

Durante a hemodiálise, a ultrafiltração e a *clearance* ocorrem simultaneamente. No entanto, podem ser segregadas temporariamente, chamando-se ultrafiltração/*clearance* sequencial. Esta modalidade permite uma maior remoção de volume, com maior estabilidade hemodinâmica, mas com a desvantagem de uma *clearance* de solutos comprometida e o risco de uma diálise inadequada.

Uma membrana de alto fluxo é caracterizada por um Kuf superior a 20 ml/h/min. Com esta elevada permeabilidade, um pequeno erro da pressão transmembranária pode resultar numa exagerada remoção de volume, pelo que é recomendável que estas membranas sejam utilizadas só em máquinas de diálise com controlo volumétrico da ultrafiltração.

A remoção total de volume (ultrafiltração) deve ser calculada e introduzido o valor na máquina de diálise, quando esta possui ultrafiltração controlada. Para este volume, deve ser tida em conta a ingestão de alimentos ou a administração parentérica durante a diálise, assim como o volume de soro que o doente recebe no início e no final da diálise.

Em máquinas que não possuam ultrafiltração controlada, após calcular o total de líquido a ser removido, deve ajustar-se a pressão transmembranária, para remover este volume a uma taxa constante durante a sessão dialítica.

Podem existir vantagens clínicas em utilizar uma taxa de remoção de volume variável durante a sessão dialítica. Como exemplo, a taxa de remoção de volume pode ser aumentada durante a 1ª e 2ª hora da diálise, sendo reduzida progressivamente na fase final da sessão. O sódio da solução de diálise também pode ser aumentado durante a fase inicial da diálise, para ajudar a manter a osmolaridade do sangue. Para se conseguirem estes objectivos, algumas máquinas possuem perfis pré-programados de variação da ultrafiltração e do valor de sódio.

A ultrafiltração, durante a diálise tem como objectivo remover o volume de líquido acumulado durante o período interdialítico, para que o doente possa atingir o peso seco.

Peso seco

Para uma adequada prescrição de diálise, temos sempre que estimar o peso seco do doente. O peso seco é habitualmente definido como o menor peso que o doente tolera sem o desenvolvimento de intercorrências. O conceito de peso seco é determinado sob a forma de "tentativa e erro" baseado em evidências clínicas. Quando atinge o seu peso seco, o doente deve estar normotenso e sem evidência de edema periférico ou congestão pulmonar.

Tanto a sobre como a sub-hidratação podem ter efeitos prejudiciais no doente. Se o peso seco determinado for superior ao real, o doente vai permanecer num estado de sobrecarga hídrica no final da diálise, com hipertensão e disfunção cardíaca consequentes, podendo a ingestão de líquidos interdialítica causar edema e congestão pulmonar. Inclusivamente, a manter-se esta situação, existe a possibilidade de vir a desenvolver-se derrame pulmonar e/ou pericárdico. Se o peso seco determinado for mais baixo que o real, o doente irá apresentar hipotensão e cãibras no final da sessão, bem como sintomas de cansaço e de mal-estar geral.

O peso seco sofre frequentes variações, devendo ser reavaliado e ajustado periodicamente. Uma redução progressiva do peso seco deve alertar para uma alteração nutricional, patologia subjacente ou para diálise ineficiente ou insuficiente.

Tempo de hemodiálise (t) – A duração da sessão de hemodiálise é um dos factores que mais afecta a dose de diálise oferecida aos doentes. O tempo de hemodiálise deve ser suficiente para remover os solutos tóxicos e prevenir a uremia.

Pode ser calculado desde que seja conhecida a *clearance* do dialisador (K) e o volume de distribuição da ureia (V) do doente, que vai corresponder aproximadamente a 55% do seu peso corporal (mas que pode ser melhor determinado através da equação antropométrica de Watson). Então,

t = V/K

logo

t = 0,55 x peso corporal / K

Muitas vezes, o tempo prescrito não é igual ao efectivo, uma vez que não são contabilizadas as paragens intermitentes da bomba de sangue durante o tratamento, pelo que se deverá ter em conta este factor.

Recirculação do acesso (RCA) – É definida pela quantidade de sangue já dialisado, expressa em percentagem (%),que se mistura com sangue não dialisado na linha arterial do acesso arteriovenoso durante o tratamento. Significa que uma percentagem do sangue que retorna do dialisador e que é entregue ao doente pelo ramo venoso, retorna ao circuito extracorporal através do ramo arterial, em vez de retornar à circulação sistémica.

Desta forma, vai haver uma diminuição na concentração sanguínea de ureia que entra no dialisador e, consequentemente, uma diminuição do gradiente de concentração pela membrana de diálise. Se a quantidade de ureia removida é dada pelo produto

Volume de sangue filtrado x Concentração de ureia no dialisador

e estando este último parâmetro diminuído, a ureia removida vai também estar diminuída e a diálise prescrita vai ser superior à diálise oferecida ao doente, ou seja, a eficácia da diálise vai estar reduzida.

As causas de recirculação do acesso podem ser várias, sendo as mais importantes as seguintes:

- estenose venosa após o local de punção venosa - com obstrução do fluxo, levando ao refluxo do sangue pela linha arterial;
- débito sanguíneo diminuído - ocorre quando há vasoconstrição periférica, diminuição do débito cardíaco ou doença arterial periférica, fazendo com que o fluxo relativo que

chega à linha arterial seja menor do que o fluxo da bomba de sangue, pelo que, desta forma, têm de haver refluxo na linha venosa;

- mau posicionamento das agulhas – quando se encontram muito próximas ou em posição invertida, ou quando há inversão das linhas no caso do acesso ser um cateter de hemodiálise.

Com o que foi descrito, podemos afirmar que a recirculação do acesso é um parâmetro importante, não só por ser um factor de eficácia dialítica, mas também porque nos pode chamar a atenção para um problema do acesso arteriovenoso, uma vez que a recirculação é preditiva de estenose do acesso. Torna-se, então, importante calculá-la.
A recirculação do acesso pode ser calculada pela seguinte equação:

$$\frac{Pu - Au}{Pu - Vu} \times 100 = RCA$$

Pu = Ureia Plasmática
Au = Ureia na linha arterial (pré-HD)
Vu = Ureia na linha venosa (pós-HD)

Estes valores são obtidos através da colheita de amostras do sangue periférico, da linha arterial e da linha venosa do doente, simultaneamente. Os valores de recirculação superiores a 10% indicam disfunção do acesso vascular, justificando uma investigação vascular. Se não houver recirculação, a concentração Pu vai ser igual à Au.

Como devemos proceder para colher sangue sem ter que picar o doente 3 vezes?

1) Interrompe-se a ultrafiltração 30 minutos após o início da hemodiálise;
2) Obtêm-se amostras das linhas arterial e venosa;
3) Diminui-se a bomba para 50 ml/min e colhe-se sangue da linha arterial 15 a 30 segundos depois (sendo esta a amostra de sangue periférico), para minimizar o efeito da recirculação do sangue venoso já dialisado.

Actualmente, existem outras formas para calcular a recirculação do acesso, como as técnicas de diluição por ultrassons, conductividade ou termodiluição. Nestes casos, é significativo um valor >5%.

Recirculação cardio-pulmonar (RCCP)
É definida pela entrada de sangue já dialisado no acesso arteriovenoso, sem ter passado pelos tecidos periféricos, ricos em ureia. Ou seja, tem a ver com aquela porção de sangue que é entregue ao coração; depois de ter entrado na circulação sistémica pela linha venosa, passa pelos pulmões (ambos os órgãos com quantidades negligenciáveis de

ureia), entra na aorta e é direccionado directamente para a artéria do acesso, entrando no dialisador, sem ter atravessado o leito capilar sistémico (rico em ureia).

Tal como o nome indica, a recirculação cardiopulmonar ocorre através do coração e pulmões e apenas se verifica quando o acesso arteriovenoso é uma fístula ou uma prótese. Quando o dialisador é alimentado por um acesso venoso, como um cateter central, a recirculação cardiopulmonar não ocorre. Portanto, a diálise com um acesso arteriovenoso é influenciada pela recirculação cardiopulmonar, que é de cerca de 5 a 10%, superior à observada quando o acesso é um cateter. Neste último caso, o efeito da recirculação cardiopulmonar é contrabalançado por uma recirculação do acesso mais elevada no cateter e pelo menor fluxo de sangue obtido.

Desequilíbrio compartimental

Ocorre 30 a 60 minutos após a hemodiálise e é representado pela elevação da concentração de ureia que ocorre após o final do tratamento. Inicialmente, pensou-se que esse *rebound* da ureia era devido apenas à lentidão de transferência da ureia do compartimento intracelular para o extracelular, confirmando mesmo a hipótese da existência de uma distribuição bi-compartimental da ureia no organismo. No entanto, posteriormente, verificou-se existir outro desequilíbrio, talvez mais importante: aquele que existe entre as concentrações de ureia de fluxos regionais de sangue e que se vai estabelecendo ao longo da diálise. Durante a hemodiálise, o sangue proveniente de zonas de alto fluxo sanguíneo e com baixa produção de ureia (rins, pulmões e cérebro) é dialisado com maior frequência que aquele que é proveniente de tecidos com maior produção de ureia, mas sujeitos a vasoconstrição (músculo, pele e osso). É sensato, portanto, imaginar que, durante a hemodiálise, se estabelecem vários compartimentos de distribuição da ureia. Estudos de cinética da ureia utilizando análises multicompartimentais não adicionaram, no entanto, maior correcção ao Kt/V que os estudos que consideram a distribuição da ureia em até dois compartimentos, contemplando convenientemente esse *rebound* da ureia acima descrito. Todo este raciocínio deu origem a um Kt/V denominado equilibrado (eKt/V), de conformação matemática bi-compartimental, em oposição ao Kt/V inicial que passou a ser denominado *single pool* Kt/V (spKt/V). A relação entre os dois Kt/V é a seguinte:

eKt/V = spKt/V – 0,6.spKt/V / horas + 0,03 (com acesso AV)
eKt/V = spKt/V – 0,6.spKt/V / horas + 0,02 (com acesso VV, por ex.: CVC)

Sendo assim, não é preciso esperar 30 ou mais minutos para se obter um eKt/V. Com as amostras de sangue colhidas pós-hemodiálise evitam-se os efeitos da recirculação do acesso vascular e da recirculação cardiopulmonar e, calculando-se o eKt/V, corrige-se o desequilíbrio compartimental. Deste modo, as três causas de aumento do Kt/V inerentes ao procedimento são evitadas.

URR

A dose de diálise administrada também pode ser obtida usando a taxa de redução da ureia (URR).

URR = (Ureia pré-diálise – Ureia pós-diálise) / Ureia pré-diálise (%)

A utilização da taxa de redução da ureia (URR) é o método mais simples para monitorizar a dose de hemodiálise. Contudo, uma desvantagem deste método, quando comparado com o modelo da cinética da ureia (Kt/V), é que a URR não tem em conta a contribuição da ultrafiltração para a dose final de diálise. Durante a ultrafiltração, ocorre o transporte convectivo de ureia do sangue para o dialisante, sem que haja uma diminuição da concentração da ureia. Assim, com o aumento do volume de ultrafiltração, o Kt/V aumenta progressivamente para o mesmo valor de URR.

Recomendações

As *DOQI guidelines (Dialysis Outcomes Quality Initiative Clinical Practice Guidelines)* sugerem um Kt/V mínimo de 1,3 e uma URR mínima de 70%.

Foram publicadas em Maio de 2007 as *European Best Pratice Guidelines* (EBPG) em estratégias de diálise. Estas sugerem um eKt/V superior ou igual a 1,2 e/ou um spKt/V de 1,4.

De acordo com as EBPG, a diálise deve ser efectuada pelo menos 3 vezes por semana, com um mínimo de 12h semanais, excepto quando existir função renal residual significativa (Nível de evidência III). O aumento do tempo ou da frequência das sessões de hemodiálise deve ser instituído em doentes que se mantêm hipertensos, apesar da remoção de fluidos adequada (Nível de evidência III). A intensificação dialítica deve ainda ser considerada em doentes instáveis do ponto de vista hemodinâmico/cardiovascular (Nível de evidência II), em doentes com hiperfosfatemia mantida (apesar da instituição de tratamento adequado - Nível de evidência III) e em doentes malnutridos (Opinião).

Como melhorar a eficácia dialítica

Quando não se atingem os objectivos acima propostos, podem ser alteradas diversas variáveis do procedimento hemodialítico de modo a aumentar a eficácia dialítica do doente:

1) tipo de dialisador;
2) fluxo do sangue e dialisante;
3) duração e frequência da diálise.

Tipo de dialisador

A permeabilidade do dialisador é uma medida da *clearance* de moléculas de peso molecular médio/alto, utilizando-se como padrão a ß2–microglobulina (PM = 11.800

D). Os dialisadores com *clearance* de ß2–microglobulina superiores a 20 ml/minuto são definidos como de alta permeabilidade e, devido à correlação com o fluxo de água, o termo alto fluxo é também usado para definir uma membrana de alta permeabilidade. Com o aumento dos poros, as membranas de alto fluxo provocam o aumento da *clearance* de solutos de maior peso molecular. Por exemplo, a ß2–microglobulina não é removida durante a diálise com membranas de baixo fluxo (Kuf <10 ml/h/mmHg).

A utilização de uma membrana de alta eficiência (KoA >600 ml/minuto) resulta também no aumento da *clearance* da ureia para fluxos de sangue elevados. Pelo contrário, para fluxos de sangue baixos, não existe grande diferença na *clearance* da ureia, entre uma membrana convencional e uma de alta eficiência, porque o fluxo de sangue, e não a membrana, é o principal determinante da *clearance*.

Fluxo do sangue e do dialisante

A *clearance* de um soluto durante a diálise pode ser funcionalmente definida como a remoção volumétrica do soluto, do sangue do doente. Sendo assim, o fluxo de sangue (Qb) e do dialisante (Qd) são determinantes críticos da eficácia do tratamento dialítico. Ou seja, na prática, uma forma de aumentar a *clearance* difusiva de um soluto do sangue para o dialisante e vice-versa é aumentar o fluxo de sangue e do dialisante até um limite, que é definido pelo dialisador, para determinado soluto.

No entanto, à medida que o Qb e Qd vão aumentando, aumentam também a resistência e a turbulência, resultando num fluxo não linear dentro do filtro e na diminuição da *clearance* por unidade de fluxo de sangue ou de dialisante.

O maior determinante de um fluxo de sangue adequado é o acesso vascular, pelo que a eficiência da hemodiálise fica comprometida, por exemplo, na presença de uma estenose do acesso ou se ocorre recirculação do sangue.

Como já foi referido, a recirculação ocorre quando o fluxo de sangue não laminar, turbulento, retornado ao acesso vascular a partir do dialisador, reflui para o lado arterial do acesso, reentrando no circuito dialítico, diminuindo a eficácia da diálise.

As causas mais comuns de recirculação são a proximidade das agulhas ou a elevação da pressão venosa, provocando refluxo de sangue para o lado arterial, ou ainda, por aumento da pressão negativa no lado arterial, se o influxo arterial estiver alterado ou a velocidade da bomba for elevada.

A *clearance* da ureia é também influenciada pelo fluxo do dialisante. O aumento do fluxo ajuda a maximizar o gradiente de concentração da ureia ao longo de toda a membrana. O aumento do fluxo do dialisante de 500 ml/minuto para 800 ml/minuto eleva em cerca de 10-15% a *clearance* da ureia. Este efeito é mais pronunciado para fluxos de sangue elevados e com o uso de membranas de alta eficiência, com KoA superiores a 600 ml/minuto.

As limitações do fluxo do dialisante são raras; contudo, os erros técnicos, como a falência na ligação do fluxo ou uma calibração inadequada, podem alterar este parâmetro.

Duração e frequência da hemodiálise

O aumento do fluxo de sangue para valores iguais ou superiores a 400 ml/minuto e do dialisante para 800 ml/minuto são modos efectivos para aumentar a dose de diálise. Quando atingidos estes limites, a utilização de uma membrana de alta eficiência (KoA >600 ml/minuto) pode aumentar ainda mais a dose de diálise.

Quando todas estas variáveis combinadas não são suficientes para aumentar a taxa de *clearance* da ureia, o factor mais determinante nesta fase é a duração (tempo) da diálise. A remoção volumétrica de um soluto (ex.: ureia) do sangue é definida por unidade de tempo (minutos). A *clearance* desse mesmo soluto pode ser aumentada prolongando o tempo de hemodiálise.

A prescrição dialítica requer um fluxo de sangue e dialisante nos valores máximos, de tal forma que a duração da diálise é muitas vezes a única variável que pode ser aumentada.

A maioria dos regimes engloba sessões de 4 horas de hemodiálise, 3 vezes por semana (em dias alternados). Apenas os doentes com função renal residual significativa (taxa de filtração glomerular >5ml/min) podem eventualmente ser dialisados em regimes de 2 sessões semanais (ou em sessões mais curtas, mantendo a frequência habitual).

Embora a mesma *clearance* de soluto por semana possa ser atingida em regimes bi-semanais, com sessões mais longas, a hemodiálise tri-semanal está associada a um menor aumento de peso interdialítico, permitindo uma melhor tolerância da ultrafiltração e um menor risco de edema e congestão pulmonar.

Por outro lado, o regime tri-semanal está também associado a uma menor acumulação interdialítica de solutos (toxinas urémicas), diminuindo o risco de complicações neurológicas (síndrome de desequilíbrio), associadas à remoção dos solutos.

A importância do tempo de diálise como determinante da dose de diálise tem sido largamente debatida, nomeadamente pela pressão para reduzir o tempo de diálise, para minorar os custos, e para conveniência do doente ou dos profissionais.
Foi assumido que a diminuição do tempo de diálise, com sessões mais curtas, pode ser contrabalançado pelo aumento da eficiência da diálise por unidade de tempo. Contudo, esta hipó-

tese nunca foi validada, podendo mesmo resultar numa *clearance* efectiva diminuída, especialmente para solutos de médio peso molecular (que atravessam a membrana mais lentamente).

Prescrição inicial de diálise

Em termos práticos, na prescrição inicial, para um doente obter o Kt/V desejado, devem ser tidos em conta os seguintes aspectos:

1. Estimar o V do doente
   Pelas fórmulas antropométricas de Watson
   Homem V (l) = 2,447 + 0,3362 x peso (Kg) + 0,1074 x altura (cm) – 0,09516 x idade (anos)

2. Multiplicar o V pelo Kt/v desejado para obter o Kt
   Ex: se o V= 40 l e Kt/v desejado de 1,5, logo o Kt = 1,5 x 40 =60 l

3. Calcular o t necessário para um determinado K
   O K x t necessário pode ser calculado com uma variedade de combinações de K (que depende do KoA, Qb e Qd) e t, através de modelos de simulação no computador.
   - Deve prescrever-se um Kt/V ≥ 1,3 ou URR ≥ 70%
   - A dose de diálise administrada deve ser igual à prescrita

Quando se identifica uma diminuição da eficácia dialítica, deve-se:

- Excluir a presença de disfunção do acesso vascular, redução do tempo de hemodiálise, erros de colheita ou laboratório;
- Aumentar o Qb até 400 ml/min;
- Aumentar o Qd até 800 ml/min;
- Utilizar um dialisador de alta eficiência;
- Aumentar o tempo (t) de tratamento.

Efeitos de uma diálise inadequada

O prognóstico dos doentes dependentes de diálise é expresso em termos de mortalidade, internamentos e medidas de escalas de "Qualidade de Vida".

Alguns dos factores que mais influenciam o prognóstico dos doentes são comuns a todos os doentes em IRCT e incluem a doença cardiovascular, a anemia e o controlo do metabolismo mineral. A má eficiência dialítica influencia todos estes factores.

Doença cardiovascular

A esperança média de vida de um doente com IRCT é reduzida e as doenças cardiovasculares (acidente vascular cerebral, enfarte agudo do miocárdio, insuficiência cardíaca) contribuem para a morte prematura em cerca de 50% dos doentes dialisados. Embora a aterosclerose acelerada possa ser uma causa importante de mortalidade cardiovascular neste grupo de doentes, existem outros factores de risco que podem ser minimizados com um programa dialítico eficaz.

Uma diálise pouco eficaz leva a que haja uma remoção pouco eficiente de fluidos, ficando estes em excesso e levando a sobrecarga de volume, hipertensão arterial e, consequentemente, hipertrofia do ventrículo esquerdo. Para além disso, a sobrecarga de volume pode estar ainda associada à insuficiência valvular, que contribui para a insuficiência cardíaca congestiva observada nalguns destes doentes.

Outra causa importante de hipertrofia e dilatação do ventrículo esquerdo é a anemia não corrigida.

Por outro lado, outros factores associados à uremia, tais como a hipertrigliceridemia, as alterações do metabolismo mineral, com o aumento do produto fosfo-cálcico e aumento das calcificações vasculares e valvulares, têm também o seu papel na deterioração cardiovascular deste grupo de doentes.

A pericardite associada à diálise é actualmente pouco comum, mas tem uma taxa de mortalidade elevada (cerca de 10%) e ocorre em doentes sub-dialisados.

Anemia

A anemia da IRCTdeve-se sobretudo à diminuição da produção de eritrócitos, induzida pela redução da síntese de eritropoietina produzida pelo rim. A diálise pode, só por si, melhorar a anemia e pode melhorar a resposta aos estimuladores da eritropoiese, uma vez que diminui os inibidores urémicos desta.

Como sabemos, a "má diálise" é um dos parâmetros mais importantes no diagnóstico diferencial da má resposta à terapêutica com estimuladores da eritropoiese.

Metabolismo mineral

As alterações do metabolismo mineral fazem parte da história natural da insuficiência renal crónica. O espectro da doença inclui alterações da concentração do cálcio, do fósforo e do magnésio, alterações da paratormona e do metabolismo da vitamina D. Estas alterações levam à osteodistrofia renal (que inclui a osteíte fibrosa quística, a doença óssea adinâmica, a osteomalacia e a osteoporose).
Em doentes em hemodiálise prevalecem a osteíte fibrosa quística e a doença óssea adinâmica. O fornecimento de uma diálise adequada é essencial para o controlo destas alterações, principalmente da hiperfosfatemia e do hiperparatiroidismo.

Neuropatia Periférica

Define-se como uma polineuropatia simétrica, distal, sensitivo-motora, que melhora com a prescrição de uma diálise eficaz.

REFERÊNCIAS BIBLIOGRÁFICAS:

- Daugirdas, Jt. Blake, PG.– *Handbook of Dialysis*, 3ª edição, Filadélfia: Lippincott Williams e Wikins, 2011, Capítulos 3 e 9.
- Feehally, J.; Floege, J.; Johnson, R. – *Comprehensive Clinical Nephrology,* Philadelphia, 3ª edição: Filadélfia. 2007; 959-965.
- Depner, TA.– Hemodialysis adequacy: Basic essentials and practical points for the nephrologists in training. *Hemodialysis International*, 2005; 9: 241 – 254.
- K/DOQI clinical practice guidelines for hemodialysis adequacy: Update 2000. *Am J Kidney Dis*, 2001; 37 (Supp1): 57 – 564.
- Tattersall, J. - EBPG guideline on dialysis strategies. *Nephrol Dial Transplant*, Maio 2007; 22: ii5 – ii21.
- Cronin, RE.; Henrich, WL.– Kt/V and the adequacy of hemodialysis. *UpToDate*, 15.1, 2007
- Berkoben, M.; Schwab, SJ.– Arteriovenous fistula recirculation in hemodialysis. *UpToDate*, 15.1, 2007.
- Hootkins, R.; Henrich, WL.– Prescribed versus delivered dialysis: Importance of dialysis time. *UpToDate*, 15.1, 2007.
- Jaeger, JQ.; Mehta, RL.– Assessment of dry weight in hemodialysis: An overview. *J Am Soc Nephrol*, 1999; 10: 392 – 403.

CONTROLO DA INFECÇÃO

CO-AUTORES:

ENF. ABEL GOMES - Enfermeiro na Clínica NephroCare Vila Nova de Gaia. Exerce funções na Comissão de Higiene e Controlé de Infecção no Hospital São João do Porto. Especialidade em Saúde Pública, Mestrado de Saúde Pública, colaborador na Faculdade de Medicina na disciplina de Microbiologia. Formador da DGS e na ARS Norte.

ENF. SÉRGIO RICARDO - Enfermeiro na Clínica NephroCare Vila Nova de Gaia e no Hospital Magalhães Lemos. Especialidade em Enfermagem de Saúde Mental e Psiquiatria.

ENFª. SANDRA FONSECA - Enfermeira na Clínica NephroCare Vila Nova de Gaia e no Centro Hospitalar de Vila Nova de Gaia no Serviço de Nefrologia.

ENFª. JOANA QUADROS - Exerceu funções como Enfermeira na Clínica NephroCare Vila Nova de Gaia.

ENF. JOÃO FAZENDEIRO - Director Nacional de Enfermagem da Fresenius Medical Care. Licenciatura em Ciências de Enfermagem. Auditor perito em tratamento de Diálise, trabalhou em emergência e intensivismo. Realizou actividade no âmbito da Hemodiálise e Gestão de Serviços. Colaborou com escolas superiores de Enfermagem na formação de Enfermeiros. Faz parte da comissão de combate à Gripe das Aves na região EMEA.

CAPÍTULO XIV - CONTROLO DA INFECÇÃO

As medidas de controlo de infecção têm por principal objectivo evitar ou diminuir o risco da ocorrência de infecções associadas à prestação de cuidados de saúde, devendo ser encaradas quer na óptica do doente quer na óptica do profissional de saúde.

A sua abordagem deve ser multidisciplinar, baseada na evidência e orientada para:

- vigilância epidemiológica;
- implementação de práticas adequadas;
- avaliação de impacto.

Nas boas práticas, é dado particular relevo a todas aquelas que possam ter impacto na quebra de qualquer dos elos da cadeia de infecção: microrganismo, reservatório, fonte, porta de saída, porta de entrada e hospedeiro susceptível. A aplicação das precauções padrão deve ser adoptada na abordagem a todos os utentes, devendo ser assumido que todos podem estar colonizados ou infectados.

São aqui abordadas somente questões gerais já que noutros capítulos são analisadas questões específicas tais como a preparação cutânea, os cuidados a ter com cateteres vasculares e outras.

1. HIGIENIZAÇÃO DAS MÃOS

As mãos constituem uma das principais vias de transmissão de infecções. A higienização das mãos é uma das medidas mais importantes no controlo da infecção, sendo a lavagem das mãos definida como "fricção breve e vigorosa de todas as superfícies de pele das mãos, com aplicação de um sabão, seguida de enxaguamento com jacto de água". A lavagem de mãos pode ser substituída pela fricção das mãos com soluções alcoólicas adaptadas para o efeito, as designadas "soluções antissépticas de base alcoólica – SABA", desde que as mãos se apresentem livres de sujidade ou matéria orgânica visível. A fricção das mãos com SABA é também alternativa na técnica de lavagem asséptica ou cirúrgica, após utilização de sabão simples em oposição ao sabão antisséptico.

1.1 - Epidemiologia

A população microbiana da pele é composta por dois tipos:

- **População residente** – são microrganismos que sobrevivem e se multiplicam na pele, sendo a maior parte deles encontrada nas camadas superficiais; no entanto, 10 a 20% vivem nas camadas profundas;
- **População transitória** – são microrganismos adquiridos na sequência do contacto com doentes infectados/contaminados ou com ambientes contaminados, mas que não sobrevivem por longos períodos de tempo.

A lavagem das mãos com sabão ou detergente é eficaz na remoção da maioria da população transitória. Para a remoção dos microrganismos alojados nas camadas mais profundas da pele é necessária a utilização de produtos antissépticos.

A maioria da população microbiana residente não tem grande poder virulento e está normalmente implicada em infecções da pele. Contudo, alguns destes microrganismos, ao penetrarem em estruturas profundas ou estéreis do organismo, podem provocar infecções em doentes, particularmente aqueles que são sujeitos a procedimentos invasivos. Em contraste, a população transitória frequentemente encontrada nas mãos dos profissionais prestadores de cuidados de saúde é grandemente responsável pelo aparecimento de infecções associadas à prestação de cuidados de saúde.

1.2 Medidas de controlo

Para que o processo de lavagem das mãos exista e seja eficaz, alguns aspectos devem ser tidos em consideração:

- Devem existir pontos de lavagem em número suficiente e que respeitem as características adequadas;
- Devem ser retirados todos os adornos das mãos, incluindo o relógio de pulso;
- As unhas devem ser curtas e limpas. Está contraindicada a utilização de vernizes e de unhas artificiais;
- Os punhos devem ser cuidadosamente lavados;
- Mesmo que sejam utilizadas luvas, as mãos devem ser lavadas imediatamente antes e após o seu uso; esta lavagem pode ser substituída por desinfecção com soluções alcoólicas desde que as mãos não tenham sujidade visível;
- Utilizar o tipo de lavagem adequado em função da actividade a efectuar;
- Devem estar disponíveis dispensadores de SABA em quantidade e qualidade para fricção das mãos;
- Deve estar disponível creme hidratante para as mãos.

1.3 - Indicações

As indicações para a lavagem das mãos dependem do tipo, intensidade, duração e sequência da actividade profissional desenvolvida.

Em unidades de alto risco, a frequência da lavagem das mãos deve ser maior, atendendo a que os doentes assistidos nestes locais estão habitualmente infectados ou colonizados por microrganismos de grande virulência e têm maior susceptibilidade a infecções, quer por estarem sujeitos a técnicas invasivas, quer por apresentarem diminuição da sua imunidade. Nestas unidades, a lavagem das mãos está indicada entre o contacto directo aos doentes, mas também entre cuidados prestados no mesmo doente.

É consensual que se deve lavar as mãos:

Antes de:

- Iniciar o serviço;
- Tocar em objectos limpos, desinfectados ou esterilizados;
- Preparar e/ou administrar terapêutica;
- Prestar cuidados a doentes particularmente susceptíveis ou recém-nascidos.

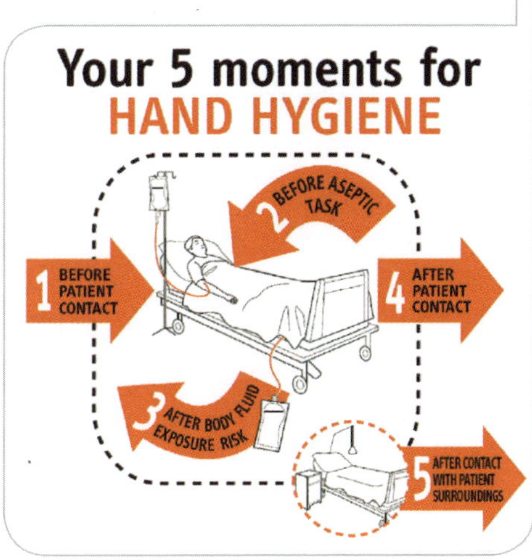

Fig. 1 - Os cinco momentos para higienização das mãos

Antes e depois de:

- Manusear alimentos;
- Utilizar as instalações sanitárias;
- Qualquer contacto com o doente ou seus pertences;
- Manusear pensos;
- Manusear qualquer tipo de cateter;
- Manusear qualquer tipo de agulha de fístula;
- Manusear o sistema de circulação extracorporal;
- Qualquer procedimento invasivo.

Depois de:

- Manusear roupas sujas/contaminadas;
- Manusear materiais sujos/contaminados;
- Manusear qualquer excreção, secreção ou líquido orgânico;
- Sair de local supostamente contaminado;
- Terminar o serviço.

A Organização Mundial da Saúde, através do projecto "World Alliance for Patient Safety", que tem como principal objectivo promover e aumentar a segurança do doente em relação aos cuidados de saúde, recomenda a higienização das mãos em cinco momentos, contemplando todas as situações de risco de transmissão de microrganismos pelas mãos (fig. 1):

1	ANTES DO CONTACTO COM O DOENTE	Quando?	Lave as mãos antes de as aproximar do doente.
		Porquê?	Para proteger o doente dos microrganismos transportados nas suas mãos.
2	ANTES DA REALIZAÇÃO DE PROCEDIMENTO ASSÉPTICO	Quando?	Lave as mãos imediatamente antes de realizar um procedimento asséptico.
		Porquê?	Para proteger o doente de microrganismos, incluindo dos microrganismos do próprio doente.
3	DEPOIS DA EXPOSIÇÃO A FLUIDOS BIOLÓGICOS	Quando?	Lave as mãos imediatamente após a exposição a fluidos biológicos (e depois de retirar as luvas).
		Porquê?	Para o proteger a si e ao ambiente de microrganismos potencialmente perigosos, provenientes do doente.
4	DEPOIS DO CONTACTO COM O DOENTE	Quando?	Lave as mãos imediatamente após o contacto com o doente e após o contacto com o ambiente em volta do doente.
		Porquê?	Para o proteger a si e ao ambiente de microrganismos potencialmente perigosos, provenientes do doente.
5	DEPOIS DO CONTACTO COM A UNIDADE DO DOENTE	Quando?	Lave as mãos imediatamente após o contacto com qualquer equipamento ou mobiliário na unidade do doente (mesmo sem ter tocado no doente).
		Porquê?	Para o proteger a si e ao ambiente de microrganismos potencialmente perigosos, provenientes do doente.

1.4 - Técnica

Um outro aspecto fundamental na higienização das mãos relaciona-se com a técnica de fricção, quer durante a lavagem e enxaguamento, quer na aplicação da SABA. Durante a lavagem e enxaguamento, a técnica correcta pretende através da fricção de toda a superfície das mãos remover mecanicamente a sujidade e microrganismos; na aplicação de SABA, o objectivo é que o antisséptico entre em contacto com toda a superfície das mãos (figura 2).

Assim, no sentido de efectuar uma técnica adequada, devem ser respeitados os passos a seguir apresentados:

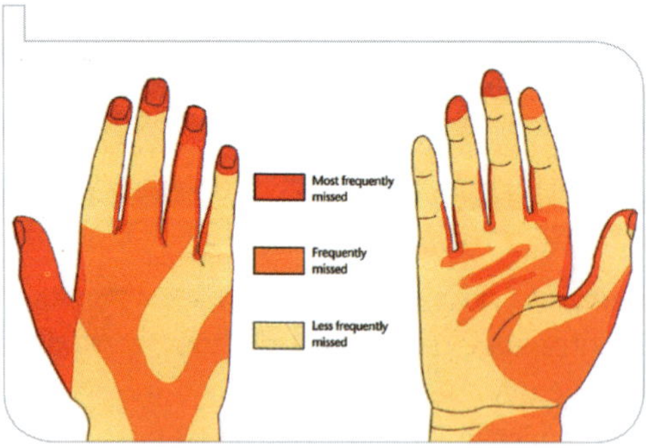

Fig. 2 - Identificação das zonas das mãos deficientemente higienizadas quando não é utilizada a técnica adequada

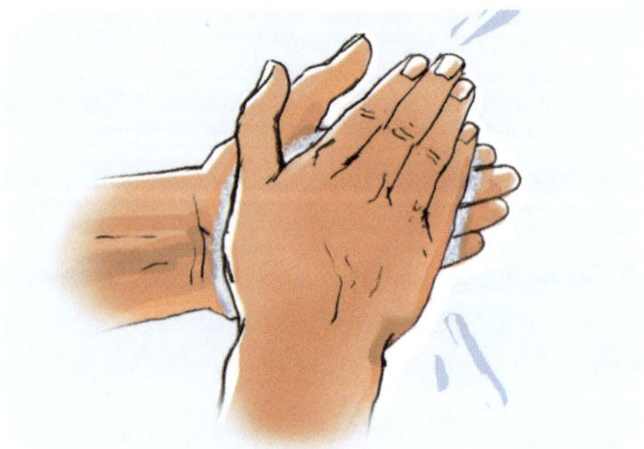

1. Palma com palma.

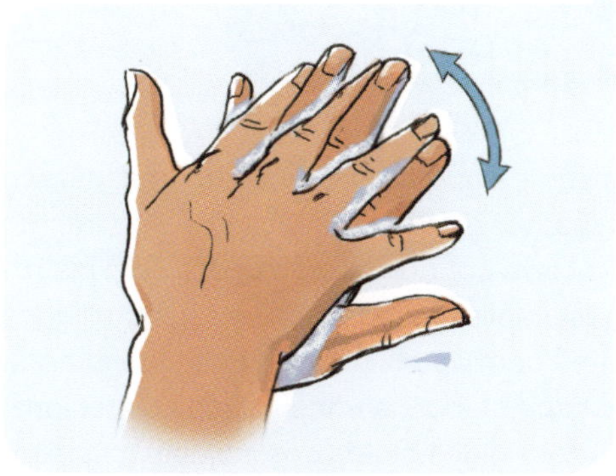

2. Palma direita sobre o dorso esquerdo e vice-versa.

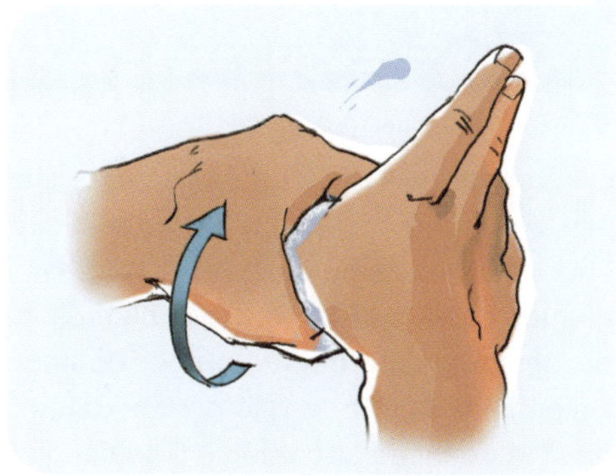

5. Esfregar em rotação o espaço do polegar esquerdo com a palma direita e vice-versa.

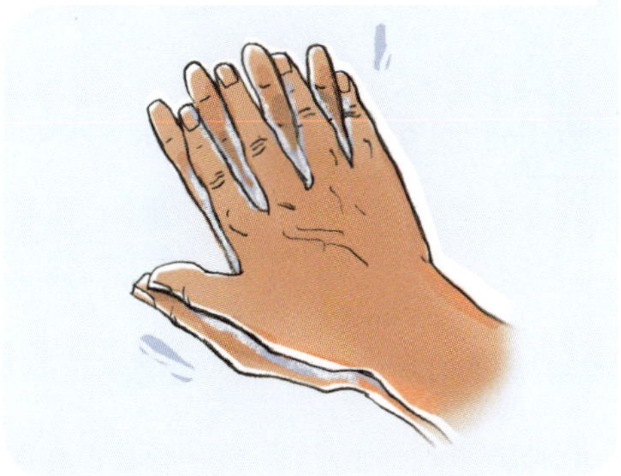

3. Palma com palma com os dedos interligados.

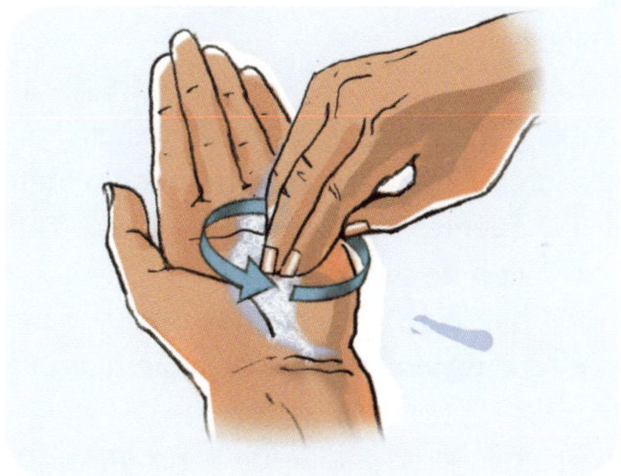

6. Esfregar em rotação com os dedos juntos na área da palma esquerda e vice-versa.

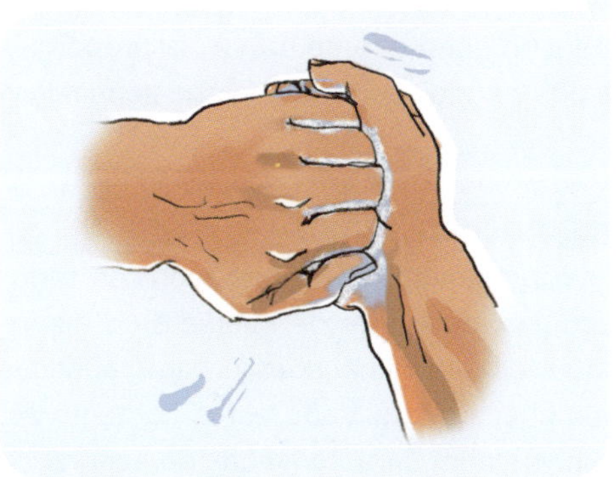

4. Costas dos dedos em oposição à palma com os dedos interligados.

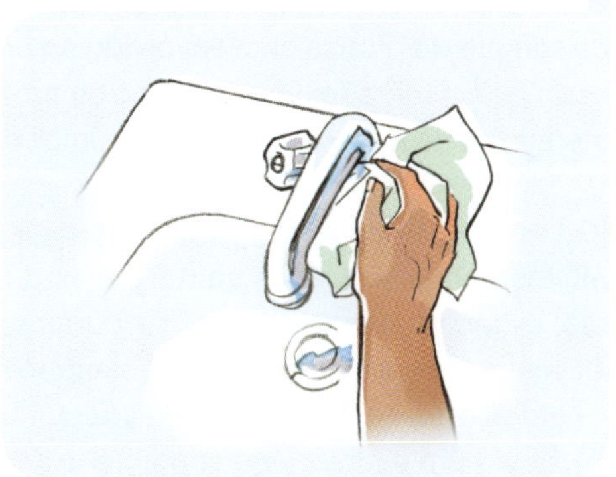

7. Utilize o toalhete para fechar a torneira

2. ACIDENTES DE TRABALHO POR EXPOSIÇÃO A SANGUE E/OU OUTROS FLUIDOS BIOLÓGICOS

Os profissionais de saúde estão expostos ao risco de adquirir doenças de transmissão sanguínea que incluem a hepatite B (HVB), hepatite C (HVC) e infecção pelo vírus da imunodeficiência humana (VIH). A transmissão ocorre por cortes ou picadas com instrumentos corto-perfurantes (ex.: bisturis e agulhas) contaminados com sangue ou fluidos biológicos de um doente ou por contacto destes com as mucosas e pele não íntegra. Os principais factores que podem determinar o risco global de transmissão ocupacional de uma doença por contágio pelo sangue ou outros fluidos biológicos incluem o número de indivíduos infectados na população em geral (prevalência da doença na população), a probabilidade de ficar infectado depois de um único contacto com sangue ou outros fluidos biológicos de um doente infectado e o tipo e número de contactos com estes fluidos.

A maioria das exposições não resulta em infecção. Seguindo uma exposição específica, o risco de infecção pode variar com factores como:

- O agente infeccioso envolvido;
- O tipo de exposição;
- A quantidade de sangue ou fluido biológico envolvido na exposição;
- A carga viral do doente na altura da exposição.

A instituição de saúde deve promover a existência de um protocolo de registo de exposições, de forma a poder avaliar rapidamente o risco de infecção, informar sobre os tratamentos disponíveis, ajudar a prevenir a infecção e alertar para os efeitos colaterais dos tratamentos se a infecção ocorrer. Este protocolo implica a realização de análises de sangue do profissional envolvido no acidente e do doente fonte. Deve ser proporcionado ao acidentado um programa de profilaxia pós-exposição, que engloba aconselhamento adequado e consentimento informado.

2.1 - Como se pode prevenir a exposição ocupacional?

Muitos cortes e picadas com agulhas podem ser prevenidos utilizando técnicas seguras, evitando recapsular, dobrar ou quebrar agulhas, descartar de imediato os dispositivos corto-perfurantes em contentores adequados (em dimensões e características - rígidos e resistentes a perfurações), não preencher na totalidade estes contentores, deixando um espaço livre seguro e usar dispositivos com características de segurança para evitar acidentes (agulhas com sistema de segurança anti-picada).

Durante a realização de procedimentos em que exista a probabilidade de ocorrer exposição para os olhos, nariz, boca ou pele, esta pode ser evitada usando barreiras adequadas como luvas, máscaras, batas e protectores oculares.

2.2 - Se ocorrer uma exposição

2.2.1 - O que devo fazer após uma exposição a fluidos biológicos de um doente?

Imediatamente após a exposição, o profissional deve:

- Lavar a região afectada com água e sabão;
- Se a região atingida for o nariz ou a boca, enxaguar com água;
- Irrigar os olhos com água limpa ou soro fisiológico.

Não existe evidência científica de que o uso de antissépticos ou a expressão da ferida reduzam o risco de transmissão da infecção.

O uso de agentes cáusticos como a lixívia não está indicado.

A seguir a uma exposição a fluidos biológicos, o profissional deve:
Participar o acidente ao seu superior hierárquico e ao serviço responsável pela gestão e acompanhamento destas situações (serviço de Saúde Ocupacional). A participação é essencial porque, se existir indicação, a profilaxia pós-exposição deve ser iniciada o mais cedo possível (nas primeiras 4 horas após a exposição).

Quem vai fazer o acompanhamento do acidentado deve analisar com este o risco de adquirir uma infecção por VIH, VHB, VHC e a necessidade de tratamento pós exposição. Todo o profissional deve estar vacinado contra a hepatite B, que é segura e extremamente eficaz para prevenir a infecção pelo VHB.

2.3 - Risco de infecção após uma exposição ao sangue

Qual o risco após uma exposição ocupacional?

- Vírus da hepatite B

Os profissionais que se vacinaram e desenvolveram imunidade para o vírus não têm virtualmente nenhum risco de contrair infecção. Para uma pessoa não vacinada, o risco após uma picada ou um corte com exposição a sangue infectado por VHB varia entre 6% e 30% dependendo da presença do Ag Hbe na fonte de contágio. Os indivíduos com infecção por VHB e que possuem antigénio de superfície positivo (Ag Hbs) e Ag Hbe positivo têm maior carga viral e por isso maior poder infectante.

• Vírus da hepatite C

Embora baseado em estudos limitados, o risco de seroconversão pelo vírus da hepatite C após uma picada de agulha ou de um corte contaminado com sangue contendo VHC varia entre 0% e 7%. O risco após projecção de sangue é desconhecido, mas acredita--se que seja baixo; contudo, foi descrito na literatura um caso associado a este tipo de exposição.

• Vírus da imunodeficiência humana

O risco médio de adquirir uma infecção VIH após exposição a sangue infectado, por uma picada de agulha ou corte, é de 0,3%, ou seja, uma infecção em 300 acidentes; dito de outra forma, 99,7% dos acidentes por picada ou corte não transmitem infecção.

O risco após exposição da mucosa (olhos, boca, nariz) com sangue infectado varia entre 0,04% e 0,1%, ou seja, no pior cenário, uma infecção em 1.000 exposições.

O risco após exposição da pele com sangue infectado por VIH está estimado abaixo de 0,1%. Uma pequena quantidade de sangue em pele intacta provavelmente não traduz qualquer risco. Não existe nenhum caso documentado de transmissão de doença após uma exposição envolvendo pele íntegra, por uma pequena quantidade de sangue e por um pequeno período de tempo. O risco será mais elevado se a pele apresentar soluções de continuidade (eczema ou ferida) ou se o contacto envolver uma zona extensa ou se for prolongado (horas).

3. HIGIENE PESSOAL

3.1 - Higiene do profissional de saúde

Manter uma boa higiene pessoal facilita a prevenção de infecções.

• Unhas

- Devem estar curtas e limpas. A sujidade das unhas deve ser retirada cuidadosamente com uma escova de nylon.
- O verniz deve estar intacto e as unhas artificiais devem ser proibidas, já que podem ser fonte de transmissão de infecção.

• Cabelo

- Deve estar limpo e se for comprido deve ser preso durante o trabalho.

• Barba e bigode
- Bem tratados/cuidados e curtos.

• Joalharia
- Anéis, pulseiras e relógios de pulso não devem ser usados durante o trabalho.

• Lenços de papel/toalhetes
- Depois de utilizados, devem ser rejeitados imediatamente. Se permanecerem na nossa roupa, podem estar na origem da transmissão de infecções e voltar a contagiar as mãos cada vez que lhes tocamos.

• Comer, beber e fumar
- É proibido na presença de material que esteve em contacto com os doentes, onde quer que seja.

• Calçado
- Os sapatos/socas devem ser de material impermeável, fechados e de fácil lavagem.

• Vestuário
- As fardas devem ser de manga curta (facilita a higiene das mãos), mudadas diariamente e ainda sempre que forem sujas, lavadas na instituição prestadora de cuidados, vestidas e retiradas nas instalações da clínica e separadas da roupa pessoal.
- Usar aventais em situações específicas (ex.: manuseamento de fluidos orgânicos).

3.2 Higiene pessoal dos doentes

Os doentes devem ser instruídos/alertados sobre os seguintes aspectos:

- Lavar sempre as mãos antes das refeições e/ou antes de manipular alimentos;
- Lavar as mãos depois de receber visitas;
- Lavar sempre as mãos antes e depois de ir ao WC;
- Se o doente estiver acamado, pode desinfectar as mãos usando um toalhete com solução alcoólica desinfectante;
- Nunca tocar com as mãos nas feridas, cateteres e ligaduras;
- Sempre que tossir ou espirrar, proteger a boca com o cotovelo ou fazê-lo para o braço. Se utilizar toalhetes ou lenços de papel, estes só podem ser usados uma vez e em seguida descartados.

4. ARMAZENAMENTO E TRANSPORTE DE INSTRUMENTOS USADOS

Princípios básicos:

- Os instrumentos usados devem ser sempre considerados como contaminados;
- A natureza e o grau de contaminação real são desconhecidos;
- O processo de limpeza, desinfecção e esterilização deve ser realizado num serviço central;
- Um instrumento usado deve ser armazenado de forma a não interferir com a limpeza, desinfecção e esterilização;
- Os instrumentos não utilizados, por exemplo, instrumentos desembalados e fora de uso, também devem ser considerados como contaminados, devendo ser limpos e desinfectados antes da esterilização;
- Depois de usados, devem ser colocados num líquido desinfectante;
- O material esterilizado deve ser armazenado num local fechado, livre de pó e humidade.

Os instrumentos usados podem ser transportados de duas formas diferentes:

1. Os instrumentos são imersos num líquido desinfectante durante o transporte;
2. Os instrumentos são imersos durante um curto período de tempo antes do transporte. Uma vez decorrido o tempo mínimo de contacto, são removidos do líquido de armazenamento, enxaguados e colocados numa bandeja ou num recipiente seco. O tempo mínimo de contacto é indicado pelo fabricante.

No armazenamento e transporte de instrumentos usados, estes devem ser limpos e/ou desinfectados no local, imediatamente após o uso.

O armazenamento e o transporte em seco são o método preferido para uma limpeza e desinfecção fácil dos instrumentos, que devem ser transportados num curto período de tempo para a central de esterilização.

Armazenamento e transporte em seco:

- O armazenamento em seco deve ser feito em recipientes selados, evitando-se deste modo uma possível fuga durante o transporte, prevenindo a contaminação do meio circundante;
- Durante o transporte, os instrumentos devem ser identificados como material contaminado.

O uso correcto do líquido desinfectante no armazenamento reduz consideravelmente o risco de contaminação.

Na maioria dos casos, o líquido deve ter propriedades de limpeza assim como de desinfecção. O efeito do líquido de armazenamento não pode ser reduzido pelo material orgânico e o líquido não deve ter efeito de corrosão considerável sobre o material de que os instrumentos são feitos.

O líquido desinfectante de armazenamento deve ser eficaz contra os agentes virais (incluindo o vírus da hepatite B e o VIH).

As preparações de álcool e de cloro não têm um efeito de limpeza forte, e as preparações de cloro podem danificar os metais.

Deve ser impedido o contacto do desinfectante com a pele.

A solução de desinfectante não pode conter sólidos.

A limpeza e desinfecção devem ser realizadas numa divisão separada, com ventilação e usando equipamento de protecção individual (luvas, óculos de protecção, avental). Recomenda-se que se enxague os instrumentos com água destilada ou água fria da torneira, melhorando com isso a acessibilidade. Este procedimento deve ser realizado antes de introduzir os instrumentos no líquido desinfectante.

5. LIMPEZA DE QUARTOS, MOBILIÁRIO E OBJECTOS

Limpeza define-se como a remoção da sujidade visível e do material orgânico invisível, para impedir que os microrganismos cresçam, se multipliquem e proliferem.

Desinfecção define-se como a inactivação e a redução irreversível do número de microrganismos (bactérias, fungos e/ou vírus) em objectos, assim como na pele intacta e membranas mucosas. A utilização de produtos químicos desinfectantes provoca o desgaste das luvas. O uso de materiais descartáveis é preferido para todos os métodos de limpeza. Desta forma, o crescimento dos microrganismos e a acumulação da sujidade é impedida, na medida do possível.

A escolha entre a limpeza seca e a molhada depende da natureza da sujidade.

- Um sistema seco é preferível para a limpeza dos materiais e particularmente o pavimento;
- Nos locais onde o pavimento está mais sujeito a derrame com sangue, a escolha é a limpeza molhada.

A limpeza das unidades dos doentes e dos objectos com um sistema de separação entre a água limpa e suja é um procedimento eficaz.

Quando as superfícies e os objectos estão sujos com sangue, o procedimento deve ser:

- O local contaminado deve ser limpo com equipamento de limpeza descartável ou reutilizável;
- Após a limpeza, o local deve ser desinfectado com cloro de 1.000 ppm ou álcool a 70%. Ao realizar este procedimento, deve ser tido em conta o tempo de contacto e a concentração do desinfectante. Limpar sempre antes de desinfectar.

Para uma desinfecção eficaz das superfícies com sangue ou outros fluidos biológicos, o desinfectante com uma solução de cloro a 1.000 ppm é eficaz contra o vírus da hepatite B (VHB), o vírus da hepatite C (VHC) e o vírus da imunodeficiência humana (VIH).

O álcool a 70% pode ser usado para a desinfecção de superfícies e de materiais menores.

Dependendo da natureza do trabalho, os panos de limpeza descartáveis devem ser substituídos após o uso ou após 24 horas.

6. CAMAS/CADEIRAS E ACESSÓRIOS

As camas/cadeiras padrão são todas aquelas que são ajustáveis no seu todo. A maioria é de operação manual ou com controlo do pé, existindo também camas/cadeiras controladas electronicamente.

Limpeza da cama/cadeira:

- Sempre que o doente a suje e após a saída deste da cama/cadeira;
- Remover todo o sangue e/ou outros resíduos de fluidos biológicos e desinfectar as áreas com álcool a 70% ou outro produto adequado e aprovado;
- Usar um líquido de limpeza padrão (detergente).

A tracção e o equipamento da extensão da cama/cadeira ou outros acessórios da cama/ /cadeira devem ser limpos manualmente depois de cada uso ou, na eventualidade de utilização prolongada, uma vez cada quatro semanas. É importante que o material de que os acessórios são fabricados possa resistir aos líquidos de limpeza e desinfecção.

Os colchões e almofadas devem ser limpos e desinfectados após cada utilização, devendo ser revestidos por material impermeável.

REFERÊNCIAS BIBLIOGRÁFICAS:

- Daugirdas, John T. - *Handbook of Dialysis: Paperbanck,* Cap. 33. *Review of hemodialysis for Nurses and Dialysis Personel,* Cap. 19.

DIABETES E HEMODIÁLISE

CO-AUTORES:

ENF. PEDRO GONÇALVES - Enfermeiro-Chefe na Clínica NephroCare Viseu. Especialidade em Enfermagem Médico-Cirúrgica.

ENFª. ANA MARISA COSTA SARAIVA - Enfermeira na Clínica NephroCare Viseu e no Serviço de Urgência no Hospital São Teotónio. Especialidade em Enfermagem Médico-Cirúrgica.

ENFª. MARIA ELISABETE PEREIRA DE SOUSA - Enfermeira na Clínica NephroCare Viseu e no Serviço de Urgência no Hospital São Teotónio. Pós-graduação em Urgência e Emergência.

ENFª. MARIA MANUELA FIGUEIRA SANTOS - Enfermeira na Clínica NephroCare de Viseu e na Unidade de Cuidados Intensivos no Hospital São Teotónio. Especialista em Enfermagem Médico-Cirúrgica. Mestrado em Sociopsicologia da Saúde.

ENF. JORGE MANUEL DIAS DE MELO - Enfermeiro na Clínica NephroCare Viseu e coordenador na Unidade de Nefrologia e Diálise no Hospital São Teotónio. Especialista em Enfermagem Médico-Cirúrgica. Mestrado em Gestão de Serviços de Saúde.

CAPÍTULO XV - DIABETES E HEMODIÁLISE

No limiar do século XXI, e já sendo considerada uma verdadeira pandemia, a diabetes mellitus representa um enorme problema de saúde pública e um verdadeiro desafio em termos de prevenção e tratamento. Estima-se que a prevalência mundial para todos os grupos etários aumente de 2,8% em 2000 para cerca de 4,4% em 2030. Isso significa que o número total de indivíduos com diabetes vai aumentar, de 171 milhões em 2000, para cerca de 366 milhões em 2030, um número impressionante, se considerarmos a diversidade de complicações que estão associadas à diabetes. Encarada como um estado de aterosclerose avançada, a mortalidade e morbilidade dos doentes diabéticos está intimamente associada, entre outros, à doença cardiovascular, vascular cerebral e também à doença renal ou nefropatia diabética, sendo esta a principal causa de insuficiência renal crónica terminal tanto nos EUA como na Europa (1,2).

A diabetes mellitus é uma doença metabólica caracterizada pela existência de hiperglicemia persistente. Esta elevação da glucose no sangue pode dever-se à falta de produção de insulina (diabetes mellitus tipo 1), a insulinorresistência (diabetes mellitus tipo 2) ou a ambos os mecanismos. Em consequência da falta de utilização da glucose pelas células, desencadeiam-se várias reacções químicas a nível intracelular e extracelular, com alteração do metabolismo dos hidratos de carbono, das proteínas e dos lípidos, que se traduzem em alterações graves da estrutura dos órgãos em geral e particularmente dos vasos sanguíneos potenciando, como referimos, a aterosclerose e também o seu envelhecimento.

Diabetes mellitus tipo 1 e tipo 2, uma perspectiva etiopatogénica

A etiopatogenia de ambas é diferente e não totalmente esclarecida. Na diabetes mellitus tipo 1 (antes conhecida por insulino-dependente), a deficiência de produção de insulina é a consequência da destruição das células ß dos ilhéus de Langerhans pancreáticos, enquanto na diabetes mellitus tipo 2 (anteriormente denominada não insulino-dependente), a hiperglicemia está relacionada com a resistência das células à acção da insulina.

A destruição dos ilhéus pancreáticos na diabetes tipo 1 tem por base um mecanismo auto-imune, mas ainda se desconhecem com exactidão os factores desencadeantes (vírus?, tóxicos?). O seu aparecimento é mais comum na idade jovem e manifesta-se pela tríade clássica: polifagia, polidipsia e poliúria. A deficiência de produção de insulina é compensada pela administração de insulina sintética, de acção rápida ou lenta.

A diabetes mellitus tipo 2 contribui para a maioria dos casos de diabetes mellitus e apresenta um cunho marcadamente genético, surgindo com maior frequência na idade adulta. Os níveis de insulina no sangue estão até elevados (hiperinsulinismo); todavia, a sua acção é bloqueada ao nível dos receptores das células, fenómeno denominado como insulinorresistência. Este bloqueio à acção da insulina induz as células do pâncreas a aumentar a produção de insulina e, ao longo dos anos, conduz à sua exaustão. Nestes casos, a disfunção metabólica é multifactorial e associa-se à hipertensão arterial e à obesidade (em especial à obesidade centrípeta), enquadrando, segundo alguns autores, a denominada síndrome metabólica.

Sinais e sintomas

Para além da tríade clássica, pode existir perda de peso e fadiga. Estes sintomas podem desenvolver-se muito rapidamente na diabetes tipo 1, particularmente em crianças (semanas ou meses) ou pode ser subtil ou completamente ausente na diabetes tipo 2.

Quando a concentração de glucose no sangue está alta (acima do limiar renal), a reabsorção de glucose no túbulo proximal do rim é incompleta e parte desta é excretada na urina (glicosúria), aumentando a pressão osmótica da urina e consequentemente inibindo a reabsorção de água pelo rim, resultando na produção aumentada de urina (poliúria) e na perda acentuada de líquidos. O volume de sangue perdido será reposto osmoticamente a partir da água armazenada nas células do corpo, provocando desidratação e polidipsia. Alguns doentes (geralmente com diabetes tipo 1) podem apresentar também cetoacidose diabética, um estado extremo de desregulação metabólica caracterizado pelo cheiro a acetona da respiração do doente, respiração de Kussmaul (respiração rápida e profunda), poliúria, náuseas, vómitos e dor abdominal, alteração do estado de consciência (confusão, letargia, hostilidade, mania, etc). Na cetoacidose diabética grave, a degradação do estado de consciência evolui para o coma, progredindo para a morte. Trata-se de uma emergência médica e requer ajuda especializada.

Critérios de diagnóstico

O diagnóstico de diabetes mellitus é estabelecido quando se identifica um dos seguintes:

- Nível plasmático de glucose em jejum igual ou superior a 126 mg/dl (7,0 mmol/l);
- Nível plasmático de glucose igual ou superior 200 mg/dl ou 11,1 mmol/l duas horas depois de uma dose de 75g de glucose oral, tal como num teste de tolerância à glucose;
- Nível plasmático de glucose aleatória igual ou superior a 200 mg/dl ou 11,1 mmol/l.

Nefropatia diabética e insuficiência renal crónica

Com o decorrer do tempo, o doente diabético é mais susceptível a uma degradação da rede vascular (microvascular e macrovascular), sendo por isso frequente a ocorrência de patologias associadas, incluindo retinopatia, doenças cardiovasculares, patologia digestiva, neuropatias e nefropatia diabética. Os doentes diabéticos são mais vulneráveis, necessitando um acompanhamento pluridisciplinar.

Entre as diversas complicações motivadas pela diabetes mellitus, salienta-se a lesão renal, ou glomerulosclerose diabética. Nos nossos dias, a diabetes mellitus tornou-se a principal causa de insuficiência renal crónica terminal (IRCT) com indicação para tratamento substitutivo. Cerca de 35 a 40% dos doentes com IRCT são doentes com diabetes tipo 1 ou tipo 2.

A instalação e progressão da nefropatia nos doentes com diabetes mellitus tipo 1 e tipo 2 são diferentes. Com efeito, no 1° caso, as alterações funcionais e estruturais da microcirculação renal estão essencialmente relacionadas com a alteração do metabolismo da glucose. Em consequência da microangiopatia, observa-se um aumento progressivo da hiperfiltração glomerular, levando à glomerulosclerose. O glomérulo perde a capacidade de filtrar o sangue eficazmente, levando à acumulação de ureia e creatinina.

Na diabetes tipo 2, essa interligação surge num contexto mais abrangente e multifactorial, onde coexiste hipertensão arterial, dislipidemia e obesidade, sendo por isso mais difícil estabelecer uma relação de causalidade entre a hiperglicemia e a nefropatia. A conjugação da microangiopatia com a aterosclerose, com um processo infeccioso e/ou hiperuricemia, levam à instalação progressiva da nefropatia diabética.

Considerados globalmente, cerca de 30 a 40% dos doentes com diabetes tipo 1 desenvolvem nefropatia diabética, um processo fisiopatológico lento e bem estudado na diabetes mellitus tipo 1, em que cerca de 20 a 30% dos indivíduos desenvolvem nefropatia ao fim de 20 a 25 anos de doença. Na diabetes mellitus tipo 2 (não-insulino dependente), o padrão evolutivo é muito variável e o tempo até ao seu aparecimento é mais difícil de determinar porque, como referimos, a exposição à hiperglicemia é necessária, mas não suficiente.

Independentemente das diferentes características da progressão da doença renal, o factor clínico mais importante que marca o aparecimento da lesão glomerular em ambas é a existência da microalbuminúria. Esta corresponde a uma fase ainda incipiente mas efectiva da lesão estrutural do glomérulo. Com o avançar da doença, a microalbuminúria transforma-se em macroproteinúria e, a partir dela, abre-se um caminho inexorável de evolução para a insuficiência renal crónica terminal.

Atendendo à maior relevância epidemiológica da diabetes mellitus tipo 2 e à coexistência de factores que aceleram a doença renal, como a hipertensão, são estes os doentes que mais contribuem para considerar a diabetes mellitus como a principal causa de IRCT em todo o mundo, com indicação para tratamento dialítico, sobretudo a hemodiálise.

A IRCT associada à diabetes traduz o estadio final da degradação deste órgão. Contudo, significa também que poderá existir degradação de toda a rede microvascular, sugerindo a deterioração de outros órgãos e sistemas, algo que não pode ser descurado quando o doente inicia tratamento dialítico.

Um controlo rigoroso dos valores da glicemia pode reduzir significativamente o desenvolvimento desta patologia. A utilização de insulina ou de antidiabéticos orais, em conjunto com um programa alimentar adequado e de exercício físico possibilita a manutenção dos níveis de glicemia dentro dos valores normais. Na fase inicial da doença, é ainda aconselhada uma restrição proteica.

A progressão da nefropatia diabética pode também ser travada com o recurso aos inibidores da enzima de conversão da angiotensina (IECAs). Esta classe de fármacos é utilizada para o tratamento da hipertensão arterial, sendo útil para ambos os objectivos no doente com nefropatia diabética.

O diagnóstico precoce e o tratamento de infecções do aparelho urinário constituem um importante meio de prevenção desta patologia.

Quando detectados os primeiros sinais e sintomas, o doente deve ser encaminhado precocemente para a consulta de Nefrologia.

Quando iniciar diálise

Em doentes diabéticos, a diálise deve ser iniciada antes das manifestações de uremia franca, ainda com valores de *clearance* de creatinina acima dos 25 ml/min.
O início mais precoce da diálise neste grupo de doentes deve-se a uma deterioração da função renal mais rápida.

Com *clearance* de creatinina abaixo dos 15 ml/min, o controlo da hipertensão arterial torna-se mais difícil, levando à aceleração da retinopatia diabética.

Nos doentes com diabetes, alguns autores consideram que a síndrome urémica pode manifestar-se num estadio menos avançado da insuficiência renal, comparativamente com os doentes sem diabetes.

O doente com diabetes em hemodiálise

A generalidade dos estudos demonstra que a morbilidade e a mortalidade associada aos doentes diabéticos em diálise atingem valores mais elevados. Na génese desta diferença, estão os problemas cardiovasculares e a progressão da aterosclerose que, neste grupo de doentes, surgem de um modo mais precoce.

Acessos vasculares

Nos doentes diabéticos, os acessos vasculares representam, na maioria dos casos um problema acrescido, devido às calcificações arteriais extensas e ao mau estado da rede venosa.

A idade avançada, no caso dos diabéticos tipo 2, é um factor agravante. Para estes doentes, segundo alguns autores, recomenda-se como melhor opção inicial o recurso a próteses vasculares. As taxas de sobrevida utilizando fístulas arteriovenosas e enxertos arteriovenosos são substancialmente mais reduzidas.

As complicações ao nível dos acessos são as mesmas que nos doentes sem diabetes, mas ocorrem com maior frequência.

Controlo metabólico

A recomendação da Associação Americana de Diabetes vai no sentido de manter valores de glicemia o mais próximo do normal possível (80–120 mg/dl), com hemoglobina glicosilada inferior a 7%. Este controlo revelou ser benéfico na evolução da retinopatia, nefropatia, neuropatia, dislipidemia e complicações cardiovasculares na fase pré-dialítica. Apesar de existirem poucos estudos semelhantes na fase pós-dialítica, podemos no entanto assumir que os mecanismos que actuavam anteriormente não se tenham alterado substancialmente com a diálise.

O controlo da glicemia nos doentes em diálise é difícil por vários motivos:

- Alguns antidiabéticos orais estão contraindicados, ao serem fármacos de excreção renal em rins saudáveis e não dialisáveis, podendo precipitar facilmente quadros de hipoglicemia;
- O doseamento da insulina é complicado, devido a vários factores intervenientes, incluindo o prolongamento da semi-vida da insulina por aumento da taxa de catabolismo, alteração do apetite e das necessidades do organismo e utilização de banhos de diálise corrigidos;
- A gastroparesia e as alterações do ritmo intestinal interferem na absorção dos alimentos;
- Devido à utilização de alguns anti-hipertensores que aumentam a insulinorresistência.

Quando se faz a administração de insulina exógena, devem ser utilizadas doses menores do que as habituais porque o seu efeito pode ser intensificado e prolongado. Pode surgir hipoglicemia após a administração de bólus intravenosos para correcção de hipotensão ou mesmo após a utilização de insulina de acção prolongada.

A apresentação clínica da hiperglicemia é diferente nos doentes dialisados, a ausência da função renal e consequentemente do efeito de válvula de segurança da glicosúria pode originar quadros graves. Mesmo os quadros graves são frequentemente assintomáticos nos doentes dialisados e a sua correcção é feita com insulina, em bólus ou infusão contínua e monitorização apertada.

Pelos motivos já referidos anteriormente, também pode surgir hipoglicemia, sobretudo nos doentes desnutridos com baixa reserva de glicogénio e nos doentes medicados com beta-bloqueantes. Os banhos de diálise (dialisante) devem conter aproximadamente 200 mg/dl de glucose.

Por todos estes motivos, deve instituir-se para cada doente o melhor controlo possível com avaliações seriadas dos níveis de glucose e hemoglobina glicosilada. As hiperglicemias prolongadas levam ao desenvolvimento e progressão de todas as complicações diabéticas que em estadios mais tardios se tornam irreversíveis.

Alimentação

O doente com diabetes está sujeito a frequentes alterações digestivas de etiologia infecciosa e metabólica que o expõe a um risco constante de desnutrição.

São factores predisponentes a esta situação:

- Ingestão alimentar inadequada;
- Gastroparesia e enteropatia diabéticas;
- *Stress* catabólico associado a outras patologias intercorrentes.

Estão indicadas dietas com aporte calórico adequado, de 30 a 35 kcal/kg/dia, nas quais 55% devem ser hidratos de carbono, sendo o aporte proteico de 1,1 a 1,2 kg de peso/dia.

É recomendado para os doentes não diabéticos, atendendo às restrições de potássio, sódio e líquidos, com um maior esforço para limitar a ingestão de açúcares simples e gorduras saturadas. Em casos de desnutrição, pode ser necessário recorrer ao uso de nutrição parentérica intradialítica.

A gastroparesia diabética normalmente associada à ingestão alimentar precária e à absorção imprevisível dos nutrientes pode provocar alternância de quadros de hipoglicemia com hiperglicemia. Nestes doentes, são recomendadas refeições de pequena quantidade e frequentes.

A enteropatia pode originar diarreia, o que complica o padrão alimentar, provocando prostração, ingestão alimentar precária e hipoglicemia.

Tempo e perfil de tratamento

Os doentes diabéticos apresentam com mais frequência episódios sintomáticos de hipotensão do que os outros doentes. Estes quadros podem ter efeitos muito negativos, com manifestações de angor, isquemia intestinal ou dos membros inferiores. Esta situação obriga muitas vezes a redução do tempo de diálise e a diminuição do fluxo sanguíneo, com uma influência negativa na reabilitação destes doentes devido ao mal-estar produzido por estas situações, que se prolonga muitas vezes nas horas seguintes à diálise e que impede a realização das suas actividades habituais.

A hipotensão surge devido à diminuição do volume plasmático, à alteração dos mecanismos de regulação cardiovascular, à alteração da circulação cerebral, à hipoalbuminemia, à anemia e muitas vezes a ganho de peso normalmente superior ao dos outros doentes.

Existem medidas que podem melhorar a tolerância, evitando uma diminuição rápida de volume plasmático e optimizando a reactividade cardiovascular:

- Optimização do peso seco, evitando ultrafiltrações excessivas.
  Quando há um ganho excessivo de peso, é recomendável prolongar a sessão ou programar uma sessão extra. As programações em que se permite uma perda de dois terços do volume total na primeira metade da sessão ou a alternância de diferentes taxas de ultrafiltração ao longo da mesma são meios sobre os quais não há resultados claros mas que devem ser individualmente avaliados;
- A concentração de sódio no dialisante à volta dos 140 mEq/l ajuda a manter a osmolaridade plasmática e a volemia mais estável;
- A diminuição da temperatura do banho pode melhorar a tolerância dialítica, provavelmente por activação simpática, melhorando a contractilidade cardíaca. Deve suspender-se a toma dos fármacos anti-hipertensores nas horas anteriores à diálise, para evitar o seu efeito intradialítico. A ingestão de alimentos também tem um efeito negativo, devido à redistribuição do fluxo, que é acentuado se existir neuropatia do sistema autónomo;
- A correcção da anemia com eritropoietina e ferro tem também um efeito benéfico, assim como a manutenção dos níveis elevados de albumina;
- O recurso a módulos de monitorização do volume de sangue, durante as sessões de hemodiálise, após determinação do volume relativo de sangue crítico, modelando directamente o perfil de ultrafiltração, segundo diversos autores, é na maioria dos casos a melhor solução para a diminuição drástica da morbilidade intradialítica, no grupo dos doentes diabéticos.

Tratamentos "alternativos" para a IRCT no doente diabético

As alternativas à hemodiálise para o tratamento da IRCT no doente diabético são, tal como para os restantes doentes, a diálise peritoneal e o transplante renal. Os doentes podem optar por uma ou outra, em função do seu estilo de vida e das suas preferências pessoais, se não existirem contraindicações para nenhuma delas (Arduan e Rivera, 2006).

Diálise peritoneal

A diálise peritoneal e a hemodiálise são utilizadas no tratamento de doentes com nefropatia diabética, sem que tenham sido demonstrados benefícios significativos de uma sobre a outra.

Embora, em muitas situações, os doentes e familiares depositem nas mãos do médico assistente a opção pela escolha da técnica, esta deve pertencer, sempre que possível, ao doente. Existem vantagens e desvantagens em ambas as técnicas e cabe à equipa de saúde que acompanha o doente na consulta pré-diálise ajudar na escolha da técnica, em função das suas preferências e do seu estilo de vida, tendo presente a sua história clínica e eventuais comorbilidades (Marenco, 2006).

As vantagens do tratamento hemodialítico prendem-se fundamentalmente com o facto de ser uma técnica que permite uma perda de proteínas mais reduzida para o dialisante e, ao ser realizada num centro especializado, permite o acompanhamento mais frequente por técnicos diferenciados. As desvantagens estão associadas ao alto risco de complicações com o acesso vascular, à hipercaliemia pré-diálise e a um aumento da probabilidade de hipotensão durante o tratamento hemodialítico.

Por seu lado, a diálise peritoneal permite um melhor controlo da glicemia, especialmente se for utilizada insulina intraperitoneal, oferece uma melhor tolerância em termos cardiovasculares, facilita o controlo do potássio sérico e não requer a existência de um acesso vascular. As contraindicações incluem os problemas habitualmente associados à diálise peritoneal, como o aumento da frequência de peritonite, reduzida resposta imunológica à infecção, alguma perda de proteínas e as complicações associadas ao aumento da pressão intra-abdominal, como a gastroparesia.

Para além disso, a dificuldade em executar a técnica devido a diminuição da acuidade visual ou a incapacidade para realizar movimentos finos são situações que recomendam a realização do tratamento num centro, a menos que exista um prestador de cuidados credível e disponível para o efeito (RHNDP, 280).

Transplante renal

O doente com IRC e diabetes pode receber um transplante, sendo, no entanto, mais adequado um transplante a partir de um dador vivo, dado que confere uma taxa de sobrevivência mais elevada do que a diálise. Muitos doentes jovens com diabetes tipo 1 recebem um transplante duplo de rim e pâncreas, obtendo-se um benefício adicional da produção normal de insulina. Contudo, muitos doentes não apresentam critérios para transplante, devido à idade avançada e/ou à aterosclerose. É necessário uma avaliação cuidada e muitas vezes está indicado o recurso à cirurgia cardíaca prévia, antes de colocar o doente em lista de espera para transplante.

A infecção e a doença vascular periférica, exacerbadas pela medicação corticóide nos doentes diabéticos transplantados, são responsáveis pela maior percentagem de amputações de membros do que nos doentes em diálise. No entanto, o aumento do tempo de sobrevivência pós-transplante contribui também para o desenvolvimento deste tipo de complicações nestes doentes.

REFERÊNCIAS BIBLIOGRÁFICAS:

1. Association AD. Nephropaty in diabetes. *Diabetes Care*, 2004; 27: s79-s83.
2. Daugirdas, John T. - *Handbook of Dialysis:* Paperback.
3. Hostetter TH. Chronic kidney disease predicts cardiovascular disease. *N Engl J Med 2004*; 351: 1344-6.
4. Thomas, Nicola - *Renal Nursing:* Paperback.
5. Kallenback, Judith Z. - *Review of Hemodialysis for Nurses and Dialysis Personel:* Paperback.
6. Valderrábano, Fernando - Tratado de Hemodiálisis. Wild, S.; Roglie, G.; Green, A. - Global prevalence of diabetes: estimates for the year 2000 and projections for 2030: *Diabetes care*, 2004; 27: 1047-53.

O IDOSO E A HEMODIÁLISE

CO-AUTORES:

ENFª. MARIA DO CARMO SOUSA - Enfermeira na Clínica NephroCare Ponte da Barca e no Centro de Saúde de Ponte da Barca.

ENFª. MARIA CLARA ALVARINHAS FERREIRA - Enfermeira na Clínica NephroCare Ponte da Barca e no Centro de Saúde de Ponte da Barca.

ENF. ARMINDO VILABOA DA EIRA - Enfermeiro na Clínica NephroCare Ponte da Barca e no Centro de Saúde dos Arcos de Valdevez.

ENFª. MARIA MANUELA COELHO - Enfermeira na Clínica NephroCare Ponte da Barca e no Serviço de Urgência Básica de Ponte de Lima ULSAM.

DR. NARCISO ALEXANDRE OLIVEIRA - Médico na Clínica NephroCare Ponte da Barca. Especialidade em Medicina Interna no Hospital de Braga e Docente convidado na Universidade do Minho.

CAPÍTULO XVI - O IDOSO E A HEMODIÁLISE

"O envelhecimento, como sementes de flores, deixa cair a pouco e pouco as suas pétalas e afasta-nos de tudo o que possuímos".

Maria da Encarnação Serralheiro

Em todo o mundo constata-se que um número cada vez maior de indivíduos, com idade superior a 65 anos, inicia tratamento substitutivo da função renal. Porém, apesar da idade, os idosos não parecem ser mais afectados por estas técnicas, do que os indivíduos mais jovens, e a hemodiálise revela-se sobreponível em termos de eficácia e segurança.

1.1 - O doente idoso

É um facto bem conhecido que a percentagem da população idosa a nível mundial tem vindo a aumentar. Há previsões que apontam um aumento de 17-20% de indivíduos com mais de 65 anos, para o ano de 2020 (Oswald, 2006:906).

O envelhecimento acarreta algumas mudanças e condicionantes, umas de carácter intrínseco, outras de carácter extrínseco, que interferem com a qualidade de vida e saúde do idoso (Fragoeiro, 2000:10).

Assim, a doença no idoso assume aspectos complexos decorrentes da sua vulnerabilidade física e sociopsicológica, nomeadamente:

- Reduzida capacidade de adaptação e maior variação individual face à doença;
- Um declínio funcional mais acelerado;
- Maior tempo de recuperação;
- Prognóstico reservado.

Nesta perspectiva, os profissionais devem estar atentos à "(...) facilidade com que se desenvolve o desequilíbrio homeostático e a demora na sua reposição, decorrentes da menor reserva fisiológica e das diminuições sensoriais e motoras que caracterizam estes doentes" (Ermida, 2001:154).

1.2 - O idoso em hemodiálise: causas e patologias associadas

Levy *et al.* (2005:570) consideram dois grupos distintos de idosos: "(...) aqueles com bom estado geral e desejosos de aproveitar os seus anos de reforma, convivendo, viajando, visitando e acompanhando os netos, etc., e os idosos frágeis, frequentemente com problemas médicos múltiplos e problemas sociais". Neste último, enquadra-se a maioria dos doentes idosos em programa de hemodiálise.

A causa mais comum de insuficiência renal crónica no idoso é a nefroangiosclerose secundária a hipertensão ou diabetes (Kallenbach *et al.*, s.d.:323).

E nestas pessoas é também frequente coexistência de patologias e cormobilidades associadas que podem complicar o seu tratamento, tais como:

- Cardiopatia isquémica;
- Insuficiência cardíaca;
- Diabetes mellitus tipo 2;
- Redução da função pulmonar e doenças respiratórias crónicas;
- Redução da mobilidade e autonomia, frequentemente com alterações da coordenação motora;
- Diminuição da acuidade visual;
- Alterações do apetite com repercussão no metabolismo proteico;
- Alterações cognitivas.

Há doentes idosos, que podem não beneficiar com o tratamento renal terminal, como sejam os doentes com demência irreversível, doentes terminais com doença oncológica ou insuficiência cardíaca avançada. Nestes casos os cuidados paliativos serão a melhor forma de resposta às suas necessidades físicas, psíquicas, sociais e espirituais, cuidando a pessoa de forma holística, e preservando a sua dignidade na fase terminal.

1.3 - O idoso em hemodiálise: uma abordagem holística

O doente idoso não é simplesmente aquele que já viveu, é acima de tudo alguém que está vivo.

Face à complexidade da doença renal terminal associada ao envelhecimento físico, acresce a situação de vulnerabilidade psico-emocional, com alterações da auto-imagem, perda de controlo sobre o seu corpo e sobre o ambiente e diminuição da auto-estima, que podem conduzir ao desânimo e à depressão. Nestas circunstâncias é importante que os profissionais de saúde sejam sensíveis e tenham competências, para responder adequadamente a estas necessidades. "Envolver o idoso no processo terapêutico, discutir com ele e com a família acções a desenvolver para atingir objectivos significativos para todos, constitui uma forma de manter o idoso interessado e activo" (Caseiro, 1999:41), promovendo a autonomia e controlo, a aceitação da mudança, estimulando a sua resistência e a auto-estima.

"Estar com" o doente idoso é estar atento às suas diferentes dimensões, é saber ouvir as suas necessidades, os seus medos, é ainda mostrar abertura, receptividade, disponibilidade.

Socialmente, o doente idoso caracteriza-se muitas vezes pelo isolamento, podendo sentir solidão, mesmo quando vive acompanhado pelos familiares ou outros prestadores de cuidados, o que leva muitas vezes ao sentimento de privação de satisfação das suas necessidades pessoais.

Apenas alguns conseguem manter os seus investimentos afectivos e sociais, adaptando-se à velhice e à cronicidade da doença. O interesse pela vida, pelo futuro, pelo passado longínquo valorizam a pessoa, e ajudam a que não se sinta isolada, valorizando-a.

Para os idosos "(...) a espiritualidade é muitas vezes uma força de vida que leva a Deus; é a força da sua religião (...) esta força de vida é uma fonte refrescante, um lugar de reconciliação com o seu corpo diminuído [doente]" (Serralheiro, 1993:20), por isso deve ser respeitada e estimulada por todos quantos têm responsabilidade no seu tratamento.

1.4 - Hemodiálise: técnicas que asseguram uma melhoria clínica

As inovações técnico-científicas do tratamento de diálise tornaram possível uma melhoria progressiva dos resultados. Isto inclui:

- O recurso a membranas dialíticas mais biocompatíveis;
- A utilização de bicarbonato;
- A melhor qualidade da água;
- Máquinas com ultrafiltração controlada;
- A utilização da eritropoietina;
- A utilização de derivados do calcitriol;
- Melhores quelantes do fósforo;
- Maior controlo de factores de risco vascular (hipertensão arterial, dislipidemia, hipertrofia ventricular esquerda, maior utilização de antiagregantes plaquetários).

1.5 - Vantagens e desvantagens da hemodiálise em doentes idosos

Os doentes idosos não são mais difíceis de dialisar e, apesar de serem mais susceptíveis aos riscos de complicações intradialíticas tendem a apresentar menores ganhos de peso interdialítico e menores ganhos de ureia e de creatinina, requerendo assim tratamentos menos agressivos.

Tendem ainda a ser mais cumpridores, no que se refere aos outros aspectos do regime terapêutico, e expressam de uma forma geral, maior satisfação do que os doentes mais jovens.
Deste modo, a hemódiálise envolve em doentes idosos vantagens e desvantagens.

São apontadas, como vantagens psicossociais, a observação frequente por pessoal técnico, (incluindo médico, enfermeiro, nutricionista/dietista, assistente social) e a interacção humana no local de tratamento, que se baseia sobretudo na *comunicação* "(...) efectiva, harmoniosa e centrada nas necessidades do doente que permite o acolhimento emocional e minimiza o sofrimento (...)" Kovács (2006).

Tecnicamente, as vantagens têm que ver com a qualidade do equipamento de monitorização, o melhor controlo da ultrafiltração e a menor frequência de *burn-out* em relação ao tratamento.

As desvantagens deste tratamento nos doentes idosos estão relacionadas com as alterações hemodinâmicas e bioquímicas rápidas, que levam a hipotensão e arritmias; a maior dificuldade/complicação com o acesso vascular (hemorragia, hematomas, estenoses, aneurismas, infecção) e ao *stress* associado à necessidade de se deslocar para o local de tratamento.

1.6 - Complicações dialíticas no idoso

No doente idoso, a natureza e a frequência das complicações dialíticas são semelhantes às dos doentes mais jovens. São apenas mais susceptíveis à instabilidade hemodinâmica, com maior número de episódios de hipotensão e arritmia, associados a patologias cardiovasculares e ao uso de medicação anti-hipertensora e anti-arrítmica.

Assim, as principais complicações dialíticas, agudas e crónicas no doente idoso são:

- Complicações cardiovasculares (hipotensão, arritmias);
- Infecções (pneumonias, infecções do aparelho respiratório, infecção associada a CVC);
- Desnutrição;
- Alterações gastrintestinais (diverticulose, diverticulite, angiodisplasia, hemorragia disgestiva, isquemia mesentérica, neoplasia);
- Amiloidose associada à diálise.

1.7 - Atitude face às principais complicações dialíticas no idoso

Os episódios de instabilidade hemodinâmica podem ser minimizados e frequentemente prevenidos:

- Pela utilização de circuitos extracorporais com o menor volume possível de *priming*;
- Pelos equipamentos com UF controlada;
- Pela adequação da solução dialisante e controlo da temperatura da mesma (35,5-36°C);
- Pela diminuição ou suspensão das refeições intradiáliticas (maior chamada de sangue aos órgãos digestivos e desvio do mesmo da circulação periférica);

- Pela reeducação alimentar (sódio e ingestão proteica e de liquídos);
- Pela reavaliação da necessidade de medicação anti-hipertensora;
- Pelo incentivo de realização de exercícios físicos simples durante a última hora de diálise, no sentido de diminuir possíveis contracturas e cãibras.

As arritmias são comuns em doentes idosos em dálise e muitas vezes assintomáticas. Surgem frequentemente associadas a:

- Anemia;
- Hipocaliémia;
- Hipercalcémia;
- Acidose;
- Hipoxia;
- Hipotensão /Hipertensão arterial;
- Digitálicos;
- Calcificações metastáticas;
- Depósitos amilóides;
- Hipertrofia ventricular.

Assim, poderá nestes casos, haver necessidade de ajustamento da dieta, alteração do banho da diálise e/ou medicação e ainda de administração de oxigénio por cateter nasal para o alívio sintomático da hipoxia.

Os mecanismos naturais de defesa declinam com a idade e aumenta a susceptibilidade às infecções. Paralelamente às alterações da imunidade adquirida, há uma deterioração dos mecanismos naturais de defesa, diminuição do conteúdo lipídico da pele e mucosas, com perda da elasticidade e deficiente circulação o que reduz a resistência aos microrganismos e aumenta o risco de infecção.

É assim ainda mais importante, quando tratamos destes doentes, a adopção das medidas básicas de higiene e controlo da infecção, como o uso de luvas e a lavagem e desinfecção das mãos.

1.8 - Vigilância da nutrição nos doentes idosos

Comparativamente com a restante população de doentes em diálise, os doentes idosos estão em maior risco de má nutrição, e têm menor possibilidade de repor os nutrientes perdidos durante o tratamento.

Além dos impedimentos habituais a uma boa alimentação, há factores que tornam ainda mais difícil a obtenção de uma boa nutrição, tais como:

- A perda de peças dentárias;
- A diminuição dos sentidos do olfacto e do gosto;
- As dificuldades de locomoção para a compra de alimentos;
- A hora da refeição, que pode recordar perdas (morte de entes queridos);
- Perturbações neurológicas, ou estados depressivos;
- Limitações económicas;
- Factores associados a problemas médicos (diarreias, obstipações, anorexia, efeitos colaterais da medicação).

É importante um adequado acompanhamento destes doentes do ponto de vista nutricional e os profissionais devem estar atentos às manifestações possíveis. Hipotensões frequentes, diminuição do peso seco, hipoglicemias, dificuldades de deglutição, níveis de ureia pré-diálise baixos, síndromes depressivos e outros, devem merecer a nossa atenção e suscitar avaliações regulares do nutricionista/dietista.

1.9 - O doente idoso e a medicação

Os doentes idosos são mais susceptíveis a interacções e reacções adversas a fármacos, o que leva a uma necessidade de ajuste posológico.

A resposta individual a fármacos pode estar alterada pelas condições farmaco-dinâmicas, e uso de medicamentos com acção sobre o sistema nervoso central. É importante a observação de qualquer alteração física ou mental do doente em particular a adesão à terapêutica e possíveis e frequentes situações de polipragmasia.

Apesar destas preocupações, as terapêuticas apropriadas não devem ser interrompidas, já que vários estudos comprovam que os efeitos do tratamento nestes doentes é tão ou mais eficaz que em populações mais jovens.

REFERÊNCIAS BIBLIOGRÁFICAS:

- Caseiro, Helena Isabel Marques – *Cuidar de Idosos – Que Desafios?*. *"Sinais Vitais"*. Coimbra. Setembro de 1999.
- Cunha, Luísa Maria Pires da; Linhares, Laurinda Maria Gonçalves; Cunha, Maria Isabel – *O Idoso e a Infecção – Como Prevenir. "Sinais Vitais"*. Coimbra. Maio de 2000.
- Daugirdas, John T.; Blake, Peter; Ing, Todd – *Handbook of Dialysis.* Filadélfia: Lippincott, 2007.
- Ermida, J. Gomes – *Hospitalização do Idoso. Riscos e Prevenção*. Perdigão – Temas em Geriatria. Lisboa: Prismédica, 2001.
- Fragoeiro, Isabel Maria Abreu – *Comunicação com o Idoso. "Sinais Vitais"*. Coimbra. Setembro de 2000.
- Hoffart, Nancy – *Insuficiência Renal Crónica – Procesos Fisiopatologicos de Riesgo Elevado en el Anciano*.
- Kallenbach, Judith Z. – *Hemodialisys for Nurses and Dialysis Personnel*. 7ª edição: Elsevier Mosby.
- Kovács, Maria Júlia – *Comunicação em Cuidados Paliativos*. Pimenta, Cibele; Mota, Dalete; Cruz, Dine – *Dor e Cuidados Paliativos: Enfermagem, Medicina e Psicologia*. São Paulo: Editora Manole, 2006.
- Levy, Jeremy; Morgan, Julie; Brown, Edwina – *Oxford Handbook of Dialysis*. Oxford University Press, 2004.
- Oates, Jonh A. – *The science of Drug Therapy.* In: Godman and Gilman's. *The Pharmacological Basics of Therapeutics.* 11ª edição, Nova Iorque: McGraw Hill, 2006.
- Osswald, Walter – *Prescrição de Medicamentos a doentes Idosos.* Guimarães, Serafim; Moura, Daniel; Silva, Patrício Soares – *Terapêutica Medicamentosa e suas Bases Farmacológicas*. 5ª edição, Porto: Porto Editora, 2006.
- Sands, Jeff M; Veja, Sérgio – *Renal Disease in Principles of Geriatric Medicine and Gerontology.* 4ª edição, Nova Iorque: McGraw Hill, 1999.
- Serralheiro, Maria da Encarnação – *A espiritualidade nas pessoas idosas*. Servir. Lisboa, 1993.

COMPLICAÇÕES E ACIDENTES

CO-AUTORES:

ENFª. JESUS SALGUEIRO - Enfermeira-Chefe na Clínica NephroCare Lumiar.

ENF. RICARDO SANTOS - Enfermeiro na Clínica NephroCare Almada e no Centro de Saúde da Base Naval de Lisboa.

ENF. MANUEL ALVES - Enfermeiro na Clínica NephroCare Almada e no Serviço de Neonatologia no Hospital Garcia da Orta.

ENF. ANTERO SOARES DE MATOS - Enfermeiro-Chefe na Clínica NephroCare Montijo.

ENFª. SUZANA RITA OLIVEIRA ENCARNAÇÃO - Enfermeira na Clínica NephroCare Montijo e Enfermeira Graduada dos Cuidados Intensivos no Hospital de São José.

CAPÍTULO XVII - COMPLICAÇÕES E ACIDENTES

1 - PRINCIPAIS COMPLICAÇÕES EM HEMODIÁLISE

Entendemos por complicações em hemodiálise todas as situações de mal-estar que, não existindo antes de estabelecido o circuito extracorporal, estão relacionadas com a sessão de diálise. Podemos dividir estas complicações em dois grupos, consoante a sua prevalência.

A - COMPLICAÇÕES MAIS FREQUENTES:

1. Hipotensão arterial (20 - 30%)
2. Cãibras (5 - 20%)
3. Náuseas e vómitos (5 - 15%)
4. Cefaleias (5 %)
5. Febre/hipertermia
6. Reacção pirogénica
7. Prurido
8. Hipertensão arterial

1. HIPOTENSÃO ARTERIAL

É a complicação mais frequente em hemodiálise (20-30%). É definida como uma redução da pressão sistólica inicial de 15 mmHg ou uma pressão sistólica inferior a 100 mmHg. Pode estar relacionada com uma redução do volume de sangue, por remoção de líquidos e electrólitos durante o tratamento. Pode ser classificada como:

MODERADA - os valores diminuem discretamente, é geralmente assintomática e facilmente corrigida com a adopção da posição de Trendelenburg e pequenos bólus de soro fisiológico ou solução dialisante.

ACENTUADA - a diminuição é notória, com sintomas referidos pelo doente, com tendência para o agravamento.

GRAVE - a descida é brusca e acentuada o que leva à perda da consciência e convulsões.

As **CAUSAS** mais frequentes são:

- Início brusco da sessão de hemodiálise;
- Ultrafiltração excessiva;
- Resposta vascular retardada à hipovolémia;

- Níveis baixos de sódio na solução dialisante;
- Temperaturas elevadas do dialisante;
- Medicação anti-hipertensora;
- Intolerância à ingestão intra-diálise;
- Alterações do sistema vegetativo e nervoso dos doentes idosos e diabéticos;
- Reações vagais;
- Anemia grave;
- Disfunção cardíaca.

A sintomologia inclui além da diminuição da tensão arterial, palidez, náuseas, vómitos, cãibras, sudorese, sonolência e taquicardia.

A melhor forma de actuar nestas situações é adoptar uma atitude preventiva.

A monitorização constante dos sinais vitais, bem como a valorização dos primeiros sinais e sintomas, é fundamental para o sucesso destas actuações. São também importantes:

- Início suave do fluxo de sangue (100 ml/min);
- Ter em conta o peso e taxa de UF no início da sessão;
- Valorizar patologia associada e terapêutica concomitante;
- Se sintomatologia, colocar o doente na posição de Trendelenburg com lateralização da cabeça e retirar próteses dentárias;
- Reduzir a UF ao mínimo durante algum tempo, sem diminuir fluxo de sangue;
- Administrar soro fisiológico ou solução dialisante em bólus;
- Ajustar a concentração de sódio e temperatura do dialisante, se indicação médica.

2. CÃIBRAS

Correspondem a 5-20% das complicações da hemodiálise. As cãibras são contracções dolorosas paroxísticas, espontâneas e prolongadas de um ou vários músculos. Surgem habitualmente no final da diálise, diminuindo após ser restabelecido o circuito extracorporal ao doente.

As **CAUSAS** mais frequentes incluem:

- Hipotensão arterial;
- Peso seco desajustado;
- Taxa de UF elevada (rápidas trocas de fluidos);
- Baixa concentração de sódio na solução dialisante.

ACTUAÇÃO:

A actuação nestes casos passa por:

- Prevenir a ocorrência de hipotensões;
- Rever peso seco, taxa de UF e concentração de sódio na solução dialisante;
- Administrar soro fisiológico ou solução dialisante em bólus;
- Massajar o músculo afectado e aplicar uma solução fria no local.

Nota: A administração de cloreto de sódio hipertónico apenas deve ser utilizada como recurso extremo e segundo indicação médica.

3. NÁUSEAS E VÓMITOS

Representam 5-15%, da hemodiálise e estão associadas a múltiplas causas:

- Hipotensão arterial;
- Intolerância à hemodiálise;
- Ingestão alimentar intradialítica;
- Uremia elevada;
- Síndrome de desequilíbrio;
- Ansiedade durante as primeiras sessões de diálise.

ACTUAÇÃO

A primeira atitude é orientar os cuidados para a causa da complicação, sendo importante prevenir a hipotensão. Até estabilizar a situação clínica do doente é recomendável:

- Suspender a ingestão alimentar durante a sessão;
- Colocar o doente em posição de segurança para evitar a aspiração de vómito;
- Retirar próteses dentárias;
- Diminuir a taxa de UF;
- Compensar com soro fisiológico ou solução dialisante as perdas associadas ao vómito;
- Controlar a tensão arterial;
- Administrar anti-eméticos se indicação médica.

4. CEFALEIAS

Na maioria das situações de causa desconhecida, estão frequentemente associadas à síndrome de desequilíbrio. Podem ainda ter como causa:

- Hipertensão arterial;
- UF elevada;
- Alterações na concentração de sódio e temperatura da solução dialisante;
- Medicação vasodilatadora.

ACTUAÇÃO

A primeira actuação será investigar a causa das cefaleias. Podemos ainda:

- Baixar UF;
- Administrar analgésicos se prescrição médica;
- Aplicar frio no local.

5. FEBRE/HIPERTERMIA

Principalmente se acompanhada de calafrios, pode ser devida à existência de um processo infeccioso, já que a maioria dos doentes em diálise apresenta uma temperatura corporal inferior à normal. Aqui as infecções relacionadas com o acesso vascular são normalmente a causa mais frequente. Pode ainda resultar de:

- Endotoxemia;
- Avaria do sistema de controlo da temperatura do dialisante;
- Reacção anafilática.

ACTUAÇÃO

- Administrar antipiréticos se indicação médica;
- Diminuir a temperatura da solução dialisante;
- Em caso de um processo infeccioso seguir indicação médica ou protocolo de actuação, que normalmente inclui colheitas de sangue para hemocultura e antibioterapia EV.

6. REACÇÃO PIROGÉNICA

Tem como principal causa a entrada de endotoxinas bacterianas no dialisador. Estas endotoxinas bacterianas, são normalmente provenientes de microrganismos gram-negativos que utilizam a solução dialisante como meio de transporte e acontece essencialmente, por defeitos da membrana do dialisador. Actualmente este fenómeno é extremamente raro devido ao controlo da qualidade da água e à existência de meios adicionais de ultra-purificação da solução dialisante existentes na própria máquina (ex.: Diasafe® e Diasafe Plus®).

Os sinais e sintomas podem incluir febre, náuseas, vómitos e hipotensão arterial, principalmente na primeira hora de diálise ou depois de terminada a sessão.

ACTUAÇÃO

É importante excluir a existência de qualquer outro processo infeccioso e verificar a temperatura elevada da solução dialisante.

A atitude preventiva é a melhor opção:

- Controlo rigoroso da qualidade da água;
- Desinfecção das máquinas de acordo com as instruções do fabricante e as melhores práticas;

- Utilização de concentrados ácidos e bicarbonato, estéreis.

Na presença de sintomatologia efectuar se indicação médica, colheitas de sangue para hemocultura ao doente e colheitas de amostras de água, solução dialisante e soro fisiológico do circuito extracorporal, para identificação do agente.

7. PRURIDO

É uma complicação comum, que se intensifica durante as sessões de diálise. Quando surge apenas durante o tratamento, pode ser uma manifestação de hipersensibilidade ligeira ao dialisador ou aos componentes do circuito extracorporal. É frequente em doentes com produto cálcio-fósforo elevado.

As **CAUSAS** mais frequentes incluem:

- Agentes pirogénios;
- Hiperfosfatémia, (por toma inadequada de quelantes do fósforo e/ou transgressão da dieta);
- Hipercalcémia, por doses elevadas de vitamina D ou elevada concentração de cálcio no dialisante.

ACTUAÇÃO

A actuação passa por:

- Identificar a causa do prurido, investigando a medicação e dieta;
- Incentivar adequada higiene e hidratação da pele;
- Administrar anti-histamínicos, se indicação médica;
- Interromper diálise, no caso de hipersensibilidade ao dialisador ou aos componentes do circuito sanguíneo.

8. HIPERTENSÃO ARTERIAL

A HTA em hemodiálise deve ser bem controlada, pelo risco acrescido de acidente vascular cerebral em doentes anticoagulados.

As **CAUSAS** mais frequentes da hipertensão arterial incluem:

- UF excessiva;
- Elevada concentração de sódio na solução dialisante;
- Aumento excessivo de peso inter diálises;
- Incumprimento da medicação anti-hipertensora e dieta;
- HTA anterior ao início da hemodiálise.

ACTUAÇÃO

É importante determinar as causas da hipertensão arterial para uma correcta actuação e, ainda:

- Rever peso seco, taxa de ultrafiltração e concentração de sódio;
- Avaliar cumprimento da terapêutica e dieta;
- Administrar de medicação anti-hipertensora, se indicação médica.

COMPLICAÇÕES MENOS FREQUENTES

1. Dor précordial
2. Síndrome de desequilíbrio
3. Síndrome de 1° uso

1. DOR PRÉCORDIAL

Os quadros anginosos estão associados a alterações cardíacas e relacionados com a diminuição da volémia no início da sessão, que leva ao aumento do esforço cardíaco.
A dor précordial intensa pode irradiar para o braço esquerdo.

As **CAUSAS** mais frequentes são:

- Diminuição brusca da volémia;
- Ultrafiltração excessiva;
- Baixa acentuada da hemoglobina;
- Isquemia do miocárdio.

ACTUAÇÃO

A actuação nestes casos passa por:

- Identificar o tipo, local, intensidade e irradiação da dor;
- Monitorizar os sinais vitais;
- Colocar o doente em Trendelenburg, se a causa for a hipotensão;
- Diminuir UF e fluxo de sangue se indicação médica;
- Administração de soro fisiológico;
- Administrar terapêutica por indicação médica que pode incluir: vasodilatadores, oxigénio e reposição da volémia com soro fisiológico ou outra solução.

2. SÍNDROME DE DESEQUILÍBRIO

Esta síndrome é caracterizada por alterações neurológicas que se podem manifestar no início, durante ou após a sessão de hemodiálise. Pode ser caracterizado como desequilíbrio ligeiro, moderado ou grave e está mais associado à hemodiálise de alta eficácia.

Os sinais e sintomas incluem cefaleias, mal-estar, náuseas e vómitos (menores) e tremores, desorientação, agitação alteração da visão, cãibras, convulsões e coma (maiores).

As **CAUSAS** mais frequentes são:

- Edema cerebral (relacionado com transferência de água para o cérebro, devido às mudanças bruscas de osmolaridade dos solutos plasmáticos, que se tornam hipotónicos mais rapidamente do que no cérebro). Este quadro ocorre com a ureia em circulação;
- Alteração brusca do pH do líquido cefaloraquidiano.

ACTUAÇÃO

No tratamento destas situações a prevenção é fundamental:

- A entrada do doente em hemodiálise não deverá ser excessivamente protelada;
- As primeiras sessões devem ser curtas, com dialisadores pequenos e baixos fluxos. Usar o banho co-corrente (ambos os fluxos de dialisante e sangue no mesmo sentido);
- Aumento gradual de tempo e fluxos.

Se instalada a sintomatologia reduzir a UF e o fluxo de sangue e administração de terapêutica segundo indicação médica (analgésicos e soluções cloretadas ou glicosadas hipertónicas).

3. SÍNDROME DO 1º USO

Esta situação actualmente é rara em hemodiálise, dado o uso de materiais cada vez mais biocompatíveis.

As **CAUSAS** mais frequentes incluem:

- Resíduos de óxido de etileno;
- Polímeros constituintes das membranas;
- Soluções dialisantes contaminadas;
- Medicação administrada e particularmente a heparina.

Os sinais e sintomas surgem durante a primeira hora e variam desde prurido simples até choque anafilático, passando por: eritema, conjuntivite, náuseas, vómitos, dor abdominal, edema localizado ou generalizado, dor torácica, dispneia, cianose, hipotensão arterial, taquicardia, choque e paragem cardíaca.

ACTUAÇÃO

Após o aparecimento dos primeiros sinais e sintomas, devemos:

- Interromper a sessão, informar o médico e ponderar a hipótese de não reinfundir o sangue;
- Colocar o doente em Trendlemburg e infundir soro fisiológico;
- Administrar terapêutica segundo indicação médica (corticoides, anti-histamínicos, oxigénio);
- Realizar medidas de suporte cardio-respiratório;
- Efectuar colheitas de amostras de sangue e solução dialisante para identificação do agente.

2 - ACIDENTES TÉCNICOS INTRADIALÍTICOS

1 - Ruptura do dialisador

Actualmente, o filtro de diálise (dialisador) é constituido por novas membranas sintéticas (polisulfona, helixone), beneficiando de novos processos de montagem, sujeitas a rigoroso controlo de qualidade e segurança, pelo que só muito raramente ocorre a ruptura do dialisador. As actuais máquinas de hemodiálise dispõem de um sistema de alarme que indica a presença de quantidades mínimas de hemoglobina no dialisante, activando automaticamente o sistema de *by-pass* que evita a passagem da solução de dialisante para o compartimento de sangue do dialisador.

Durante o preenchimento do circuito extracorporal, o dialisador é testado para importantes aumentos da pressão transmembranária, podendo atingir valores de 500 mmHg. A ruptura do dialisador pode ocorrer por defeito de fabrico, podendo ou não ser identificada macroscopicamente no tubo do dialisante.

ACTUAÇÃO

- Após confirmação de ruptura do dialisador, colocar a máquina em *by-pass* e anular a ultrafiltração (UF), para prevenir a contaminação da máquina, retirando os conectores do dialisante no dialisador. Em máquinas recentes, o processo de colocação em *by-pass* e a anulação da UF é automático;
- Informar o doente da ocorrência, explicando as suas causas e os procedimentos a efectuar para resolução do problema;
- Reinfundir o sangue do circuito extracorporal, utilizando velocidades de bomba inferiores a 200 ml/min e evitando manobras bruscas e clampagem das linhas;
- Desconectar o sistema extracorporal do doente, assegurando a permeabilidade das agulhas através da lavagem das mesmas com soro fisiológico e conectar as linhas em recirculação
- Substituir o dialisador e linhas e efectuar o preenchimento do circuito extracorporal com soro fisiológico, colocando a máquina em recirculação;
- Reprogramar a UF contabilizando o soro administrado na reinfusão do sangue, conectar o doente, reiniciar o tratamento e verificar os sistemas de alarme;
- Informar o médico e registar a ocorrência em notas de enfermagem.

2 - Desconexão Acidental

Actualmente, todas as conexões que se estabelecem entre os diferentes elementos do circuito extracorporal têm sistema *luer-lock*, o que reduz o risco de desconexão acidental. No entanto, este acidente pode ocorrer por adaptação incorrecta das conexões das linhas às agulhas ou ramos do cateter, nas adaptações ao dialisador, das câmaras de expansão e da seringa de heparina.

A desconexão acidental de qualquer ponto do sistema extracorporal implica perdas sanguíneas visíveis, podendo ser observado pelo doente e provocando apreensão.

A prevenção destes acidentes passa por assegurar uma boa adaptação entre os diferentes elementos do circuito, verificando posteriormente, no início do tratamento, todas as conexões do circuito extracorporal e promovendo a vigilância contínua do doente.

ACTUAÇÃO

- O procedimento imediato na desconexão acidental de qualquer ponto no circuito extracorporal é a paragem da bomba de sangue e a clampagem da linha desconectada;
- Acalmar, informar e avaliar a condição hemodinâmica do doente;
- Readaptar correctamente a respectiva conexão, verificando as condições de assepsia e possível entrada de ar no circuito extracorporal;
- Se necessário, posicionar o doente em Trendelenburg e/ou infundir SF;
- Reiniciar o tratamento após resolução do problema;
- Providenciar limpeza, higiene e desinfecção, quando necessário;
- Informar o médico e registar a ocorrência em notas de enfermagem, considerando a necessidade de realização de um hemograma de controlo e/ou possível transfusão.

3 - Coagulação do circuito extracorporal

O circuito extracorporal de hemodiálise deve estar anticoagulado durante o tratamento. Esta anticoagulação, geralmente efectuada com heparina sódica a 1% ou utilizando heparina de baixo peso molecular, quando correctamente ajustada ao doente e administrada conforme a prescrição, pretende evitar a coagulação do circuito extracorporal.

Em determinadas circunstâncias, podem formar-se microtrombos que vão depositar-se na câmara de expansão venosa e no dialisador, podendo servir de núcleo inicial à coagulação de todo o circuito. Nesta situação, surge um aumento progressivo da pressão venosa (PV), aparecimento de manchas mais escuras na câmara venosa e/ou dialisador e escurecimento progressivo do circuito extracorporal.

As causas mais frequentes que favorecem a coagulação incluem:

- Heparinização insuficiente para a condição clínica do doente;
- Avaria da bomba de heparina;
- Paragens frequentes da bomba de sangue por falta de débito arterial do acesso vascular e pela realização de certos procedimentos;
- Lavagens insuficientes do circuito em situações de tratamento com ausência de heparinização;
- Alteração dos tempos de coagulação do doente, que podem ocorrer devido a sintomatologia inflamatória, alterações do hematócrito, etc.

ACTUAÇÃO

- Realizar uma lavagem do circuito extracorporal com SF, com o objectivo de comprovar qual o estado do mesmo, verificar o aspecto do dialisador e a possível existência de coágulos na câmara venosa ou noutros pontos do circuito;
- Uma vez comprovada a existência de coágulos apenas na linha venosa, esta deve ser substituída, efectuando previamente o seu preenchimento com SF ou líquido de substituição;
- Nos casos de coagulação do dialisador ou da totalidade do circuito extracorporal, deve-se reinfundir a maior quantidade de sangue possível, desconectar as linhas das agulhas/cateter do doente e verificar a sua permeabilidade;
- Avaliar a condição hemodinâmica do doente, acalmar, informar e esclarecer dúvidas;
- Em casos de coagulação total e substituição do sistema sem possibilidades de reinfusão, o doente deve ser posicionado em posição de Trendelenburg, deve ser contactado o médico e monitorizados os valores tensionais, podendo ser necessário infundir SF ou outra solução de substituição;
- Descartar o circuito extracorporal e providenciar a rápida montagem e *priming* de um novo circuito, incluindo a preparação e administração do anticoagulante prescrito para a manutenção do tratamento;
- Reprogramar a UF, contabilizando as perdas ou a quantidade de SF/líquido de substituição utilizado, nas situações que permitem a reinfusão da quase totalidade de sangue extracorporal;
- Informar o médico e registar a ocorrência em notas de enfermagem.

4 - Saída acidental de agulha(s)

As agulhas do acesso vascular podem acidentalmente sair do local de punção, devido a fixação insuficiente das mesmas ao doente, a movimentos bruscos ou involuntários do mesmo ou outras ocorrências que inadvertidamente provoquem a exteriorização de uma ou ambas as agulhas. Em qualquer dos casos, a máquina habitualmente alarma devido à alteração da PA e/ou PV e a bomba de sangue pára automaticamente após alguns segundos. De ressalvar neste tipo de acidentes o risco de perda sanguínea importante, especialmente se se trata da saída da agulha venosa, pois com débitos sanguíneos elevados, a pressão venosa é consequentemente elevada, mesmo que a agulha se encontre não contida num vaso. Este acidente é normalmente bastante aparatoso e provoca ansiedade e apreensão nos doentes, resultando em hemorragia intensa do local de punção da agulha exteriorizada, que exige compressão imediata e em perdas sanguíneas no caso de exteriorização da agulha venosa.

As linhas e agulhas do doente devem estar sempre visíveis e devidamente fixas, de modo a evitar a tracção e possível exteriorização das mesmas.

As consequências e mesmo a ocorrência deste tipo de acidentes, está na directa dependência da correcta fixação das agulhas e da vigilância por parte do pessoal de enfermagem.

Existem hoje em dia alguns dispositivos para minorar as consequências, em que um detector, habitualmente por arco eléctrico, detecta a presença de sangue, e produz um alarme sonoro, contudo só a vigilância pode incrementar verdadeiramente a segurança.

ACTUAÇÃO

- No caso de ocorrer este acidente, deve verificar-se se a bomba de sangue está parada;
- *Clampar* a linha da agulha exteriorizada;
- Efectuar a hemostase do local;
- Acalmar, informar e promover medidas de higiene e conforto do doente;
- Nos casos de exteriorização da agulha venosa, sendo possível a imediata punção noutro local, reiniciar rapidamente o tratamento, de modo a prevenir a coagulação do circuito extracorporal;
- Nas situações de exteriorização de ambas as agulhas ou apenas da agulha arterial, em que pode ocorrer entrada de grande quantidade de ar no circuito, colocar o circuito extracorporal em recirculação, eliminar todo ar contido no mesmo e proceder à lavagem da agulha restante;
- Depois de reunidas as condições, reconectar o doente e reiniciar o tratamento, podendo ser necessário reprogramar a UF;
- Informar o médico e registar a ocorrência em notas de enfermagem;
- É fundamental manter a calma e actuar com eficácia e rapidez, para minimizar perdas sanguíneas, desdramatizar a situação e reduzir os efeitos negativos da situação sobre a susceptibilidade do doente e restante pessoal.

5 - Extravasamento sanguíneo intracorporal (hematoma)

Acidentalmente, pode ocorrer a passagem de sangue para o espaço extravascular (hematoma), devido à perfuração da parede do vaso sanguíneo pela agulha de diálise no acto da punção ou durante o tratamento, pela fragilidade ou imaturidade do AV, devido a movimentos bruscos do doente, deficiente fixação das agulhas, doente confuso, etc.

Os primeiros sinais para despistar um extravasamento sanguíneo intracorporal são a dor referida pelo doente e o aumento de volume dos tecidos no local de punção.

Na máquina, pode observar-se um aumento moderado da pressão venosa ou diminuição moderada da pressão arterial, consoante o local da agulha onde ocorreu o acidente (extravasamento lento e progressivo para o espaço extravascular), ou a paragem imediata da bomba de sangue devido a elevação acentuada do valor de pressão venosa ou extrema diminuição da pressão arterial (falta de débito), sendo accionado igualmente um alarme sonoro na máquina.

ACTUAÇÃO

- No caso de ocorrência de um hematoma durante o tratamento, deve ser imediatamente parada a bomba de sangue;
- Acalmar e informar o doente da situação e dos procedimentos a efectuar para a resolução do acidente;
- Retirar a respectiva agulha, solicitar a colaboração do doente ou de outro profissional para realização da hemostase e providenciar aplicação de gelo local;
- Se for possível a punção imediata noutro local, o tratamento pode ser reiniciado de imediato; caso contrário, o sangue deve ser reinfundido (quando possível) e colocado a máquina em recirculação;
- Após efectuada nova punção e reunidas as condições, reconectar o doente ao circuito extracorporal;
- Reprogramar UF, se necessário e reiniciar o tratamento.

Informar o médico, uma vez que, no caso de um hematoma muito volumoso ou com sinais de compressão neurovascular, pode ser benéfica a aspiração imediata e registar a ocorrência em notas de enfermagem.

6 - Entrada de ar no circuito extracorporal

Todos as máquinas de HD vêm equipadas com detector de ar e com um sistema de alarme muito sensível que pára a bomba de sangue e clampa automaticamente a linha venosa.

Para maior segurança, o Sistema Terapêutico 5008 vem equipado de modo a não permitir o funcionamento da bomba de sangue se as linhas não estiverem inseridas nos sensores detectores de ar e respectivos *clamps*, sendo estes activados automaticamente. No entanto, a máquina 4008 permite o funcionamento da bomba de sangue e manutenção do tratamento mesmo que acidentalmente não seja inserida a linha venosa no respectivo *clamp*, representando deste modo uma falha de segurança. Embora inviabilize a capacidade da máquina *clampar* a linha venosa no caso de detecção de ar na câmara de expansão venosa, o facto da máquina estar equipada com um sistema de alarme e parar automaticamente a bomba, impossibilita, em condições normais de tratamento, a infusão de ar no doente através do circuito extracorporal (ver Acidentes clínicos intradialíticos: embolia gasosa).

As causas de entrada de ar no circuito extracorporal incluem:

- Exteriorização acidental da agulha arterial durante o tratamento;
- Desconexão ou deficiente conexão da agulha/ramo arterial com a respectiva linha do circuito extracorporal;

- Desconexão, incorrecta conexão, defeito de fabrico ou danos no transductor de pressão arterial;
- Existência de poros ou fissuras no trajecto da linha arterial (o mais frequente é que o corpo da bomba de sangue provoque um corte na linha, por deficiente colocação da mesma durante a montagem do circuito extracorporal na máquina;
- Desconexão ou deficiente conexão do sistema de perfusão do soro com a linha arterial;
- Entrada de ar através do sistema de soro, no caso de finalização de terapêutica administrada (SF ou outras) pelo mesmo, resultante da aspiração do ar contido dentro da embalagem do produto administrado e de fecho do sistema de soro não atempado, imediatamente após o final da perfusão.

ACTUAÇÃO

- Na situação de presença de ar no circuito extracorporal, deve ser efectuada uma inspecção meticulosa ao sistema e conexões passíveis de serem responsáveis pela entrada de ar no circuito e reavaliadas todas as conexões onde a pressão seja negativa (segmento do circuito antes da bomba de sangue);
- Informar e esclarecer o doente;
- Verificar se a linha venosa está correctamente conectada ao sensor detector de ar e respectivo *clamp*;
- Eliminar o ar em excesso, elevando o nível da câmara de expansão venosa;
- Se o problema persistir, não se conseguindo perceber e resolver rapidamente o mesmo, implicando paragens frequentes da bomba de sangue, deve ser reinfundido o sangue no doente, desconectando o mesmo do circuito extracorporal e colocado este em recirculação;
- Proceder à lavagem das agulhas com SF;
- No caso de não se conseguir identificar nem resolver o problema de entrada de ar no circuito, deve ser ponderada a substituição do mesmo;
- Reconectar o doente quando estiverem reunidas as condições e reprogramar UF, se for necessário;
- Informar o médico e registar a ocorrência em notas de enfermagem;
- Para prevenir a entrada de ar após perfusões, utilizar sempre que possível bomba perfusora para o efeito.

7 - Inversão da conexão do doente ao circuito extracorporal

O erro humano pode e deve ser minimizado mas, não sendo possível a sua total eliminação, pode acontecer que o enfermeiro conecte acidentalmente a agulha arterial à linha venosa e a agulha venosa à linha arterial. No caso de ser utilizado um cateter, esta metodologia é por vezes a única possível de utilizar para obter débito de sangue suficiente para a concretização do tratamento.

Nos casos em que o AV do doente suporta as pressões necessárias para o funcionamento da bomba, o aumento progressivo da pressão venosa e o escurecimento do sangue por hemoconcentração progressiva que pode levar à coagulação do circuito (ver Coagulação do circuito extracorporal), podem ser os únicos sinais de alarme que indiquem a possibilidade de inversão da conexão do doente ao circuito extracorporal.

Trata-se de um acidente que ocorre ocasionalmente, devendo o enfermeiro detectar esta situação o mais precocemente possível, reconectando correctamente o doente ao circuito extracorporal, minimizando deste modo as consequências negativas para o doente, devido à redução acidental da eficácia do tratamento.

ACTUAÇÃO

- Parar a bomba de sangue, *clampar* as linhas, as agulhas e inverter as conexões do doente ao circuito extracorporal;
- Informar e esclarecer o doente;
- No caso de hemoconcentração observável, efectuar uma lavagem do circuito com soro fisiológico, para prevenir a formação de coágulos;
- Informar o médico e registar a ocorrência em notas de enfermagem;
- Considerar o tempo de tratamento efectuado com inversão na conexão do doente ao circuito extracorporal e a inerente diminuição de eficácia do mesmo; por vezes, torna-se necessário prolongar o tratamento ou programar sessão dialítica suplementar.

8 - Avaria na máquina de hemodiálise

Durante o tratamento, pode surgir uma avaria na máquina de diálise, que exija a mudança do mesmo, de modo a permitir ao doente a continuação e finalização do tempo prescrito para o seu tratamento dialítico.

No caso de avaria da máquina que não permita continuar ou concluir o tratamento, devem seguir-se os seguintes passos:

- Existência de máquinas de reserva;
- Verificar a disponibilidade de outra máquina com as mesmas características;
- Solicitar a colaboração de outros profissionais;
- Anotar os parâmetros da máquina avariada sobre a UF realizada, tempo de tratamento realizado e volume de sangue dialisado;
- Informar e esclarecer o doente sobre a situação e procedimentos a efectuar;
- Reinfundir o sangue do circuito extracorporal no doente, utilizando a bomba manualmente, se necessário;
- *Clampar* as linhas de sangue, os segmentos das câmaras de pressão e linha de heparina e interligar a linha arterial à linha venosa;
- Desconectar as linhas do banho de diálise do dialisador e conectá-las no interconector da máquina;

- Retirar as linhas da máquina avariada;
- Se existir outra máquina livre com as mesmas características, o doente pode mudar de posição, tendo a nova máquina sido previamente colocada a calibrar (este processo é mais rápido);
- Se não houver possibilidade de transferir o doente para outra posição, deve-se retirar a máquina da sala de diálise e substituir por outra;
- Desligar a máquina, desligar a tomada de corrente eléctrica, ligações da água tratada e do ácido e remover as respectivas ligações;
- Colocar a nova máquina na respectiva posição, realizar todas as ligações/conexões necessárias, ligar a máquina e colocá-la em teste;
- Colocar as linhas e o dialisador na nova máquina, *desclampando-as* e reconectando as linhas de pressão e seringa de heparina;
- Quando a máquina estiver calibrada, conectar as linhas do banho ao dialisador e colocar o circuito em recirculação;
- Programar a máquina considerando os parâmetros em falta para a conclusão da sessão de hemodiálise, conectar o doente, verificar todos os alarmes e reiniciar o tratamento;
- Informar o médico e registar a ocorrência em notas de enfermagem;
- Comunicar a avaria ao serviço técnico.

9 - Alterações no dialisante

O líquido de diálise (LD) ou solução de dialisante é uma solução fundamental em hemodiálise, sendo automaticamente preparado na máquina de diálise, através da mistura constante de concentrados electrolíticos de hemodiálise e água purificada, numa proporção de 34/1 ou 44/1, respectivamente. A qualidade e a pureza do dialisante são dois dos principais requisitos da técnica hemodialítica.

Nas máquinas HD 4008 bem como no Sistema Terapêutico 5008, a gama de componentes de alta qualidade garante de um modo seguro fluidos de diálise ultra-puros, que também são usados como líquido de substituição *OnLine*, assegurando eficientemente os benefícios clínicos da HDF *ONLINE*.

Contudo, o uso rotineiro de água ultrapura para abastecer as máquinas de HD, não é suficiente para garantir a pureza microbiológica do LD e a presença de contaminantes expõe o doente ao risco de acumulação de substâncias tóxicas, dando lugar a complicações tanto agudas como crónicas. É necessário garantir não só o controlo diário da qualidade da água, como também o correcto funcionamento de todos os equipamentos.

O bicarbonato do LD é um excelente meio de cultura bacteriano, e uma desinfecção inadequada da máquina de HD pode ser a origem de infecções bacterianas e de reacções pirogénicas.

A máquina deve efectuar completamente o ciclo de desinfecção, de modo a serem eliminados os resíduos de desinfectante, devendo usar-se sempre os produtos indicados pelo fabricante. Para avaliar a ausência do desinfectante Puristeril 340, Puristeril Plus ou Sporotal, o teste a utilizar deve ser o papel de iodeto de potássio. Para avaliar a ausência do desinfectante Diasteril, o teste de substâncias oxidantes a utilizar é a tira indicadora pH-Fix 3,6-6,1.

A manutenção correcta das máquinas implica uma limpeza regular do circuito hidráulico, de forma a eliminar resíduos orgânicos e a remover precipitações de cálcio e fosfatos. É recomendável realizar uma desinfecção das máquinas após uma paragem superior a 72 horas, antes de se iniciar um tratamento, para prevenir o risco de contaminação do sistema.

Os filtros do dialisante (DIASAFEplus) eliminam todo o tipo de partículas, bactérias e endotoxinas, muitas delas provenientes do circuito da máquina de diálise. Desta forma, é indispensável a sua substituição, de acordo com as recomendações do fabricante.

Podem ainda ocorrer alterações do pH do líquido de diálise por deficiente funcionamento da máquina ou elevação brusca e excessiva da temperatura do líquido de diálise, manifestando-se por uma sensação de calor intenso.

As alterações do dialisante podem ainda dever-se à presença de contaminantes na água como as cloraminas, ou alterações dos níveis dos componentes químicos recomendados como o cobre, alumínio, nitratos, etc. (ver Quadro 1).

Como foi referido anteriormente, os actuais recursos técnicos, sistemas de segurança e o rigoroso controlo de qualidade utilizados no fornecimento de dialisante para tratamentos dialíticos, garantem a qualidade e fiabilidade do mesmo dentro dos limites estabelecidos legalmente.

No entanto, devido a falha humana ou avaria técnica de equipamento, é plausível considerar a possibilidade muito reduzida da existência de constituintes inorgânicos no dialisante, em quantidades que possam causar toxicidade durante o tratamento (ver Acidentes clínicos intradialíticos: hemólise), sendo a mais comum a síndrome de água dura - avaliar se vários doentes apresentam a sintomatologia de hipertensão arterial, cefaleias, vómitos e letargia, considerando a hipótese de hipercalcemia e/ou hipermagnesemia devido à existência de grandes concentrações de cálcio e/ou magnésio no dialisante.

QUADRO 1 - CONCENTRAÇÕES DOS COMPONENTES QUÍMICOS RECOMENDADOS. CONCENTRAÇÕES TÓXICAS E SEUS EFEITOS SECUNDÁRIOS. (FONTE: SOCIEDAD ESPAÑOLA DE NEFROLOGÍA; 2003)

CONTAMINANTES	CONCENTRAÇÃO MÁXIMA (mg/l)	CONCENTRAÇÃO TÓXICA (mg/l)	TOXICIDADE
Inorgânicos			
Alumínio	0,01	0,06	Osteomalacia
Cálcio	2	88	Síndrome de água dura
Zinco	0,1	0,2	Anemia
Cloraminas	0,1	0,25	Hemólise
Cobre	0,1	0,49	Hemólise
Flúor	0,2	1	Osteomalacia
Nitratos	2	21	Hemólise
Sódio	50	300	Hipernatremia
Sulfatos	100	200	Acidose
Potássio	2	>3	Hipercaliemia
Orgânicos			
Colaminas bacterianas Pirogénios	1 ng/l	200 col/ml	Reacções pirogénicas/ /sepsis

No caso de existir a suspeita da presença de substâncias inorgânicas em níveis tóxicos no dialisante, deve ser efectuado o *bypass* ao dialisante, anulada a ultrafiltração e providenciada a realização imediata de análises para determinação da concentração de cálcio, cloro total e conductividade.

Pode existir a possibilidade de ser necessário cancelar todos os tratamentos de hemodiálise até resolução final do problema.

10 - Acidentes clínicos intradialíticos

Embolia gasosa

Como referido anteriormente, em condições normais de tratamento, o risco de embolia gasosa é praticamente nulo. No entanto, em situações excepcionais, como a substituição integral ou parcial do circuito extracorporal, reinfusão em situações de emergência, avaria na máquina, manipulação de cateteres, etc., pode acidentalmente ocorrer um erro que provoque a infusão de ar no doente.

ACTUAÇÃO

(nos casos em que se verifique alteração hemodinâmica – hipotensão; dispneia; dor torácica)

- Colocar o doente na posição de Trendelenburg sobre o lado esquerdo (tem por objectivo reter o ar na aurícula direita e evitar que passe para a circulação pulmonar, provocando embolia);
- Requerer a presença médica com urgência;
- Avaliar estado de consciência do doente e despistar possíveis alterações;
- Monitorização hemodinâmica e administração de oxigénio a 100%, se necessário;
- Providenciar condições para intervenção de emergência (carro de reanimação cardio-respiratória);
- Ponderar chamada de viatura do INEM para possível transporte para o serviço de urgência de instituição hospitalar;
- Registar a ocorrência em notas de enfermagem.

Reacção anafiláctica a medicamentos

A reacção anafiláctica a determinada terapêutica pode ocorrer no momento de administração da mesma, durante o tratamento de diálise. Surgem os sintomas habituais de uma reacção anafiláctica, independentemente do doente estar a realizar um tratamento de diálise.

ACTUAÇÃO

- Suspender imediatamente a perfusão em curso;
- Solicitar a presença do médico;
- Avaliar o doente e proceder a monitorização cardiorespiratória, se for considerado conveniente;
- Administrar terapêutica prescrita para a situação;
- Ponderar chamada de viatura do INEM para possível transporte para o serviço de urgência de instituição hospitalar;
- Registar a ocorrência em notas de enfermagem.

Hemólise

A destruição dos eritrócitos pelo processo de hemólise pode ocorrer acidentalmente por diversos motivos e pode ser identificada pela progressiva coloração acastanhada "achocolatada" do sangue no circuito extracorporal.

O efeito de recirculação provocado pela proximidade das agulhas de diálise, deficiência do AV ou recirculação de sangue extracorporal em circuito fechado por um longo período com ausência de SF (sistema de soro fechado), pode originar hemólise, ao expor os eritrócitos à acção contínua da diálise e UF.

Uma deficiência no funcionamento da bomba de sangue pode hemolisar os eritrócitos por esmagamento, através do movimento de tracção das linhas que impulsiona o sangue através das mesmas.

A presença excessiva de cloraminas, nitratos ou cobre no dialisante ou a presença do desinfectante pode resultar em processos de hemólise aguda, podendo trazer graves consequências para o doente, incluindo a morte. Os actuais sistemas e procedimentos de segurança e os avanços tecnológicos em diálise minimizam a presença destas substâncias na solução de dialisante, sendo para isso necessário garantir o padrão de qualidade da água e a ausência de desinfectantes.

ACTUAÇÃO

- Se o sangue extracorporal apresentar uma coloração "tipo Vinho do Porto", pode ser um sinal de alerta para a ocorrência de hemólise;
- O doente pode referir dor local e no membro do AAV, mal-estar geral, cefaleias, vómitos, náuseas, dor abdominal ou lombar, pressão torácica, dispneia, perda de consciência, coma ou morte, nos casos muito graves;
- Existindo suspeita de hemólise, chamar o médico para confirmar a suspeita;
- Parar a bomba de sangue, desconectar o doente do circuito extracorporal, descartando este, não devendo ser reinfundido o sangue extracorporal (se necessário, administrar soro fisiológico);
- Vigiar o estado de consciência, monitorizar hemodinamicamente, administrar oxigénio a 100% e providenciar material de reanimação cardiorespiratória, se necessário;
- Ponderar chamada de viatura do INEM para possível transporte para o serviço de urgência de instituição hospitalar;
- Registar a ocorrência em notas de enfermagem, considerando a necessidade de realização de um hemograma de controlo e/ou possível transfusão.

ABREVIATURAS:
- Ultrafiltração – UF
- Soro fisiológico – SF
- Pressão venosa – PV
- Pressão arterial – PA
- Acesso arteriovenoso – AAV
- Hemodiálise – HD
- Líquido de diálise – LD
- Hemodiafiltração – HDF
- Instituto Nacional de Emergência Médica – INEM
- Acesso vascular - AV

REFERÊNCIAS BIBLIOGRÁFICAS:

- Valderrábano, Fernando – *Tratado de Hemodiálisis*. Editorial Médica JIMS, 1999.
- Fresenius Medical Care – *Guia de Integração para o Enfermeiro de Diálise*. 1ª Edição, Janeiro 2007.
- Sociedad Española de Nefrología - *Guías de Gestión de Calidad del Líquido de Diálisis*. 2003.

REFERÊNCIAS WEB:

- www.seden.org/files/rev52_1.pdf

ASPECTOS PSICOSSOCIAIS

CO-AUTORES:

ENFª ROSÁRIO AZEVEDO - Enfermeira-Chefe na Clínica NephroCare Santa Maria da Feira. Licenciatura em Enfermagem pela Escola de Enfermagem de Imaculada Conceição - Porto.

ENF. ANTÓNIO LUÍS SILVA - Enfermeiro na Clínica NephroCare Santa Maria da Feira e na Unidade de Cuidados Interm. Polival. no Hospital São Sebastião. Licenciatura em Enfermagem pela Escola de Enfermagem de São João do Porto.

ENFª. SILVINA SILVA - Enfermeira na Clínica NephroCare Santa Maria da Feira e no Bloco Operatório no Hospital Francisco Zagalo em Ovar. Licenciatura em Enfermagem pela Escola de Enfermagem Franciscana Missionária de Maria em Lisboa.

DRª. CONCEIÇÃO SOUSA SANTOS - Assistente Social na Clínica NephroCare Santa Maria da Feira e Vice-Presidente da ONGD - «Rosto Solidário». Licenciatura em Assistente Social pelo I.S.S.S. de Coimbra.

DRª. MARGARIDA MONTEIRO - Psicóloga na Clínica NephroCare Santa Maria da Feira, Vila Nova de Gaia e Maia. Licenciatura em Psicologia na Faculdade de Psicologia e Ciências da Comunicação no Porto. Participou na formação contínua pela FPCEUP: resolução de conflitos. Participação na formação desenvolvida pelo ISLA - Lisboa: Intervenção em contacto familiar.

CAPÍTULO XVIII - ASPECTOS PSICOSSOCIAIS

"... é o doente quem define a doença e não o contrário."
(Moniz, L. J. & Barros, L., 2005)

1. FACTORES PSICOSSOCIAIS NA INSUFICIÊNCIA RENAL CRÓNICA TERMINAL

A medicina tradicional refere que o homem possui um corpo com uma expectativa previsível de funcionamento. Adoecer não é mais do que o defraudar desta expectativa. A doença surge assim de forma imprevisível, surpreende, causa sofrimento e adquire implicações psicossociais que impedem o ajustamento a uma qualidade de vida satisfatória.

Quando um indivíduo se depara com a falência de um órgão vital, existe um importante comprometimento físico que advém da perda de funcionalidade desse órgão.

Assim, e partindo da necessidade que o ser humano sente na obtenção de respostas às questões mais básicas da sua existência, podemos dizer que, chegados a um diagnóstico, urge elaborar um plano de intervenção, procurando atenuar os sintomas e pretendendo na maior parte das vezes a cura. Contudo, nem sempre a cura é possível e existem doenças, as ditas crónicas, que são geridas em vez de curáveis.

Gerir a doença crónica visando a melhor qualidade de vida exige o envolvimento do doente e da família com uma equipa multidisciplinar, que em conjunto trabalham cuidados físicos e psicológicos.

Tem havido uma crescente preocupação em relação à forma como os factores psicossociais interagem nos resultados da gestão da doença.

É urgente trabalhar com esta população, que necessita de cuidados físicos e psicossociais, apoio e informação. Mas para que se possa intervir, é necessário conhecer a doença e a reacção do próprio doente à doença.

Inicialmente, todo o processo de diálise pode ser um alívio, principalmente se o doente já sentia que algo não estaria bem com a sua saúde. Se o aparecimento é repentino, a fase aguda inicial de ajustamento pode ser marcada pelo choque, incredulidade, desespero e depressão, podendo mesmo ser necessário a intervenção de um profissional de saúde mental (Thomas, N., 19).

Segundo a literatura, os doentes renais passam por 3 estados de ajustamento à diálise:

- Período de lua-de-mel: é a resposta inicial do doente à diálise e pode durar de algumas semanas a 6 meses ou mais. Verifica-se uma melhoria física e psicológica em que há renovar da esperança e da confiança. No entanto, o doente pode viver momentos de ansiedade e de depressão. Durante esta fase o doente pode expressar sinais positivos e de gratidão para com a equipa médica que o acompanha;
- Período de desilusão e de decepção: caracteriza-se por sentimentos de tristeza e de desespero, havendo muitas das vezes diminuição dos sentimentos de confiança e esperança. Esta fase pode surgir quando o doente regressa à sua rotina anterior (ex.: regresso ao trabalho) e experimenta as limitações que a doença possa ter trazido para o seu dia-a-dia, podendo durar de 3 a 12 meses;
- Período de adaptação a longo prazo: nesta fase, os doentes tanto podem vivenciar períodos longos de resignação como períodos de depressão. É uma fase que se caracteriza pelo nível de aceitação do doente relativamente à doença renal crónica, onde este está consciente das limitações e alterações que o processo de hemodiálise trouxe à sua vida.

A adaptação pode ser muitas vezes facilitada pelo regresso ao trabalho, pelo início de uma nova actividade, pela continuidade da sua vida em comunidade, pelo regresso a formas de lazer que tinha anteriormente ou então pela aceitação do seu estado de dependência.

A aprendizagem de novos hábitos alimentares (dieta da IRC, por vezes associada a doenças metabólicas como a diabetes), o aprender a estar bem consigo, bem como com a própria diálise, fazem parte da adaptação a longo prazo.

A passagem de uma fase para outra pode não surgir de acordo com o esquema aqui exemplificado, uma vez que cada doente é diferente e a sua adaptação à doença também varia, sendo que muitos doentes podem recuar ou avançar fases devido a inúmeros factores, incluindo complicações médicas.

Estas complicações médicas podem deteriorar a qualidade de vida de muitos doentes, levando a depressões ou a um aumento do risco de suicídio.

2. INTERVENÇÃO PSICOSSOCIAL: DEFINIR E PLANEAR

A intervenção psicossocial deve começar mesmo antes do doente necessitar de diálise. A equipa multidisciplinar deve incentivar o doente e a sua família a participar o mais possível no seu regime de tratamento, nas várias decisões que podem vir a tomar ao longo deste processo, deixando espaço para uma discussão aberta e compreensiva sobre as opções disponíveis para o doente, incluindo a alternativa dialítica a adoptar. As mudanças que cada doente enfrentará, a nível individual, familiar, profissional e social, serão cruciais para a escolha do tipo de diálise a adoptar. Os doentes podem ser aconselhados a auto-diálise no centro de diálise ou a hemodiálise domiciliária. Já a diálise peritoneal pode ser uma das escolhas para doentes que necessitam ou desejem maior liberdade.

A hemodiálise é um processo que levará à mudança de alguns aspectos da vida do doente. Consequentemente, há informações que lhe devem ser facultadas de forma a que este tome decisões conscientes e responsáveis. Como tal, a comunicação é muito importante. São de salientar como factores basilares em comunicação a necessidade de utilização de linguagem adequada ao interlocutor e a clareza na formulação de perguntas e no fornecimento de respostas. Outro aspecto importante é a necessidade de criar uma relação de empatia entre doente e técnico, procurando a sensibilidade do doente para a nova situação e levando-o à responsabilização.

Na maior parte das vezes, as pessoas portadoras de IRC desconhecem de todo a evolução da sua patologia crónica, seja por ignorância, por falta de interesse ou por insuficiente informação prestada pelo clínico que o segue. Daí muitas vezes a surpresa com que recebem a notícia de que a sua doença se agravou para uma Insuficiência Renal Crónica Terminal e que terão de fazer hemodiálise para sobreviver. É necessário então que o doente seja devidamente informado e orientado pelo seu médico, ou pela equipa de enfermagem, para a gravidade e limitações físicas/psíquicas/sociais provocadas pela sua doença e quais as várias modalidades que a ciência lhe oferece como alternativas. Assim, o doente poderá fazer uma opção relativamente aos métodos adequados à sua situação, com algum espaço de reflexão, em colaboração com a família e conjugando com a actividade profissional (se for o caso).

O direito a não iniciar a diálise ou a interromper a diálise é um direito que assiste a qualquer doente em IRC; são opções que o doente pode tomar em conjunto com os membros da família, o médico e com a equipa de diálise, de acordo com a sua situação clínica e as suas necessidades. Quando um doente decide pôr termo ao processo de diálise, os membros da equipa de diálise têm de providenciar cuidados de suporte, principalmente conforto emocional e físico.

O essencial de qualquer processo de intervenção é que doente e família aprendam a lidar com a doença crónica da forma mais adaptativa possível.

3. ADESÃO AO TRATAMENTO

O sucesso da estratégia de diálise a longo prazo depende da participação do doente. Participar significa aderir a restrições alimentares, a regimes medicamentosos e a compreender os procedimentos de diálise. A maioria dos doentes adapta-se a estas restrições e mostra responsabilidade, mas outros não conseguem cooperar. Estes comportamentos não cooperantes podem manifestar-se de vários modos: pelo não cumprimento da dieta prescrita, pela ingestão de fluidos em excesso, pelo cuidado inadequado dos acessos vasculares e peritoneais, pela manipulação do tempo de tratamento e/ou pela ausência ao tratamento (Thomas, N., 19).

Estes comportamentos podem originar má-nutrição, neuropatias, doenças ósseas, insuficiência cardíaca, entre outras. Estes comportamentos devem ser alterados e a equipa multidisciplinar pode trabalhar conjuntamente com o doente de forma a facilitar a incorporação de novos hábitos. Caso contrário, surge uma degradação da saúde que em casos mais persistentes pode levar à morte (Thomas, N., 19).

É difícil para um doente renal admitir que, para além da doença física, apresenta problemas psicológicos. As recusas a consultas de psiquiatria e/ou psicologia são uma forma de negação desses mesmos problemas. Estes doentes podem beneficiar com sessões de grupo (envolvendo o doente, a sua família e a equipa multidisciplinar) e/ou sessões com outros doentes, onde surge a partilha e discussão de experiências.

4. APOIO FAMILIAR

As questões psicossociais são reconhecidas pelos profissionais de saúde como obstáculos a uma qualidade de vida satisfatória em doentes renais em estadio terminal, pois se os doentes em diálise e suas famílias encararem esta situação como uma derrota, esta tornar-se-á muito mais penosa.

Numerosos factores de *stress* psicossocial limitam e alteram a vida diária a nível individual e familiar, que vão desde limitações funcionais, alteração das relações familiares, disfunções sexuais, alteração e reversão do papel sexual, restrições na dieta, limitações de tempo, medo da morte, alterações no trabalho e da situação familiar a preocupações financeiras (Thomas, N. (19) & Daugirdas, J. T., Blake, P. G. & Ing, T. S., (19)).

O doente em diálise pode tornar-se gradualmente mais dependente, exigente e irritável, devido à perda de uma boa imagem de si ou auto-estima, podendo tornar-se hostil para com a sua família. Os membros da família podem tornar-se ofensivos para com o doente e depois sentirem-se culpados por esse sentimento (Thomas, N. (19)).

Podem surgir nestes doentes conflitos matrimoniais, relações interpessoais tensas com a família e preocupações socio-económicas (muitas das vezes devido ao facto de terem deixado de trabalhar ou de ser necessária a reconversão profissional). Os conflitos conjugais podem ser associados à constatação do peso da doença, bem como ao grau de adesão à prescrição do tratamento e contribuem para o aumento de *stress* no doente renal (Daugirdas, J. T., Blake, P. G. & Ing, T. S., 19).

Relativamente à área sexual, verifica-se uma elevada prevalência de disfunções sexuais em doentes com doenças renais em estadio terminal, que têm origem em factores orgânicos e emocionais. As disfunções sexuais em doentes do sexo masculino incluem a diminuição da libido e a disfunção eréctil. Cerca de 70% dos homens tratados com diálise sofrem de impotência. As mulheres tratadas com diálise podem desenvolver alterações da fertilidade e do ciclo menstrual (Daugirdas, J. T., Blake, P. G. & Ing, T. S., 19).

É crucial que o nefrologista ou outro profissional de saúde alertem o doente renal e o seu cônjuge para a possibilidade de disfunções sexuais. O debate aberto deve existir, de forma a que haja um aconselhamento eficiente, que permita a discussão desta temática tão importante. Neste aconselhamento, toda a informação deve ser fornecida e todas as dúvidas do casal devem ser esclarecidas, permitindo trabalhar alternativas com o casal de forma a terem uma sexualidade tão gratificante quanto possível. Este aconselhamento pode mesmo facilitar a comunicação entre o doente renal e o seu médico e reduzir possíveis formas de depressão.

As questões socio-económicas podem também surgir nos doentes renais, devido muitas vezes à redução de rendimentos, bem como a um aumento de despesas. Verificamos que uma grande parte dos doentes em hemodiálise nem sempre consegue manter o seu posto de trabalho. Cabe ao assistente social, em sintonia com o doente e entidade patronal, providenciar integração em posto de trabalho adequado a cada caso.

No que se refere à manutenção da vida laboral activa podemos dizer que, para a maioria dos doentes, esta é uma questão basilar e tudo fazem para manter o seu emprego ou então procuram a reconversão profissional. No entanto, outros doentes sentem que o desgaste provocado pela manutenção do posto de trabalho (nem sempre apoiado pela entidade patronal, que por vezes não entende este tipo de deficiência), associado à necessidade de hemodiálise, não é compensador, quer do ponto de vista da auto-estima, quer porque sentem ser preferível optar pelo estatuto de pensonista.

Os doentes com uma doença crónica podem ter ajustamento psicossocial mais eficiente se existir apoio social. A família é normalmente a maior fonte de apoio social para o doente. Quando a família apoia o regime de tratamento, o doente sente-se mais satisfeito e terá uma melhor adaptação à doença. Os comportamentos familiares positivos, estabilidade, padrões de comunicação eficientes, comportamentos de apoio e uma maior coesão familiar predizem uma menor percepção de dor, menos *stress* emocional, melhor desempenho e melhor funcionamento físico e maior adaptação emocional (Lopes, I. S., 2006).

No entanto, não nos podemos esquecer que a própria família pode necessitar de apoio da equipa de diálise para poder continuar a fornecer esse mesmo apoio ao doente. A equipa pode encorajar o doente e a família a continuar a participar em actividades sociais e de lazer, tanto familiares como extra-familiares, providenciar grupos de ajuda e recursos comunitários para socialização (Thomas, N. - 19).

5. APOIO DE ENFERMAGEM

Sendo a relação de cuidado e a promoção do auto-cuidado a essência da enfermagem e partindo do pressuposto que esta tem por base o respeito pela pessoa e pelos seus direitos, cabe à equipa de enfermagem desempenhar um papel privilegiado nos cuidados ao doente em diálise.

Assim, e tendo por base o código deontológico do Enfermeiro no nº 1 do art. 78, "as intervenções de enfermagem são realizadas com preocupação de defesa da liberdade e da dignidade da pessoa humana". Compete à equipa de enfermagem, partindo da abordagem holística, zelar pela defesa de direitos e deveres de cariz ético:

- Direito à vida e à qualidade de vida (Art. 82);
- Direito ao cuidado (Art. 83);
- Respeito pela intimidade (Art. 86);
- Dever de informação (Art. 84);
- Dever de sigilo (Art. 85).

Por tudo isto, a equipa de enfermagem deve definir o seu campo de actuação para com o doente que vê a sua vida completamente alterada, sentindo que ao iniciar a hemodiálise estará dependente de máquinas e de outras pessoas (familiares e equipa multidisciplinar) por um período de tempo indefinido. De certa forma, os doentes renais sabem que é a dependência das máquinas que lhes permite manter a vida. O que acontece é que muitos doentes abdicam de alguma responsabilização na participação nas sessões de hemodiálise convencional imputando a mesma aos membros da equipa de diálise (por exemplo, ganhos de peso interdialíticos acima do razoável, hipercaliemias, etc...). É importante que os enfermeiros estejam conscientes da dependência que estes doentes possam querer ter deles, para que não sejam ultrapassados os limites profissionais considerados razoáveis. A equipa de enfermagem deve incentivar o doente a decidir por si próprio, sempre que possível, preservando assim o grau de independência possível.

Uma vez que os enfermeiros são os membros da equipa multidisciplinar que passam mais tempo real com os doentes, podem ter, para além de cuidados de enfermagem, um papel significativo no bem-estar psicológico do doente. Para isso, é importante que o enfermeiro escute e motive a expressão dos sentimentos, realçando o direito e a utilidade dessa expressão mesmo quando esta exteriorize revolta e cólera.

O contacto visual directo acompanhado de uma postura com o tronco inclinado para a frente pode reforçar uma atmosfera relacional positiva (DiMatteo et al., 1979 cit. in Moniz, L. J. & Barros, L., 2005).

O contacto físico, como tocar ou segurar na mão, constitui um meio eficaz e empático para facilitar a comunicação do doente, pois humaniza a comunicação, promove confiança e motiva o doente a falar daquilo que o preocupa (Thomas & Clark, 1997 cit. in Moniz, L. J. & Barros, L. , 2005).

A equipa de enfermagem deve ser uma equipa coesa, deve partilhar os mesmos conceitos relativamente à forma de cuidar, respondendo de forma consistente, exacta, honesta e uniforme às questões colocadas pelos doentes, de forma a que estes sintam segurança na própria equipa.

Os outros membros da equipa multidisciplinar (assistente social, nutricionista, psiquiatra e/ou psicólogo) devem actuar em conjunto com a equipa de enfermagem, sempre que possível, para que se desenvolva um plano realista que permita ao doente e à família resolver outros problemas que podem surgir ao longo do tempo de tratamento em diálise.

6. AS REACÇÕES MAIS TÍPICAS DOS DOENTES

Na maior parte dos casos, os doentes sabem que o tratamento os mantém vivos. No entanto, possuem a "fantasia" de que a hemodiálise lhes pode curar a insuficiência renal crónica (talvez porque é utilizado habitualmente o termo "tratamento", banalizando o termo hemodiálise, que consiste na substituição parcial da função renal).

A tomada de consciência das limitações que o tratamento pode ter na vida quotidiana faz com que surjam em muitos doentes problemas psicológicos, entre eles: neurose, abusos de substâncias, perturbações de personalidade, ansiedade, hostilidade, depressão e suicídio.

A ansiedade é normalmente a reacção inicial dos doentes e das suas famílias quando enfrentam um possível tratamento de hemodiálise. Esta ansiedade é normal e cabe à equipa multidisciplinar transmitir isso ao doente e família. O estado de ansiedade pode ser tratado através de psicoterapia e técnicas comportamentais (Daugirdas, J. T., Blake, P. G. & Ing, T. S., (19).

A hostilidade e raiva são reacções que alguns doentes renais expressam, muitas das vezes durante a própria diálise. Estas reacções são na maior parte das vezes dirigidas quer à equipa de enfermagem quer ao tratamento em si. É fundamental estabelecer limites e/ou impor fronteiras quando a hostilidade e a agressividade se tornam uma ameaça para o doente ou para terceiros, pois este comportamento disfuncional pode desestabilizar a equipa de diálise e interferir na saúde física e mental de outros doentes que usufruem do tratamento (Daugirdas, J. T., Blake, P. G. & Ing, T. S., (19).

É importante tentar perceber a razão pela qual o doente está zangado, para que se possam trabalhar possíveis soluções. A hostilidade e agressividade podem ser manifestações de uma perturbação psiquiátrica. Sempre que persistir este tipo de comportamento, deve ser considerado o encaminhamento para consulta de Psiquiatria (Daugirdas, J. T., Blake, P. G. & Ing, T. S., (19).

Quando a psicopatologia coexiste com uma doença somática, os profissionais de saúde, familiares e o próprio doente (quando consciente dessa psicopatologia) podem antecipar um agravamento da doença, pois um mau estado psicológico agrava um mau estado físico (Moniz, L. J. & Barros, L., 2005).

A depressão pode também ocorrer na fase inicial do tratamento, pois muitas vezes o doente vê um futuro muito mais limitado e é urgente a necessidade de adaptação. De qualquer das formas, a depressão pode surgir em qualquer fase de adaptação à doença e é uma das patologias mais prevalentes em doentes em insuficiência renal crónica. A depressão pode ser diagnosticada quando persistir, durante um período de 2 semanas, uma redução significativa das actividades que anteriormente faziam parte da rotina diária do doente e pelo menos 5 dos seguintes sintomas: humor depressivo, alterações nutricionais (aumento ou diminuição do apetite), alterações dos ciclos de sono (insónia ou hipersónia), atraso psicomotor, fadiga, diminuição da concentração, sentimentos de culpa, ideação suicida. É importante estar atento e intervir e tratar as depressões que possam manifestar-se nos doentes, até porque podem ter graves complicações ao nível da não adesão ao regime dialítico, medicamentoso, bem como alimentar, contribuindo para estados de saúde mais debilitantes, aumentando a morbilidade e até a mortalidade (Daugirdas, J. T., Blake, P. G. & Ing, T. S., (19).

As opções de tratamento para a depressão podem incluir farmacoterapia e psicoterapia.

Em farmacoterapia, os medicamentos mais usados incluem inibidores da serotonina, inibidores selectivos da norepinefrina, inibidores da monoamino-oxidase e antidepressivos tricíclicos (Daugirdas, J. T., Blake, P. G. & Ing, T. S., (19).

Por outro lado, a psicoterapia individual, terapia cognitivo-comportamental e psicoterapia de grupo podem ter um papel muito importante na terapêutica destas perturbações. No entanto, deve ser tido em consideração que a terapia individual só irá ter benefícios se o doente já assumiu que tem um problema e aceita esse mesmo tratamento. Motivar estes doentes para uma intervenção psicoterapêutica pode ser difícil, na maioria das vezes, mas não impossível.

Outro comportamento que surge em doentes com insuficiência renal crónica terminal estabilizados é a negação. A negação parece ser um modo de lidar e de se proteger da sua situação actual, parecendo apagar aspectos negativos da doença. Há doentes em que esta negação da doença funciona muito bem: a doença é algo externo a eles e parece não os afectar tanto a nível psicológico. No entanto, há que estar atento a alguns doentes que levam a negação aos extremos, deixando mesmo de cumprir o tratamento de diálise estabelecido, complicando o seu estado de saúde.

7. REABILITAÇÃO SOCIAL

A qualidade de vida dos doentes em IRCT é extremamente importante. O conceito "qualidade de vida" é influenciado pelas áreas do funcionamento físico, psicológico e social. As percepções de qualidade de vida são relativas, variando de doente para doente. Uma decisão médica pode ser tolerável e pode contribuir para o bem-estar de um doente, mas a mesma decisão pode não ter os mesmos efeitos na qualidade de vida de outro doente.

A qualidade de vida gere-se através de observação atenta, de forma a proporcionar um aumento do bem-estar e satisfação do doente. Sempre que for realizada esta análise, deve ser tida em conta a subjectividade de cada doente.

Enquanto equipa multidisciplinar, devemos intervir de forma a aumentar a qualidade de vida, quer do doente, quer da família, trabalhando em várias áreas e implementar alguns projectos quer a nível individual ou mesmo familiar.

A manipulação da medicação pode ajudar a aliviar os problemas físicos, auxiliando o ajustamento psicológico e melhorando a sua qualidade de vida. Muitos doentes têm de ser encorajados a partilhar os seus sintomas físicos, para que se possa perceber as "dores" e para que algo possa ser feito no sentido de aliviar o sofrimento.

O exercício físico parece ter um papel importante na melhoria do sentimento de bem-estar dos doentes. Existem actualmente alguns programas disponíveis e estes devem ser integrados nos programas de diálise.

Os programas educacionais podem contribuir para uma boa adaptação à doença. As sessões de educação pré-doença renal crónica em fase terminal ajudam a diminuir o *stress*, quer do doente quer da família, e ajudam o doente a tomar decisões de forma muito mais consciente (ex.: favorecem o auto-cuidado, podem ajudar na manutenção do emprego ou na escolha de outro mais adaptativo, entre outros).

Os encontros em grupo entre doentes e suas famílias podem constituir uma excelente forma de resolver problemas relacionados com a auto-ajuda. Estas sessões devem ser constantes e em intervalos de tempo regulares, devendo sempre ser acompanhadas por pessoal da equipa multidisciplinar especializado.

As conferências de cuidados ao doente devem ser regulares e devem contemplar todos os membros da equipa multidisciplinar, para que as necessidades e problemas do doente sejam discutidos, de forma a obter soluções viáveis.

Depois das alternativas de reabilitação acima expostas, é de salientar que qualquer doente renal que consiga desempenhar em plenitude o seu papel familiar e consiga desempenhar actividades significativas para o mesmo pode ser enquadrado numa reabilitação de sucesso.

8. CONSIDERAÇÕES FINAIS

Em conclusão, é importante enquanto profissionais de saúde ter em consideração a subjectividade do doente na sua definição de doença, pois esta é mais determinante para a intervenção do que a objectividade de quem cuida (Moniz, L. J. & Barros, L., 2005). Só compreendendo o doente é que a intervenção pode ser eficiente.

A equipa multidisciplinar deve estar atenta ao conhecimento que o doente tem da doença e dos sintomas, das recuperações e das recaídas. Este conhecimento, as ideias ou as crenças do doente em relação ao processo de doença são influenciados por duas culturas, a cultura biomédica e as crenças populares. Mesmo nas sociedades mais urbanas e com uma cultura biomédica predominante, a cultura popular tem muitas vezes um papel determinante sobre a doença e os seus processos (Moniz, L. J. & Barros, L., 2005). É imperativo observar esta discrepância cultural para que se consiga estabelecer uma ponte de diálogo eficiente com o doente, de forma a que as intervenções terapêuticas tenham por base objectivos bem definidos e específicos para cada doente, de forma a que essa mesma intervenção dê frutos. As normas de uma intervenção num doente com insuficiência renal crónica terminal têm de ser flexíveis para haver adaptação ao doente. Não há modelo ideal, este transforma-se no modelo possível, devendo ser o mais apropriado à pessoa com doença.

REFERÊNCIAS BIBLIOGRÁFICAS:

- Daugirdas, John; Blake, Peter G.; Ing, Todd S. - *Handbook of dialysis*. 3ª edição: Lippincott Williams e Wilkins.
- Moniz, L. J.; Barros, L. - *Psicologia da doença para cuidados de saúde*. 1ª edição, Porto: Edições Asa, 2005.
- Silva, Isabel Lopes. - *Psicologia da diabetes. Análise dos aspectos psicossociais, problemática e intervenção*. Quareto, 2006.
- Thomas, Nicola - *Renal Nursing:* Paperback.

QUALIDADE, AMBIENTE E SEGURANÇA

CO-AUTORES:

ENFª. ISABEL FONSECA - Enfermeira-Chefe na Clínica NephroCare Restelo.

ENF. PAULO TAVIRA - Enfermeiro nas Clínicas NephroCare Restelo e Amadora. Professor Adjunto na Escola Superior de Saúde Militar.

ENFª DORA BONITO - Enfermeira na Clínica NephroCare Amadora

Com participação especial de Drª Céu Gomes

CAPÍTULO XIX - QUALIDADE, AMBIENTE E SEGURANÇA

QUALIDADE

1 - O QUE É A QUALIDADE?

A "Qualidade é a adequação ao uso", é a "Conformidade às exigências".

Esta é a definição técnica estabelecida pela ISO – INTERNATIONAL ORGANIZATION FOR STANDARDIZATION - responsável pelas Normas de Qualidade, em diversos sectores, no mundo inteiro.

Se perguntarmos a várias pessoas, "O que é Qualidade?", provavelmente receberemos várias respostas diferentes. A Qualidade está ligada a sentimentos subjectivos que reflectem as necessidades internas de cada um. Muitas pessoas avaliam a Qualidade pela aparência; outras voltam-se à qualidade do material com que é feito o produto. Outras, ainda, avaliam a Qualidade de alguma coisa pelo preço. Existem várias dimensões da Qualidade.

Contudo, quando falamos de Qualidade é forçoso rendermo-nos a definições mais abrangentes, como por exemplo a do processo pelo qual os produtos ou serviços são materializados.

O aspecto objectivo, mensurável da Qualidade, é então o processo. É com base nos processos que se pode implementar sistemas como os que têm por referência a ISO 9000.

2 - AS NORMAS ISO

As normas portuguesas são idênticas às normas da ISO (Organização Internacional de Normalização) o que proporciona a diversidade de aplicação potenciado pelo texto genérico das mesmas.

A ISO 9001 foi inicialmente publicada em 1987, e desde então já sofreu três ciclos de melhoria, incluindo uma revisão menor em 1994, uma modificação mais profunda em 2000 e mais recentemente em 2008 sofreu ligeiras alterações ao texto anterior.

A família ISO 9000 é uma extensa série de normas de requisitos, orientações e outros documentos de suporte que, juntos, podem fornecer aos utilizadores, um conjunto de ferramentas com o qual poderão gerir e melhorar as suas organizações.

As estatísticas da ISO, de Dezembro de 2006, revelam que existem cerca de um milhão de organizações certificadas de acordo com a norma ISO 9001:2000, em todo o Mundo. Infelizmente, muitas dessas organizações estão apenas familiarizadas com os requisitos básicos da ISO 9001 e não aprofundam o conhecimento dos princípios de gestão da qualidade nos quais esta norma se baseia, nem investigam as potencialidades da informação disponível que permite implementar um sistema de gestão da qualidade eficaz e eficiente.

Alguns dos documentos que fazem parte da família da ISO 9000:

- NP EN ISO 9000:2005 "Sistemas de gestão da qualidade – Fundamentos e vocabulário". Trata-se da norma de base que descreve os princípios básicos, terminologia e definições nos quais as restantes normas estão fundamentadas.
- NP EN ISO 9001:2008 "Sistemas de gestão da qualidade - Requisitos"
  Esta é a norma mais conhecida e na qual se baseia a actividade de certificação.
  Serve, também, de base para a elaboração de diversas normas de requisitos para sectores específicos, como por exemplo, o sector automóvel, de telecomunicações e ou aeroespacial. O objectivo da ISO 9001 é o de fornecer um conjunto de requisitos que permitam a uma organização "demonstrar a sua aptidão para, de forma consistente, proporcionar produto que vá ao encontro dos requisitos do cliente e regulamentares aplicáveis".
- NP EN ISO 9004:2000 – Sistemas de gestão da qualidade – Linhas de orientação para melhoria do desempenho" (Este título será alterado na próxima revisão)
  Esta norma fornece recomendações para as organizações que pretendam ir além dos requisitos da ISO 9001 e que queiram desenvolver um sistema de gestão da qualidade que melhore a eficácia, bem como a eficiência organizacional. Apesar de não ser certificável, o modelo de autoavaliação no Anexo da ISO 9004 pode ser utilizado como base para uma avaliação de maturidade.
- NP EN ISO 19011:2003 – "Linhas de orientação para auditorias a sistemas de gestão da qualidade e/ou de gestão ambiental"
  Esta norma pode ser utilizada pelas organizações que pretendam desenvolver os seus programas de auditorias internas e/ou programas de avaliação de fornecedores, embora a sua aplicação não seja um requisito da ISO 9001.

"Os programas de qualidade falham quase sempre por uma de duas razões: ou há paixão sem sistema ou sistema sem paixão. É preciso ter as duas coisas.»

Tom Peters (citação 2006)

AMBIENTE

1. INTRODUÇÃO

A gestão ambiental nas empresas é cada vez mais assumida, como sendo uma importante ferramenta no desenvolvimento e crescimento sustentável.

Um Sistema de Gestão Ambiental, de acordo com o referencial normativo NP EN ISO 14001, tem como objectivo garantir um desempenho ambiental adequado, bem como induzir os colaboradores na adopção de boas práticas ambientais, respeitando e protegendo o ambiente.

Um Sistema de Gestão Ambiental serve para definir e implementar políticas e procedimentos com vista a reduzir e gerir os aspectos ambientais, bem como:

- Melhorar o desempenho ambiental;
- Assegurar a conformidade legal e regulamentar aplicável às questões ambientais;
- Reduzir os impactes no referente à gestão de resíduos;
- Reduzir o consumo de água e de electricidade.

As vantagens ambientais resultam da definição de regras escritas para a realização de operações com potencial impacte ambiental e a introdução de práticas ambientais nessas operações, conseguindo-se reduzir os riscos ambientais da actividade (produção de resíduos, derrames, entre outros).

A introdução de práticas ambientais vai, por outro lado, originar a redução de custos, via melhoria da eficiência dos processos, redução de consumos (água, energia), minimização do tratamento de resíduos e efluentes.

2. CONCEITOS E DEFINIÇÕES

Para controlar os seus impactes no ambiente, a Organização deve identificar os aspectos ambientais que estão associados às suas actividades.

A identificação dos aspectos ambientais é feita com base nas principais actividades desenvolvidas que podem ter incidências no ambiente. Os aspectos ambientais são definidos para condições normais, não normais e de emergência. Os aspectos ambientais identificados são avaliados, seguindo uma determinada metodologia, valorando aqueles que têm ou podem vir a ter impactes significativos no ambiente.

Um Aspecto Ambiental é um elemento das actividades, produtos ou serviços de uma Organização que pode interagir com o ambiente (de acordo com NP EN ISO 14001).

Qualquer alteração no ambiente, adversa ou benéfica, resultante, total ou parcialmente, dos Aspectos Ambientais de uma Organização é considerado um Impacte Ambiental (de acordo com NP EN ISO 14001).

Costumamos chamar "lixo" ao que deitamos fora, sem nos preocuparmos mais com o seu destino. A maior parte das vezes, habituámo-nos a utilizar muitos objectos e deitá-los fora. Este gesto tornou-se um hábito, o que significa que, na maioria das vezes, o gesto de deitar fora é assumido sem reflexão.

A necessidade de minimizar a produção de resíduos e de assegurar a sua gestão sustentável transformou-se, entretanto, numa questão de cidadania. Existe uma consciência cada vez mais clara de que a responsabilidade pela gestão dos resíduos deve ser partilhada por todos.

De acordo com o preconizado na lei, mais concretamente no Regime Jurídico de Gestão de Resíduos (Decreto-Lei n.º 178/2006), entende-se por:

Resíduo

Qualquer substância ou objecto de que o detentor se desfaz ou tem a intenção ou a obrigação de se desfazer, nomeadamente os identificados na Lista Europeia de Resíduos (LER) ou ainda, produtos que não obedeçam às normas aplicáveis e produtos fora de validade.

Resíduo Hospitalar

Resíduo resultante de actividades médicas desenvolvidas em unidades de prestação de cuidados de saúde, em actividades de prevenção, diagnóstico, tratamento, reabilitação e investigação, relacionada com seres humanos ou animais, em farmácias, em actividades médico-legais, de ensino e quaisquer outras que envolvam procedimentos invasivos, tais como acupunctura, piercings e tatuagens.

Resíduo Hospitalar de Grupo I - Resíduos Equiparados a Urbanos

Não apresentam exigências especiais de tratamento, podendo ser encaminhados para sistemas de recolha selectiva. Incluem os resíduos provenientes de serviços gerais, serviços de apoio, embalagens e invólucros comuns, hotelaria, etc.

Resíduo Hospitalar de Grupo II - Resíduos Hospitalares Não Perigosos

São aqueles que não estão sujeitos a tratamentos específicos – Resíduos Hospitalares Não Perigosos. Incluem material ortopédico, fraldas e resguardos, descartáveis, material de protecção individual, embalagens vazias de medicamentos, frascos de soro, etc.

Resíduo Hospitalar de Grupo III – Resíduos Hospitalares de Risco Biológico

São resíduos contaminados ou suspeitos de contaminação, susceptíveis de incineração ou de outro pré-tratamento eficaz, permitindo posterior eliminação como resíduo urbano. Incluem os resíduos provenientes de quartos ou enfermarias de doentes infecciosos ou suspeitos, de unidades de hemodiálise, etc.

Resíduos Hospitalares de Grupo IV Resíduos Hospitalares Específicos

São resíduos de vários tipos, de incineração obrigatória. Incluem material cortante e perfurante (agulhas, cateteres e todo o material invasivo), produtos químicos e fármacos rejeitados, quando não estão sujeitos a legislação específica, citostáticos e todo o material usado na sua manipulação e administração.

Gestão de Resíduos

É o conjunto das operações de recolha, transporte, armazenagem, valorização e eliminação dos resíduos, com vista a evitar ou reduzir o risco para a saúde humana e para o ambiente.

3. GESTÃO DE RESÍDUOS

O sistema de gestão de resíduos deve colocar em funcionamento uma série de operações, utilizando a tecnologia apropriada para satisfazer dois objectivos fundamentais, que são:

- Controlar os riscos para a saúde resultantes da exposição a resíduos hospitalares contaminados;
- Facilitar a separação selectiva, o armazenamento temporário e o transporte dos resíduos hospitalares.

O manuseamento apropriado dos resíduos hospitalares segue um fluxo de operações que começa com a correcta separação. Esta é a primeira e mais importante operação, uma vez que requer a participação mais activa e consciente dos enfermeiros.
A recolha, o transporte interno e o armazenamento temporário são operações rotineiras que, geralmente, estão a cargo da equipa de auxiliares.

Separação dos Resíduos

A correcta separação de resíduos é uma operação fundamental para permitir o cumprimento dos objectivos de um sistema de gestão de resíduos eficiente, e consiste em separar apropriadamente os resíduos segundo as suas características. Esta operação deve ser realizada no local de produção de resíduos.

As vantagens da separação selectiva na origem são:

- Reduzir os riscos para a saúde e o ambiente, impedindo que os resíduos contaminados contaminem os outros resíduos;
- Diminuir custos de tratamento;
- Reciclar directamente alguns resíduos que não requerem tratamento especial.

Acondicionamento dos Resíduos

O acondicionamento dos resíduos no local de produção consiste em controlar os riscos para a saúde e facilitar as operações de recolha, armazenamento temporário e transporte, sem prejudicar o normal funcionamento da Unidade.

Os sistemas de acondicionamento devem contar com recipientes apropriados para cada tipo de resíduos, associando cores aos diversos tipos de resíduos, e devem estar devidamente identificados de acordo com o seu grau de perigosidade.

Desta forma, nas salas de diálise existe a seguinte forma de acondicionamento:

- Contentores com saco preto – Resíduos Hospitalares Grupo I e II;
- Contentores específicos com saco branco – Resíduos Hospitalares de Grupo III (estes contentores deverão estar sinalizados com a indicação de risco biológico);
- Contentores específicos para material cortante e perfurante (imperfuráveis) de cor amarela – Resíduos Hospitalares de Grupo IV (cortantes e perfurantes).

Recolha e Armazenamento Interno

A recolha consiste em transferir os resíduos, de forma rápida e segura, do local de geração dos resíduos até ao local de armazenamento temporário.

O armazenamento interno consiste em seleccionar uma área apropriada onde será centralizada a deposição de contentores de resíduos, para posterior encaminhamento para destino final adequado.

Transporte para Destino Final

O transporte, tratamento e destino final são operações que se realizam fora das Unidades, sendo a responsabilidade transferida para Empresas licenciadas para o efeito.

SEGURANÇA, HIGIENE E SAÚDE NO TRABALHO

1. INTRODUÇÃO

Todos nós vamos tomando consciência de que as questões ligadas à Prevenção, à Segurança, Higiene e Saúde no Trabalho são questões importantes, às quais devemos dar a melhor atenção.

O trabalho, sendo um vector fundamental para o desenvolvimento das sociedades, não deve influenciar, negativamente, a qualidade de vida dos indivíduos. Cerca de dois terços da nossa vida é passada no nosso local de trabalho, por isso as condições do seu exercício têm reflexos importantes no estado de saúde, na integridade física e comprometem a produtividade.

A Segurança, Higiene e Saúde no trabalho reduz o absentismo, aumenta motivação e compromete positivamente a produtividade.

Este capítulo pretende ser uma ferramenta orientadora para a gestão dos riscos ocupacionais relacionados com as actividades de enfermagem nas Unidade de Diálise da Fresenius Medical Care, onde estão identificados os principais perigos, tendo em vista a prevenção de riscos e a prestação de trabalho em boas condições de Segurança, Higiene e de Saúde. Espera-se, desta forma, que contribua para a adopção de comportamentos seguros por parte de todos os trabalhadores e que seja susceptível de modificações e actualizações, sempre que tal se justifique, na sequência de alterações legais, normativas ou de aplicação interna.

2. CONCEITOS E DEFINIÇÕES

A **Segurança** e a **Higiene** são duas actividades que estão intrinsecamente relacionadas com o objectivo de garantir condições de trabalho capazes de manter um nível de saúde dos trabalhadores de uma Empresa. Desta forma, torna-se importante distinguir estes dois conceitos.

A **Segurança do Trabalho** é a ciência que se dedica à prevenção de acidentes. O objectivo é a identificação e controlo dos riscos associados aos locais de trabalho.

A **Higiene do Trabalho** consiste no estudo da exposição dos trabalhadores aos diferentes factores ambientais gerados no seu local de trabalho e que podem ser agentes físicos (por exemplo: ruído, factores térmicos, radiações, etc.), substâncias químicas ou microorganismos (por exemplo: vírus e bactérias).

Um qualquer **Posto de Trabalho** representa o ponto onde se juntam os diversos meios (**Homem/Máquina/Ambiente**) que irão dar origem a uma operação de transformação, daí resultando um produto ou um serviço.

A **Prevenção** consiste na adopção de um conjunto de medidas de protecção, na previsão de que a segurança física do trabalhador possa ser colocada em risco durante a realização do seu trabalho.

Os objectivos principais da **Prevenção** consistem em:

- Criar condições seguras de trabalho;
- Promover o bem-estar físico e mental dos trabalhadores;
- Desenvolver e promover uma cultura de segurança proactiva;
- Contribuir para uma maior rentabilidade das Empresas;
- Desenvolver uma imagem positiva da Empresa, interna e externamente.

A **identificação de riscos** constitui a primeira abordagem de um problema de segurança no trabalho. O seu principal objectivo é o levantamento de todos os factores **Homem/Máquina/Ambiente** que podem causar acidentes.

A **Avaliação de Riscos** consiste na análise dos pontos críticos que existem nos locais de trabalho susceptíveis de comportar **perigos** para os trabalhadores, de modo a poder determinar se as condições existentes são suficientes para evitar **riscos** ou se haverá outras medidas a adoptar para esse fim. O objectivo é assegurar que nenhum trabalhador sofra ferimentos ou doenças no seu local de trabalho.

A actividade humana está sempre associada a riscos que se procura eliminar ou manter num nível considerado aceitável.

O **Perigo** é "*fonte, situação, ou acto com potencial para o dano em termos de lesão ou afectação da saúde, ou uma combinação destes.*" (de acordo com a NP 4397:2008)

A definição de **Risco** consiste na "combinação da probabilidade de ocorrência de um acontecimento ou de exposição(ões) perigosos e da gravidade de lesões ou afectações da saúde que possam ser causadas pelo acontecimento ou pela(s) exposição(ões)" (de acordo com a NP 4397:2008).

3. AVALIAÇÃO DE RISCOS

De forma a melhor entender quais os principais riscos a que um enfermeiro está exposto, durante o seu trabalho, na sala de diálise, importam conhecer as principais actividades que desempenham.

Caracterização dos Riscos

Os enfermeiros que prestam actividades em unidades de prestação de cuidados de saúde defrontam-se, diariamente, no seu local de trabalho, com a presença de agentes de riscos ocupacionais diversificados, que são apresentados em seguida.

Riscos Biológicos

Este tipo de riscos relaciona-se com a presença no ambiente de trabalho de microorganismos como bactérias, vírus, bacilos, fungos, etc. normalmente presentes em ambientes do tipo hospitalar. Podem penetrar no organismo humano por via digestiva, respiratória e cutânea, podendo dar origem a doenças, tais como, gripes, hepatites, meningites, etc.

Os enfermeiros estão muito sujeitos a exposição a material biológico, devido ao contacto directo e permanente com os doentes.

Os principais riscos para os enfermeiros, durante o tratamento de diálise, estão directamente associados à punção da Fístula Arteriovenosa (FAV), onde existe possibilidade de picar o dedo ao puncionar ou ao rejeitar a agulha, e ao contacto com o sangue pela alta pressão da FAV, bem como na manipulação do cateter, por "espirro" de sangue.

Uma vez que os enfermeiros se encontram potencialmente expostos aos vírus da hepatite B (HBV), hepatite C (HCV) e portadores de HIV, há que também ter em consideração este risco de exposição. Estes tipos de vírus são considerados **Agentes Biológico de Grupo 3** – "... pode causar doenças graves no ser humano e constituir um risco grave para os trabalhadores, sendo susceptível de se propagar na colectividade, mesmo que existam meios eficazes de profilaxia e tratamento" (de acordo com o Decreto-Lei n.º 84/97 de 16 de Abril).

Os acidentes com sangue e outros fluidos potencialmente contaminados devem ser tratados como casos de "emergência médica", pois para uma maior eficácia, as intervenções para a profilaxia da infecção pelo HIV e HBV precisam de ser iniciadas num curto espaço de tempo após a ocorrência do acidente.

Por outro lado, as lesões com material perfurante, podem ter repercussões físicas e emocionais nos trabalhadores, já que os vírus potencialmente existentes no sangue, tais como HIV, HCV e HBV, podem ser transmitidos ao pessoal.

A exposição dos enfermeiros a objectos cortantes e perfurantes está associada à componente técnica da actividade de enfermagem e poderá ser condicionada por diversos factores, tais como o próprio enfermeiro, o doente, e os materiais auxiliares à função, etc.

É também factor de risco o manuseamento dos Resíduos Hospitalares de **Grupo III** (de **Risco Biológico** que inclui todo o material usado em diálise) e **Grupo IV** (**materiais cortantes e perfurantes**: agulhas, cateteres e material invasivo) que são gerados durante o tratamento de diálise (de acordo com o Despacho n.º 242/96 de 5 de Julho).

Riscos Químicos

Os enfermeiros estão expostos as substâncias químicas que podem ser inaladas, digeridas ou entrar em contacto com a pele, causando-lhes danos à saúde.

Os riscos químicos podem ser devidos, tanto a factores intrínsecos ao próprio produto, como aos factores externos relacionados fundamentalmente com a forma como que se manipulam.

As principais situações promotoras deste tipo de exposição são o uso prolongado de luvas de látex e o manuseio dos ácidos utilizados nas desinfecções das máquinas de hemodiálise.

Devido ao aumento do consumo de luvas no uso clínico, em virtude da preocupação com o controlo de infecção, o látex evidenciou-se como um dos principais causadores de dermatites e reacções alérgicas. A hipersensibilidade pode ocorrer pelo látex e pelos aditivos químicos de processamento químico da borracha.

Por outro lado, existe o contacto com produtos químicos, especialmente ácidos com características desinfectantes. Este tipo de produtos podem causar lesões na pele, nos olhos e nas vias respiratórias.

Riscos Ergonómicos

Segundo o conceito **Ergonómico**, a execução de tarefas deve ser feita com o mínimo consumo energético, de modo a sobrar "atenção" para o controlo de tarefas, assim como para a protecção do próprio trabalhador. Quando não existe este ajuste, temos a presença de agentes ergonómicos que causam doenças e lesões no trabalhador.

Os agentes ergonómicos presentes nos ambientes de trabalho estão relacionados com:

- Exigência de esforço físico intenso;
- Levantamento e transporte manual de pesos;
- Postura inadequada no exercício das actividades;
- Períodos de trabalho prolongadas ou em turnos;
- Actividades monótonas e repetitivas.

Entende-se como "cargas físicas", na actividade de enfermagem, os objectos e instrumentos pesados, a arrumação das camas/postos de diálise e o transporte e movimentação de doentes, incluindo os incapacitados de movimentação.

O levantamento de cargas com esforço, a movimentação manual e as posturas de trabalho penosas ocorrem normalmente ao prestar a assistência a doentes (acamados ou em cadeiras de rodas), ao empurrar carrinhos, macas, contentores de resíduos, etc. As posturas de trabalho penosas podem também ocorrer no domínio das actividades de tratamento do doente, que obriga à permanência em pé durante longos períodos de tempo. As principais lesões são as músculo-esqueléticas e lesões ósteo-musculares, causadas principalmente pelo manuseio e transporte de materiais, movimentação de cadeiras de roda, etc.

Nota Importante: Carga demasiado pesada - superior a 30 kg em operações ocasionais e superior a 20 kg em operações frequentes (DL 330/93 de 25 de Setembro).

Entende-se como Equipamentos de Protecção Individual (EPI) todo o equipamento, bem como qualquer complemento ou acessório, destinado a ser utilizado pelo trabalhador para se proteger dos riscos, para a sua segurança e para a sua saúde (DL 384/93, de 1 de Outubro).

Os EPI não evitam os acidentes, mas diminuem ou evitam lesões que podem decorrer dos acidentes.

O fornecimento gratuito de EPI é obrigação do empregador.

A Fresenius Medical Care disponibiliza os EPI necessários aos seus trabalhadores.

Os trabalhadores têm a obrigação legal de os utilizar, sempre que desempenhem actividades consideradas de risco.

O uso de EPI na hemodiálise é fundamental para proteger o enfermeiro. Na sala é recomendado o uso de avental plástico que pode ser sem manga (impermeável e descartável), luvas, óculos e máscara ou máscara com viseira.

Os EPI's devem atender às seguintes indicações:

Máscaras – durante a realização de procedimentos em que haja possibilidade de respingo de sangue e outros fluidos corpóreos, nas mucosas da boca, nariz e olhos do enfermeiro;
Óculos de protecção – sempre que houver possibilidade de projecção de material biológico durante a realização de procedimentos de enfermagem;
Máscara com viseira – Para substituição em simultâneo dos óculos de protecção e da máscara;
Aventais – devem ser utilizados durante os procedimentos com possibilidade de contacto com material biológico, incluindo em superfícies contaminadas;
Luvas – sempre que houver possibilidade de contacto com sangue, secreções e excreções, com mucosas ou com áreas de pele não íntegra (ferimentos, feridas cirúrgicas e outros).

5. SINALIZAÇÃO DE SEGURANÇA

No interior e exterior das Unidades de Diálise, existem formas de aviso e informação rápida, que podem auxiliar os trabalhadores e os doentes a actuar em conformidade com os procedimentos de segurança.

Com este objectivo, existe um conjunto de símbolos e sinais especificamente criados para garantir a fácil compreensão dos riscos ou dos procedimentos a cumprir nas diversas situações que podem ocorrer no interior da Unidade.

Em seguida, serão apresentados alguns exemplos do tipo de sinalização existente nas Unidades (Conforme Portaria n.º 1456-A95 de 11 de Dezembro).

Sinais de Perigo

Indicam situações de risco potencial, de acordo com o pictograma inserido no sinal. Têm forma triangular, o contorno e pictograma a preto e o fundo a amarelo.
Exemplos:

Perigo de Electrocussão

Perigos Vários

Sinais de Proibição

Indicam comportamentos proibidos, de acordo com o pictograma inserido no sinal. Têm forma circular, o contorno vermelho, pictograma a preto e o fundo a branco.

Exemplos:

Proibido Fumar

Proibido Apagar com Água

Sinais de Obrigação

Indicam comportamentos obrigatórios, de acordo com o pictograma inserido no sinal. Têm forma circular, fundo azul e pictograma a branco.

Exemplos:

Protecção Obrigatória das Mãos

Protecção Obrigatória dos Olhos

Sinais de Emergência

Fornecem informações de salvamento, de acordo com o pictograma inserido no sinal. Têm forma rectangular, fundo verde e pictograma a branco.

Exemplos:

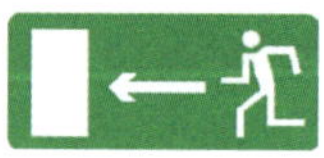

Saída de Emergência

Direcção de Evacuação

Sinais de Combate a Incêndio

Fornecem informações de localização de equipamentos de combate a incêndio, de acordo com o pictograma inserido no sinal. Têm forma rectangular, fundo vermelho e pictograma a branco.

Exemplos:

Agulheta de Incêndio

Extintor

Não esquecer: é conhecendo os perigos existentes, é dominando até ao limite as suas implicações e é reagindo de uma forma positiva e actuante aos riscos, que nos afirmamos como seres providos de raciocínio e vontade, de capacidade criativa e poder de decisão! A SEGURANÇA começa em cada um de nós! Não se exponha, nem exponha os outros ao PERIGO!

REFERÊNCIAS BIBLIOGRÁFICAS:

- Instituto Português da Qualidade: http://www.ipq.pt
- International Organization for Standardization: http://www.iso.org
- Instituto da Qualidade em Saúde: http://www.iqs.pt
- http//www.universia.com.br
- Espuny, Herbert Gonçalves, http://hgespuny.sites.uol.com.br
- http://www.tompeters.com
- http://www.ideiasambientais.com.pt
- Instituto dos Resíduos: http://inr.pt
- Agência Portuguesa do Ambiente: http://www.apambiente.pt
- Manual de Formação: "Curso Ibérico de Gestão de Resíduos Hospitalares", Escola Superior de Tecnologias da Saúde de Lisboa, 2007.
- "Plano de Gestão de Resíduos Hospitalares em Centros de Saúde", Direcção Geral da Saúde, 2007.
- Diário da República Electrónico: http://www.dre.pt
- Instituto para a Segurança, Higiene e Saúde no Trabalho: http://www.ishst.pt
- Escola de Enfermagem – Universidade de São Paulo: www.ee.usp.br
- Risco Biológico: www.riscobiologico.org
- Agência Europeia para a Segurança e Saúde no Trabalho: http://pt.ohsa.eu.int
- Movimentação e Transferência de Pacientes Acamados: http://eerp.usp.br
- Miguel, Alberto Sérgio S.R., "Manual de Higiene e Segurança do Trabalho", Porto Editora, 2000.
- Franco, Maria Helena e outros, "Sinalização de Segurança e Saúde nos Locais de Trabalho", IDICT, 2001.
- Sousa, João Paulo, "Riscos dos Agentes Biológicos: Manual de Prevenção", IDICT, 1999
- Manual Formação PME: Higiene e Segurança no Trabalho, Associação Empresarial de Portugal, 2006.

SISTEMAS DE INFORMAÇÃO E GESTÃO DE DADOS

CO-AUTORES:

ENF. JOAQUIM CARDOSO - Enfermeiro-Chefe na Clínica NephroCare Évora.

ENF. FRANCISCO MANUEL COELHO - Enfermeiro na Clínica NephroCare Évora e no Hospital Espírito Santo de Évora.

ENF. JOSÉ JOÃO LOBO - Enfermeiro-Chefe na Clínica NephroCare Beja e nos cuidados cirúrgicos no Hospital José Joaquim Fernandes.

ENFª. MARIA JOSÉ MACHADO - Enfermeira-Chefe Adjunta na Clínica NephroCare Beja e na equipa de gestão de altas no Hospital José Joaquim Fernandes.

CAPÍTULO XX - SISTEMAS DE INFORMAÇÃO E GESTÃO DE DADOS

A inclusão de um capítulo sobre Sistemas de Informação (SI) num manual de hemodiálise para enfermeiros é, por si só, indicadora da relevância do tema nas organizações em geral e nas unidades prestadoras de cuidados de saúde em particular. Não será exagero afirmar que os sistemas de informação são, hoje em dia, um recurso vital das empresas, tão ou mais importante que os outros, capazes, por si só, de condicionar a sobrevivência da organização.

A complexidade da sociedade actual caracteriza-se pelo crescimento exponencial da informação e do conhecimento que confronta as pessoas e as organizações com a necessidade de os gerir adequadamente. Os sistemas de informação, que podem ser definidos como um conjunto organizado de procedimentos e tecnologias que produzem informação e permitem a sua utilização e gestão em tempo útil, assumem-se claramente como fundamentais na área da saúde. O forte investimento nas tecnologias de informação a que assistimos diariamente, tanto no sector público como no sector privado, são indícios claros de que os gestores de topo das organizações estão cientes de que essa é a única forma de gerir adequadamente a quantidade de dados recolhidos.

Mesmo ao nível mais directo da prestação de cuidados de saúde (na hemodiálise, por exemplo), já não é fácil trabalhar sem o recurso às tecnologias de informação, utilizando equipamentos, informáticos ou não, que permitem recolher, armazenar e disponibilizar dados. Desde a informação necessária à programação do tratamento, até à avaliação da sua eficácia, passando pela formação e investigação, a necessidade de um bom sistema de informação faz-se sentir de forma sistemática. Na perspectiva de Valderrábano (1999), destacam-se como principais as seguintes razões para a informatização duma unidade de diálise:

- Armazenar de forma segura grande quantidade de dados;
- Análise mais rápida e fácil desses mesmos dados;
- Inclusão de alertas automáticos para prevenção de erros;
- Redução do consumo de papel e espaço de arquivo;
- Aumento da quantidade e fiabilidade dos dados;
- Possibilidade de redução dos custos de exploração.

Importa desde já deixar claro que o cerne da questão vai mais além do que Valderrábano refere; importam não apenas os dados mas sobretudo a sua transformação em informação, com vista à tomada de decisões fundamentadas e em tempo útil. De acordo com Amaral *et al* (2005), os dados a que um observador atribuiu significado transformam-se em informação, sendo certo que a sua passagem de indivíduo para indivíduo, dentro da organização, implica o seu regresso à categoria de dados. Os autores defendem que sem pessoas não existe Sistema de Informação, apenas Sistema de Dados.

1. SISTEMAS DE INFORMAÇÃO E TECNOLOGIAS DE INFORMAÇÃO

As Tecnologias de Informação (TI) enquanto suporte físico que permite recolher, trabalhar e transmitir dados, são apenas parte dos sistemas de informação. No entanto, a sua evolução constante e maior visibilidade fazem com que por vezes sejam confundidas com o todo. «*É bastante frequente o SI ser confundido com o seu suporte físico e tecnológico, o que leva à sua identificação com as Tecnologias de Informação. Trata-se de uma visão reducionista do SI na medida em que as TI são uma componente do sistema, tal como as pessoas, os arquivos, os impressos, os telefones, etc.*» (Quaresma - 1993, p.31).

As TI invadiram o quotidiano dos indivíduos e das organizações de tal forma que seria muito difícil conceber a sociedade sem a presença constante das mesmas em áreas como a educação, a economia, a política e a saúde. Existem duas fortes razões para que as TI sejam fundamentais na área da saúde. Por um lado, a complexidade desta área exige uma resposta eficaz em termos de recolha e disponibilização de informação; por outro, o elevado número de parceiros envolvidos na cadeia de relações em serviços de saúde exige que a informação esteja acessível e seja facilmente utilizável.

Neste contexto, a informatização na área da saúde é actualmente uma realidade que veio abrir novos caminhos na recolha e partilha de dados, na investigação, na formação e na gestão dos recursos. Aos poucos, as restrições de participação, como o tempo ou a localização geográfica, foram perdendo significado e as TI proporcionam hoje uma vasta possibilidade de participação e intervenção, contribuindo para uma maior realização do indivíduo e das organizações, assumindo-se claramente como ferramentas fundamentais para qualquer sistema de informação.

Importa, no entanto, ter presente que os sistemas de informação organizacionais englobam outras vertentes para além da tecnológica. Os circuitos da informação e da tomada de decisão, a estrutura da organização, são também parte integrante do sistema de informação. Tal como referem Amaral *et al* (2005, p. 75) «..., *todas as organizações têm obrigatoriamente um sistema de informação. A hipótese da sua não existência põe em causa a comunicação e relacionamento entre os seus elementos e, portanto, o próprio conceito de organização.*» Em consequência, parece legítimo afirmar que a vertente política, social

Fig. 1 - Factores condicionantes de sucesso dos Sistemas de Informação. Fonte: Adaptado de Amaral et Al. (2005)

e organizacional dos SI são fundamentais para que a reestruturação tecnológica resulte numa efectiva melhoria do desempenho das empresas. Os casos de insucesso na adopção e implementação de novos sistemas e tecnologias de informação não são raros, muito provavelmente porque não foram acompanhados de um adequado programa de gestão da mudança.

2. IMPACTO DOS SISTEMAS DE INFORMAÇÃO

Num ambiente cada dia mais complexo e saturado de informação, a gestão do conhecimento é determinante no desempenho das empresas, pois permite construir a adequada competência organizacional face à complexidade e imprevisibilidade que caracterizam a sociedade actual. Tal como afirma *Zorrinho et al.* (2003. p.47), «*a empresa com melhor performance é aquela que sabe produzir e utilizar colectivamente o conhecimento sem cessar de o renovar, ou seja, o conhecimento assume-se como potenciador de acréscimo de valor da empresa.*»

De facto, há muito tempo que se percebeu que existe um diferencial mais ou menos significativo entre o valor de mercado das empresas e o valor do seus activos físicos e financeiros. Esse diferencial explica-se pelos intangíveis como as competências pessoais e as estruturas de informação e de conhecimento que as empresas conseguem transformar no que podemos designar de «capital intelectual». Podemos afirmar então que «*...a valorização e competitividade das organizações depende de activos que apesar de não serem mensuráveis em termos financeiros têm um papel decisivo no desempenho das mesmas e, consequentemente, nos seus resultados operacionais e financeiros. Esses activos intangíveis têm origem na transferência e utilização de conhecimentos pelos indivíduos, no âmbito dos sistemas organizacionais.*» (Amaral *et al.* p.210)

Um bom SI, para além de permitir a recolha de dados, deve obrigatoriamente permitir a sua transformação em informação e facilitar o incremento das competências individuais e organizacionais. Dito de outra forma, deve gerar conhecimento. Os dados transformam-se em informação a partir do momento em que, após a recolha, lhes é atribuído significado e são comunicados de indivíduo para indivíduo, da forma considerada mais eficaz à sua compreensão. O conhecimento é o desfecho de um processo complexo que vai desde a emissão da informação até à sua interpretação e aquisição por parte dos indivíduos, no âmbito das suas aptidões e competências adquiridas ao longo da vida.

A introdução de novas tecnologias representa sempre oportunidades de mudança que podem ir desde o dia-a-dia das unidades funcionais até à estrutura da própria empresa. Gerir esse potencial para que se oriente no sentido positivo é obviamente difícil, porque se trata de lidar com pessoas, com valores e interesses necessariamente diferentes. Na estrutura das empresas, o impacto mais frequente é a redução de postos de trabalho ao nível do controlo, com o consequente achatamento da pirâmide hierárquica, tal como se pretende representar na figura 2.

Ao nível das unidades funcionais, o impacto da introdução de novas tecnologias é, de igual forma, gerador de mudança e uma extraordinária oportunidade de melhoria. A «simples» introdução de computadores numa unidade prestadora de cuidados de saúde pode, por si só, fazer abandonar rotinas obsoletas e desprovidas de senso ou desbloquear impasses de anos que, de outra forma dificilmente seriam ultrapassados. A recente introdução da versão 5.0 da base de dados EuCliD (European Clinical Database) nas clínicas de hemodiálise da Fresenius Medical Care-Portugal (NephroCare) permitiu, por exemplo, uniformizar a prescrição e o registo dos tratamentos o que, há vários anos, se tentava efectivar sem êxito.

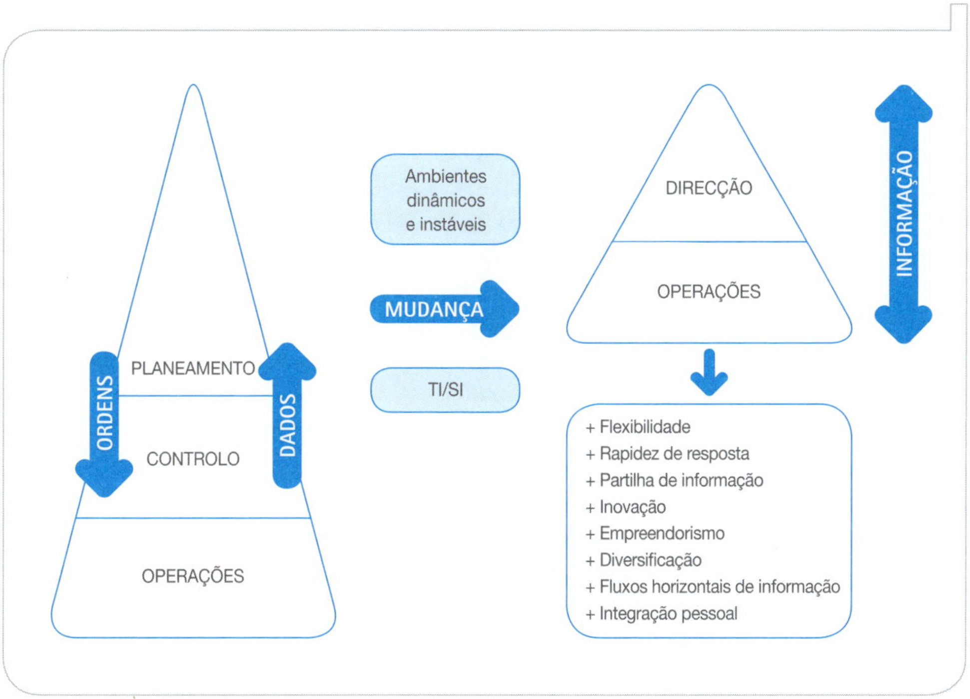

Fig. 2 – Impacto dos SI na estrutura e funcionamento das empresas
Fonte: Adaptado de Zorrinho et al., 2003

3. EUCLID

O EuCliD (European Clinical Database) é uma base de dados para recolha de informações clínicas, desenvolvida pela Fresenius Medical Care, cujo objectivo é a monitorização dos aspectos-chave do tratamento de hemodiálise em todas as suas unidades de diálise na Europa. Existe desde 1999 mas só recentemente (2006/2007), com a versão 5.0, assumiu abrangência significativa em Portugal, ao ser instalada em todas as clínicas de hemodiálise da Empresa. O EuClid permite ao utilizador recolher dados clínicos, identificar problemas e procurar soluções, de modo a garantir e melhorar sistematicamente a qualidade dos serviços prestados.

O EuCliD permite também efectuar a comparação dos resultados com as *European Best Practice Guidelines for Haemodialysis* (EBPG), disponibilizando assim informações precisas sobre o desempenho de cada unidade. O *Clinical Management Europe* (CME), que se empenha na melhoria contínua da qualidade do tratamento e na segurança do doente, examina todas as informações e envia relatórios periódicos aos responsáveis dos centros que, desta forma, têm a possibilidade de comparar a qualidade do tratamento prestado nas suas clínicas com a dos outros centros Europeus.

Nas Clínicas Fresenius Medical Care, o EuCliD armazena todos os dados, administrativos e clínicos dos doentes em diálise. Esta aplicação informática de gestão de dados tem vindo a ser desenvolvida de modo evolutivo, sendo de destacar a possibilidade de acesso de todos os colaboradores aos diferentes níveis.

Na utilização da base de dados pelo corpo clínico, destaca-se a possibilidade de gerir toda a informação dos doentes em tratamento de hemodiálise, nomeadamente: história clínica, movimentos/internamentos, acessos vasculares, cirurgias, exames complementares de diagnóstico, estratégia de hemodiálise, tratamentos efectuados, terapêutica intra e extradialítica.

No que respeita à sua utilização por parte das equipas de enfermagem, a sua principal funcionalidade é o registo de todos os dados relacionados com os tratamentos efectuados na sala de hemodiálise e a possibilidade de acesso permanente a toda a informação pertinente. Simultaneamente, permite ao Enfermeiro Chefe, de forma fácil e rápida, fazer a gestão das principais áreas sob sua responsabilidade numa clínica de hemodiálise: gestão de doentes, gestão de pessoal, gestão de stocks e análise de consumos.

Por outro lado, uma base de dados como esta representa um trunfo inestimável para a realização de trabalhos de investigação, já que o grande número de dados disponíveis assegura a fiabilidade dos resultados a um nível que, de outro modo, seria impossível de alcançar. Para além das vantagens já referidas, o EuCliD permite também a partilha de informação com todos os sectores da Empresa, como a facturação, por exemplo, e a articulação com autoridades de saúde na partilha de informação que possa revelar-se necessária.

A segurança e confidencialidade dos dados estão asseguradas por um complexo sistema de codificação e restrições de acesso, de acordo com as áreas de actuação dos utilizadores. Os dados clínicos dos doentes apenas podem ser visualizados por grupos de utilizadores reservados de cada clínica, mediante a atribuição de um identificativo individual e respectiva palavra-passe. O sistema informático é gerido ao nível do País por um administrador de rede que tem a responsabilidade de definir o perfil de cada utilizador. Importa ainda referir que é obrigatório o consentimento informado de cada doente para que os seus dados possam ser inseridos no EuCliD.

4. ASPECTOS ÉTICO-LEGAIS

A Lei fundamental do País, a Constituição da República Portuguesa, estabelece no seu artigo 35 os direitos e deveres a que todos os cidadãos se devem submeter em matéria de acesso e protecção de dados pessoais informatizados. Por sua vez, a Lei de Protecção de Dados (Lei 67/98, de 26 de Outubro), apesar de conter poucas referências direccionadas ao Sector da Saúde em particular, exige que o processamento de dados implique a sujeição ao Segredo Profissional. A Lei de Bases da Saúde e, na área da Enfermagem, o Código Deontológico do Enfermeiro, também contém determinações relevantes sobre esta matéria.

Para controlar e fiscalizar o processamento de dados pessoais, foi criada a Comissão Nacional de Protecção de Dados (CNPD), cujo campo de actuação abrange a área da saúde. A CNPD desempenha um papel fiscalizador e actua de forma pedagógica, esclarecendo e aconselhando. O seu objectivo fundamental é analisar a forma como os dados são tratados, quem tem direito à informação e quais as normas de segurança adoptadas.

Nesta área específica, há que determinar que tipo de informação deve estar sujeita ao sigilo e quem a ela deve ter acesso. Obviamente que todos os elementos de uma equipa de saúde estão sujeitos ao segredo profissional mas nem a todos deverá ser facultado o mesmo nível de acesso à informação. Há que fazer uma segmentação e estruturação cuidada das bases de dados, de forma a estabelecer patamares de acesso tendo em conta a necessidade de utilização da informação, segundo a função que cada profissional desempenha.

A legislação determina que os dados informatizados e os dados em suporte de papel devem estar sujeitos às mesmas regras, tanto no que diz respeito à preservação e conservação, como no que se refere aos direitos de acesso dos titulares e às regras de confidencialidade. Relativamente à primeira questão, a vantagem vai claramente para a informatização dos dados devido ao reduzido espaço necessário e à facilidade e rapidez de acesso. Por outro lado, existem hoje em dia formas bastante eficazes de garantir a segurança no acesso aos dados informatizados, sendo as palavras-chave e a impressão digital as mais utilizadas.

No campo ético-legal, importa ainda ter em conta o direito de cada cidadão ao conhecimento sobre o tipo de tratamento que é efectuado, ao acesso aos seus dados e aos seus direitos em matéria de acesso à informação, nomeadamente para poder solicitar rectificações/alterações ou até, na área específica da saúde, para solicitar uma segunda opinião sobre a sua situação clínica. Deve estar sempre presente que qualquer base de dados exige a autorização das pessoas envolvidas, que poderão negá-la ou retirá-la a qualquer momento.

REFERÊNCIAS BIBLIOGRÁFICAS:

- Araújo, Pedro J. Guerra de – *Demonstração experimental do valor dos sistemas de informação*, tese doutoramento. Universidade da Beira Interior, 2003.
- Castro, Catarina Sarmento e – Direito da Informática, Privacidade e Dados Pessoais, Lisboa: Editora Almedina, 2005.
- Ferreira, J. M. Carvalho, ; Abreu, José, ; Caetano, António – *Psicossociologia das Organizações*, Alfragide: MacGraw-Hill de Portugal, Lda., 1996.
- Quaresma, Rui F. C. – *A Gestão das Organizações e os Sistemas de Informação*, TFC. Universidade de Évora, 1993.
- Valderrábano, Fernando – Tratado de Hemodiálisis. Barcelona: Editorial Médica, 1999.
- Zorrinho, – "*Gerir em Complexidade – Um novo paradigma da Gestão*", Lisboa: Edições Sílabo, 2003.

NOTAS

NOTAS

NOTAS